中外哲学典籍大全

总主编 李铁映 王伟光

外国哲学典籍卷

琉善哲学文选

〔古罗马〕琉善 著

罗念生 陈洪文
王焕生 冯文华 译

商务印书馆
The Commercial Press
创于1897

Λουκιανός

本书根据勒布古典丛书(The Loeb
Classical Library)《琉善作品集》第
二、三、四、五、七卷希腊原文选译

中外哲学典籍大全

总主编 李铁映 王伟光

顾 问（按姓氏笔画排序）

外国哲学典籍卷

中外哲学典籍大全
总　　序

《中外哲学典籍大全》的编纂，是一项既有时代价值又有历史意义的重大工程。

中华民族经过了近一百八十年的艰苦奋斗，迎来了中国近代以来最好的发展时期，迎来了奋力实现中华民族伟大复兴的时期。中华民族只有总结古今中外的一切思想成就，才能并肩世界历史发展的大势。为此，我们须要编纂一部汇集中外古今哲学典籍的经典集成，为中华民族的伟大复兴、为人类命运共同体的建设、为人类社会的进步，提供哲学思想的精粹。

哲学是思想的花朵、文明的灵魂、精神的王冠。一个国家、民族，要兴旺发达，拥有光明的未来，就必须拥有精深的理论思维，拥有自己的哲学。哲学是推动社会变革和发展的理论力量，是激发人的精神砥石。哲学能够解放思想，净化心灵，照亮人类前行的道路。伟大的时代需要精邃的哲学。

一　哲学是智慧之学

哲学是什么？这既是一个古老的问题，又是哲学永恒的话题。追问"哲学是什么"，本身就是"哲学"问题。从哲学成为思维的那一天起,哲学家们就在不停的追问中发展、丰富哲学的篇章,给出一张又一张答卷。每个时代的哲学家对这个问题都有自己的诠释。哲学是什么,是悬在人类智慧面前的永恒之问,这正是哲学之为哲学的基本特点。

哲学是全部世界的观念形态、精神本质。人类面临的共同问题,是哲学研究的根本对象。本体论、认识论、世界观、人生观、价值观、实践论、方法论等,仍是哲学的基本问题,是哲学的生命力所在!哲学研究的是世界万物的根本性、本质性问题。人们已经对哲学作出许多具体定义,但我们可以尝试再用"遮诠"的方式描述哲学的一些特点,从而使人们加深对"何为哲学"的认识。

哲学不是玄虚之观。哲学来自人类实践,关乎人生。哲学对现实存在的一切追根究底、"打破砂锅问到底"。它不仅是问"是什么(being)",而且主要是追问"为什么(why)",特别是追问"为什么的为什么"。它关注整个宇宙,关注整个人类的命运,关注人生。它关心柴米油盐酱醋茶和人的生命的关系,关心人工智能对人类社会的挑战。哲学是对一切实践经验的理论升华,它关心具体现象背后的根据,关心"人类如何会更好"。

哲学是在根本层面上追问自然、社会和人本身,以彻底的态度反思已有的观念和认识,从价值理想出发把握生活的目标和历史的趋势,从而展示了人类理性思维的高度,凝结了民族进步的智慧,寄托了人们热爱光明、追求真善美的情怀。道不远人,人能弘道。哲学是把握世界、洞悉未来的学问,是思想解放与自由的大门!

古希腊的哲学家们被称为"望天者"。亚里士多德在《形而上学》一书中说："最初人们通过好奇－惊赞来做哲学。"如果说知识源于好奇的话，那么产生哲学的好奇心，必须是大好奇心。这种"大好奇心"只为一件"大事因缘"而来。所谓"大事"，就是天地之间一切事物的"为什么"。哲学精神，是"家事、国事、天下事，事事要问"，是一种永远追问的精神。

哲学不只是思想。哲学将思维本身作为自己的研究对象之一，对思想本身进行反思。哲学不是一般的知识体系，而是把知识概念作为研究的对象，追问"什么才是知识的真正来源和根据"。哲学的"非对象性"的思维方式，不是"纯形式"的推论原则，而有其"非对象性"之对象。哲学不断追求真理，是认识的精粹，是一个理论与实践兼而有之的过程。哲学追求真理的过程本身就显现了哲学的本质。天地之浩瀚，变化之奥妙，正是哲思的玄妙之处。

哲学不是宣示绝对性的教义教条，哲学反对一切形式的绝对。哲学解放束缚，意味着从一切思想教条中解放人类自身。哲学给了我们彻底反思过去的思想自由，给了我们深刻洞察未来的思想能力。哲学就是解放之学，是圣火和利剑。

哲学不是一般的知识。哲学追求"大智慧"。佛教讲"转识成智"，"识"与"智"之间的关系相当于知识与哲学的关系。一般知识是依据于具体认识对象而来的、有所依有所待的"识"，而哲学则是超越于具体对象之上的"智"。

公元前六世纪，中国的老子说："大方无隅，大器晚成，大音希声，大象无形，道隐无名。夫唯道，善贷且成。"又说："反者道之动，弱者道之用。天下万物生于有，有生于无。"对"道"的追求就是对有之为有、无形无名的探究，就是对"天地何以如此"的探究。这种追求,使得哲学具有了天地之大用,具有了超越有形有名之有限经验的大智慧。这种大智慧、大用途,超越一切限制的篱笆,具有趋向无限的解放能力。

哲学不是经验科学,但又与经验有联系。哲学从其诞生之日起,就包含于科学形态之中,是以科学形态出现的。哲学是以理性的方式、概念的方式、论证的方式来思考宇宙与人生的根本问题。在亚里士多德那里,凡是研究"实体(ousia)"的学问,都叫作"哲学"。而"第一实体"则是存在者中的"第一个"。研究"第一实体"的学问被称为"神学",也就是"形而上学",这正是后世所谓"哲学"。一般意义上的科学正是从"哲学"最初的意义上赢得自己最原初的规定性的。哲学虽然不是经验科学,却为科学划定了意义的范围,指明了方向。哲学最后必定指向宇宙、人生的根本问题,大科学家的工作在深层意义上总是具有哲学的意味,牛顿和爱因斯坦就是这样的典范。

哲学既不是自然科学,也不是文学、艺术,但在自然科学的前头,哲学的道路展现了;在文学、艺术的山顶,哲学的天梯出现了。哲学不断地激发人的探索和创造精神,使人在认识世界的过程中不断达到新境界,在改造世界的过程中从必然王国到达自由王国。

哲学不断从最根本的问题再次出发。哲学史在一定意义上就是不断重构新的世界观、认识人类自身的历史。哲学的历史呈现,正是对哲学的创造本性的最好说明。哲学史上每一个哲学家对根本问题的思考,都在为哲学添加新思维、新向度,犹如为天籁山上不断增添一只只黄鹂、翠鸟。

如果说哲学是哲学史的连续展现中所具有的统一性特征,那么这种"一"是在"多"个哲学的创造中实现的。如果说每一种哲学体系都追求一种体系性的"一"的话，那么每种"一"的体系之间都存在着千丝相联、多方组合的关系。这正是哲学史昭示于我们的哲学之多样性的意义。多样性与统一性的依存关系，正是哲学寻求现象与本质、具体与普遍相统一的辩证之意义。

哲学的追求是人类精神的自然趋向，是精神自由的花朵。哲学是思想的自由，是自由的思想。

中国哲学是中华民族五千年文明传统中最为内在、最为深刻、最为持久的精神追求和价值观表达。中国哲学已经化为中国人的思维方式、生活态度、道德准则、人生追求、精神境界。中国人的科学技术、伦理道德、小家大国、中医药学、诗歌文学、绘画书法、武术拳法、乡规民俗，乃至日常生活都浸润着中国哲学的精神。华夏文明虽历经磨难而能够透魄醒神、坚韧屹立，正是来自于中国哲学深邃的思维和创造力。

先秦时代，老子、孔子、庄子、孙子、韩非子等诸子之间的百家争鸣，就是哲学精神在中国的展现，是中国人思想解放的第一次大爆发。两汉四百多年的思想和制度，是诸子百家思想在争鸣过程中大整合的结果。魏晋之际玄学的发生，则是儒道冲破各自藩篱、彼此互动互补的结果，形成了儒家独尊的态势。隋唐三百年，佛教深入中国文化，又一次带来了思想的大融合和大解放。禅宗的形成就是这一融合和解放的结果。两宋三百多年，中国哲学迎来了第三次大解放。儒释道三教之间的互润互持日趋深入，朱熹的理学和陆象山的心学，就是这一思想潮流的哲学结晶。

与古希腊哲学强调沉思和理论建构不同，中国哲学的旨趣在于实践人文关怀,它更关注实践的义理性意义。在中国哲学当中,知与行从未分离,有着深厚的实践观点和生活观点。伦理道德观是中国哲学的贡献。马克思说:"全部社会生活在本质上是实践的。"实践的观点、生活的观点也正是马克思主义认识论的基本观点。这种哲学上的契合性,正是马克思主义能够在中国扎根并不断中国化的哲学原因。

"实事求是"是中国的一句古话,在今天已成为深邃的哲理,成为中国人的思维方式和行为基准。实事求是就是解放思想,解放思想就是实事求是。实事求是是毛泽东思想的精髓,是改革开放的基石。只有解放思想才能实事求是。实事求是就是中国人始终坚持的哲学思想。实事求是就是依靠自己,走自己的道路,反对一切绝对观念。所谓中国化就是一切从中国实际出发,一切理论必须符合中国实际。

二 哲学的多样性

实践是人的存在形式,是哲学之母。实践是思维的动力、源泉、价值、标准。人们认识世界、探索规律的根本目的是改造世界、完善自己。哲学问题的提出和回答都离不开实践。马克思有句名言:"哲学家们只是用不同的方式解释世界,而问题在于改变世界。"理论只有成为人的精神智慧,才具有改变世界的力量。

哲学关心人类命运。时代的哲学,必定关心时代的命运。对时代命运的关心就是对人类实践和命运的关心。人在实践中产生的一切都具有现实性。哲学的实践性必定带来哲学的现实性。哲学的现实性就是强调人在不断回答实践中的各种问题时应该具有的态度。

哲学作为一门科学是现实的。哲学是一门回答并解释现实的学问；哲学是人们联系实际、面对现实的思想。可以说哲学是现实的最本质的理论，也是本质的最现实的理论。哲学始终追问现实的发展和变化。哲学存在于实践中，也必定在现实中发展。哲学的现实性要求我们直面实践本身。

哲学不是简单跟在实践后面，成为当下实践的"奴仆"，而是以特有的深邃方式，关注着实践的发展，提升人的实践水平，为社会实践提供理论支撑。从直接的、急功近利的要求出发来理解和从事哲学，无异于向哲学提出它本身不可能完成的任务。哲学是深沉的反思、厚重的智慧，是对事物的抽象、理论的把握。哲学是人类把握世界最深邃的理论思维。

哲学是立足人的学问，是人用于理解世界、把握世界、改造世界的智慧之学。"民之所好，好之，民之所惠，惠之。"哲学的目的是为了人。用哲学理解外在的世界，理解人本身，也是为了用哲学改造世界、改造人。哲学研究无禁区，无终无界，与宇宙同在，与人类同在。

存在是多样的，发展亦是多样的，这是客观世界的必然。宇宙万物本身是多样的存在，多样的变化。历史表明，每一民族的文化都有其独特的价值。文化的多样性是自然律，是动力，是生命力。各民族文化之间的相互借鉴、补充浸染，共同推动着人类社会的发展和繁荣，这是规律。对象的多样性、复杂性，决定了哲学的多样性；即使对同一事物，人们也会产生不同的哲学认识，形成不同的哲学派别。哲学观点、思潮、流派及其表现形式上的区别，来自于哲学的时代性、地域性和民族性的差异。世界哲学是不同民族的哲学的荟萃。多样性构成了世界，百花齐放形成了花园。不同的民族会有不同风格的哲学。恰恰是哲学的民族性，使不同的哲学都可以在世界舞台上演绎出各种"戏剧"。不同民族即使有相似的哲学观点，在实践中的表达和运用也会各有特色。

人类的实践是多方面的，具有多样性、发展性，大体可以分为：改造自然界的实践、改造人类社会的实践、完善人本身的实践、提升人的精神世界的精神活动。人是实践中的人，实践是人的生命的第一属性。实践的社会性决定了哲学的社会性，哲学不是脱离社会现实生活的某种遐想，而是社会现实生活的观念形态，是文明进步的重要标志，是人的发展水平的重要维度。哲学的发展状况，反映着一个社会人的理性成熟程度，反映着这个社会的文明程度。

哲学史实质上是对自然史、社会史、人的发展史和人类思维史的总结和概括。自然界是多样的，社会是多样的，人类思维是多样的。所谓哲学的多样性，就是哲学基本观念、理论学说、方法的异同，是哲学思维方式上的多姿多彩。哲学的多样性是哲学的常态，是哲学进步、发展和繁荣的标志。哲学是人的哲学，哲学是人对事物的自觉，是人对外界和自我认识的学问，也是人把握世界和自我的学问。哲学的多样性，是哲学的常态和必然，是哲学发展和繁荣的内在动力。一般是普遍性，特色也是普遍性。从单一性到多样性，从简单性到复杂性，是哲学思维的一大变革。用一种哲学话语和方法否定另一种哲学话语和方法，这本身就不是哲学的态度。

多样性并不否定共同性、统一性、普遍性。物质和精神、存在和意识，一切事物都是在运动、变化中的，是哲学的基本问题，也是我们的基本哲学观点！

当今的世界如此纷繁复杂，哲学多样性就是世界多样性的反映。哲学是以观念形态表现出的现实世界。哲学的多样性，就是文明多样性和人类历史发展多样性的表达。多样性是宇宙之道。

哲学的实践性、多样性还体现在哲学的时代性上。哲学总是特定时代精神的精华，是一定历史条件下人的反思活动的理论形态。在不同的时代，哲学具有不同的内容和形式。哲学的多样性，也是历史时代多样性的表达，让我们能够更科学地理解不同历史时代，更为内在地理解历史发展的道理。多样性是历史之道。

哲学之所以能发挥解放思想的作用，原因就在于它始终关注实践，关注现实的发展；在于它始终关注着科学技术的进步。哲学本身没有绝对空间，没有自在的世界，只能是客观世界的映象、观念的形态。没有了现实性，哲学就远离人，远离了存在。哲学的实践性说到底是在说明哲学本质上是人的哲学，是人的思维，是为了人的科学！哲学的实践性、多样性告诉我们，哲学必须百花齐放、百家争鸣。哲学的发展首先要解放自己，解放哲学，也就是实现思维、观念及范式的变革。人类发展也必须多途并进、交流互鉴、共同繁荣。采百花之粉，才能酿天下之蜜。

三　哲学与当代中国

中国自古以来就有思辨的传统，中国思想史上的百家争鸣就是哲学繁荣的史象。哲学是历史发展的号角。中国思想文化的每一次大跃升,都是哲学解放的结果。中国古代贤哲的思想传承至今,他们的智慧已浸入中国人的精神境界和生命情怀。

中国共产党人历来重视哲学。1938 年,毛泽东同志在抗日战争最困难的时期,在延安研究哲学,创作了《实践论》和《矛盾论》,推动了中国革命的思想解放,成为中国人民的精神力量。

中华民族的伟大复兴必将迎来中国哲学的新发展。当代中国必须要有自己的哲学,当代中国的哲学必须要从根本上讲清楚中国道路的哲学内涵。中华民族的伟大复兴必须要有哲学的思维,必须要有不断深入的反思。发展的道路就是哲思的道路;文化的自信就是哲学思维的自信。哲学是引领者,可谓永恒的"北斗",哲学是时代的"火焰",是时代最精致最深刻的"光芒"。从社会变革的意义上说,任何一次巨大的社会变革,总是以理论思维为先导。理论的变革总是以思想观念的空前解放为前提,而"吹响"人类思想解放第一声"号角"的,往往就是代表时代精神精华的哲学。社会实践对于哲学的需求可谓"迫不及待",因为哲学总是"吹响"新的时代的"号角"。"吹响"中国改革开放之"号角"的,正是"解放思想""实践是检验真理的唯一标准""不改革死路一条"等哲学观念。"吹响"新时代"号角"的是"中国梦""人民对美好生活的向往,就是我们奋斗的目标"。发展是人类社会永恒的动力,变革是社会解放的永恒的课题,思想解放、解放思想是无尽的哲思。中国正走在理论和实践的双重探索之路上,搞探索没有哲学不成!

中国哲学的新发展,必须反映中国与世界最新的实践成果,必须反映科学的最新成果,必须具有走向未来的思想力量。今天的中国人所面临的历史时代,是史无前例的。14 亿人齐步迈向现代化,这是怎样的一幅历史画卷!是何等壮丽、令人震撼!不仅中国亘古未有,在世界历史上也从未有过。当今中国需要的哲学,是结合天道、地理、人德的哲学,是整合古今中外的哲学,只有这样的哲学才是中华民族伟大复兴的哲学。

当今中国需要的哲学,必须是适合中国的哲学。无论古今中外,再好的东西,也需要经过再吸收、再消化,经过现代化、中国化,才能成为今天中国自己的哲学。哲学的目的是解放人,哲学自身的发展也是一次思想解放,也是人的一次思维升华、羽化的过程。中国人的思想解放,总是随着历史不断进行的。历史有多长,思想解放的道路就有多长;发展进步是永恒的,思想解放也是永无止境的;思想解放就是哲学的解放。

习近平同志在 2013 年 8 月 19 日重要讲话中指出,思想工作就是"引导人们更加全面客观地认识当代中国、看待外部世界"。这就需要我们确立一种"知己知彼"的知识态度和理论立场,而哲学则是对文明价值核心最精炼和最集中的深邃性表达,有助于我们认识中国、认识世界。立足中国、认识中国,需要我们审视我们走过的道路;立足中国、认识世界,需要我们观察和借鉴世界历史上的不同文化。中国"独特的文化传统"、中国"独特的历史命运"、中国"独特的基本国情",决定了我们必然要走适合自己特点的发展道路。一切现实的、存在的社会制度,其形态都是具体的,都是特色的,都必须是符合本国实际的。抽象的或所谓"普世"的制度是不存在的。同时,我们要全面、客观地"看待外部世界"。研究古今中外的哲学,是中国认识世界、认识人类史、认识自己未来发展的必修课。今天中国的发展不仅要读中国书,还要读世界书。不仅要学习自然科学、社会科学的经典，更要学习哲学的经典。当前，中国正走在实现"中国梦"的"长征"路上，这也正是一条思想不断解放的道路！要回答中国的问题，解释中国的发展，首先需要哲学思维本身的解放。哲学的发展，就是哲学的解放，这是由哲学的实践性、时代性所决定的。哲学无禁区、无疆界。哲学关乎宇宙之精神，关乎人类之思想。哲学将与宇宙、人类同在。

四　哲学典籍

《中外哲学典籍大全》的编纂，是要让中国人能研究中外哲学经典，吸收人类思想的精华；是要提升我们的思维，让中国人的思想更加理性、更加科学、更加智慧。

中国有盛世修典的传统，如中国古代的多部典籍类书（如《永乐大典》《四库全书》等）。在新时代编纂《中外哲学典籍大全》，是我们的历史使命，是民族复兴的重大思想工程。

只有学习和借鉴人类思想的成就，才能实现我们自己的发展，走向未来。《中外哲学典籍大全》的编纂，就是在思维层面上，在智慧境界中，继承自己的精神文明，学习世界优秀文化。这是我们的必修课。

不同文化之间的交流、合作和友谊，必须在哲学层面上获得相互认同和借鉴。哲学之间的对话和倾听，才是从心到心的交流。《中外哲学典籍大全》的编纂，就是在搭建心心相通的桥梁。

我们编纂的这套哲学典籍大全包括四个方面的内容：一是中国哲学，整理中国历史上的思想典籍，浓缩中国思想史上的精华；

二是外国哲学，主要是西方哲学，以吸收、借鉴人类发展的优秀哲学成果；三是马克思主义哲学，展示马克思主义哲学中国化的成就；四是中国近现代以来的哲学成果，特别是马克思主义在中国的发展。

编纂《中外哲学典籍大全》，是中国哲学界早有的心愿，也是哲学界的一份奉献。《中外哲学典籍大全》总结的是经典中的思想，是先哲们的思维，是前人的足迹。我们希望把它们奉献给后来人，使他们能够站在前人的肩膀上，站在历史岸边看待自身。

《中外哲学典籍大全》的编纂，是以"知以藏往"的方式实现"神以知来"；《中外哲学典籍大全》的编纂，是通过对中外哲学历史的"原始反终"，从人类共同面临的根本大问题出发，在哲学生生不息的道路上，彩绘出人类文明进步的盛德大业！

发展的中国，既是一个政治、经济大国，也是一个文化大国，也必将是一个哲学大国、思想王国。人类的精神文明成果是不分国界的，哲学的边界是实践，实践的永恒性是哲学的永续线性，敞开胸怀拥抱人类文明成就，是一个民族和国家自强自立，始终伫立于人类文明潮流的根本条件。

拥抱世界、拥抱未来、走向复兴，构建中国人的世界观、人生观、价值观、方法论，这是中国人的视野、情怀，也是中国哲学家的愿望！

李铁映

二〇一八年八月

关于外国哲学

——"外国哲学典籍卷"弁言

李铁映

有人类,有人类的活动,就有文化,就有思维,就有哲学。哲学是人类文明的精华。文化是人的实践的精神形态。

人类初蒙,问天究地,思来想去,就是萌昧之初的哲学思考。

文明之初,如埃及法老的文化;两河流域的西亚文明;印度的吠陀时代,都有哲学的意蕴。

欧洲古希腊古罗马文明等,拉丁美洲的印第安文明,玛雅文化,都是哲学的初萌。

文化即一般存在,而哲学是文化的灵魂。文化是哲学的基础,社会存在。文化不等同于哲学,但没有文化的哲学,是空中楼阁。哲学产生于人类的生产、生活,概言之,即产生于人类的实践。是人类对自然、社会、人身体、人的精神的认识。

但历史的悲剧,发生在许多文明的消失。文化的灭绝是人类最大的痛疾。

只有自己的经验,才是最真实的。只有自己的道路才是最好的路。自己的路,是自己走出来的。世界各个民族在自己的历史上,也在不断的探索自己的路,形成自己生存、发展的哲学。

知行是合一的。知来自于行,哲学打开了人的天聪,睁开了眼睛。

欧洲哲学,作为学术对人类的发展曾作出过大贡献,启迪了人们的思想。特别是在自然科学、经济学、医学、文化等方面的哲学,达到了当时人类认识的高峰。欧洲哲学是欧洲历史的产物,是欧洲人对物质、精神的探究。欧洲哲学也吸收了世界各民族的思想。它对哲学的研究,对世界的影响,特别是在思维观念、语意思维的层面,构成了新认知。

历史上,有许多智者,研究世界、自然和人本身。人类社会产生许多观念,解读世界,解释人的认识和思维,形成了一些哲学的流派。这些思想对人类思维和文化的发展,有重大作用,是人类进步的力量。但不能把哲学仅看成是一些学者的论说。哲学最根本的智慧来源于人类的实践,来源于人类的生产和生活。任何学说的真价值都是由人的实践为判据的。

哲学研究的是物质和精神,存在和思维,宇宙和人世间的诸多问题。可以说一切涉及人类、人本身和自然的深邃的问题,都是哲学的对象。哲学是人的思维,是为人服务的。

资本主义社会,就是资本控制的社会。资本主义社会的文化、哲学,有着浓厚的铜臭。

有什么样的人类社会,就会有什么样的哲学,不足为怪。应深思"为什么?""为什么的为什么?"这就是哲学之问,是哲学发展的自然律。哲学尚回答不了的问题,正是哲学发展之时。

哲学研究人类社会,当然有意识形态性质。哲学产生于一定社会,当然要为它服务。人类的历史,长期是阶级斗争的历史,而哲学作为上层建筑，是意识形态。阶级斗争的意识，深刻影响着意识形态，哲学也如此。为了殖民、压迫、剥削……社会的资本化，文化也随之资本化。许多人性的、精神扭曲的东西通过文化也资本化。如色情业、毒品业、枪支业、黑社会、政治献金，各种资本的社会形态成了资本社会的基石。这些社会、人性的变态，逐渐社会化、合法化，使人性变得都扭曲、丑恶。社会资本化、文化资本化、人性的资本化，精神、哲学成了资本的外衣。真的、美的、好的何在?! 令人战栗!!

哲学的光芒也腐败了，失其真! 资本的洪水冲刷之后的大地苍茫……

人类社会不是一片净土，是有污浊渣滓的，一切发展、进步都要排放自身不需要的垃圾，社会发展也如此。进步和发展是要逐步剔除这些污泥浊水。但资本揭开了魔窟，打开了潘多拉魔盒，呜呜! 这些哲学也必然带有其诈骗、愚昧人民之魔术。

外国哲学正是这些国家、民族对自己的存在、未来的思考，是他们自己的生产、生活的实践的意识。

哲学不是天条，不是绝对的化身。没有人，没有人的实践，哪来人的哲学? 归根结底，哲学是人类社会的产物。

哲学的功能在于解放人的思想，哲学能够使人从桎梏中解放出来，找到自己的自信的生存之道。

欧洲哲学的特点，是欧洲历史文化的结节，它的一个特点，是与神学粘联在一起，与宗教有着深厚的渊源。它的另一个特点是私有制、个人主义。使人际之间关系冷漠，资本主义的殖民主义，对世界的奴役、暴力、战争，和这种哲学密切相关。

马克思恩格斯突破了欧洲资本主义哲学，突破了欧洲哲学的神学框架，批判了欧洲哲学的私有制个人主义体系，举起了历史唯物主义，唯物辩证法的大旗，解放了全人类的头脑。人类从此知道了自己的历史，看到了未来光明。社会主义兴起，殖民主义解体，被压迫人民的解放斗争，正是马哲的力量。没有马哲对西方哲学的批判，就没有今天的世界。

二十一世纪将是哲学大发展的世纪，是人类解放的世纪，是人类走向新的辉煌的世纪。不仅是霸权主义的崩塌，更是资本主义的存亡之际，人类共同体的哲学必将兴起。

哲学解放了人类，人类必将创造辉煌的新时代，创造新时代的哲学。英特纳雄耐尔就一定会实现，这就是哲学的力量。未来属于人民，人民万岁！

琉善哲学文选

再 版 说 明

琉善是古罗马时代的哲学家,在他的名下流传下来的著作有八十四篇。本书选译了其中有代表性的十四篇。前五篇是政治哲学论文,写作于 165 至 170 年;后九篇是无神论文章,写作于 165 至 169 年,其中《亚历山大——假预言者》是 180 年以后不久写作的。篇目次序按照法国人克卢瓦塞(Croiset)的《琉善的生平与著作》一书考证的写作年代编排。

本书是由罗念生、陈洪文、王焕生和冯文华四位同志翻译的,所据文本是勒布古典丛书《琉善作品集》希腊文本第二至五卷(A. H.Harmon 哈蒙编订,1947,1953,1955)及第七卷[麦克劳德(M. D.Macleod)编订,1969],翻译时还参考了阿林森(F.G.Allinson)编订的《琉善选集》的希腊原文版本和注释。第一、二、四、五、十三、十四篇,罗念生译;第三、八、九、十、十二篇,陈洪文译;第七篇,冯文华译;第十一篇,王焕生译;第六篇,陈洪文、王焕生合译。全书译成后,由罗念生全文校订过。脚注和译名对照表是译者编写的。

商务印书馆编辑部

目　　次

伊卡洛墨尼波斯①

——云上人

墨尼波斯：是啊，从大地到月亮，我的第一个驿程②，是三千斯塔狄翁③；从月亮向上到太阳，大约五百帕剌珊革斯④；再上去，从太阳到天界和宙斯⑤的卫城，矫捷的鹰也得飞一天。

友人：美乐女神⑥在上，墨尼波斯，请你告诉我，你为什么要学天文家，轻声地计算数字呢？我一直跟在你后面，听你念叨着太阳、月亮，用外国口音说着"驿程"和"帕剌珊革斯"这些粗鲁的词儿。

---

① 伊卡洛墨尼波斯（ʾΙκαρομένιππος, Ikaromenippos）是由"伊卡洛斯"（ʾΙκαρος, Ikaros）和"墨尼波斯"（Μένιππος, Menippos）两个名字组成的复合词。伊卡洛斯是代达罗斯的儿子。代达罗斯是个灵巧的匠人，他在克里特岛遭到囚禁，便用蜡把鸟类的羽毛粘在他自己和他儿子的身上，以便从空中飞走。伊卡洛斯飞得太高，蜡被太阳融化，羽毛脱落，他因此跌到海里，这个海后来称为伊卡洛斯海（在小亚细亚西岸外）。墨尼波斯是公元前3世纪人，为昔尼克派（一译"犬儒派"）哲学家。题名亦作《伊卡洛墨尼波斯，又名云上人》，中译本用引线标出，以下各篇双名标题同此。

② "驿程"本是古波斯路程名称，为小亚细亚与古波斯首都之间的快速大道的两驿站之间的距离。

③ 斯塔狄翁是古希腊的路程单位，合600古希腊尺，每希腊尺合30.7公分。

④ 帕剌珊革斯是古波斯的路程单位，每帕剌珊革斯合30斯塔狄翁。

⑤ 宙斯是克洛诺斯和瑞亚的儿子，为古希腊神话中最高的神。

⑥ "美乐女神"是司美丽与欢乐的女神，共三位。

墨尼波斯:朋友,你如果觉得我说的是天上虚无缥缈的事情,也请不要大惊小怪,因为我真是在统计我最近一次旅行的路程呢。

友人:朋友,难道你跟腓尼基人①一样,是凭星宿确定航程的吗?

墨尼波斯:那倒不是,我是真的在星宿间旅行。

友人:赫剌克勒斯呀②! 如果你是昏昏沉沉睡了许多帕剌珊革斯,你说的就无非是个漫长的梦罢了。

墨尼波斯:朋友,你以为我讲的是梦吗? 我是刚从宙斯那里回来呀!

友人:你说什么? 难道我面前的墨尼波斯是从天而降,自云端下凡的?

墨尼波斯:是的,今天我刚从赫赫有名的宙斯那里回来,在那里耳闻目睹了许多怪事。你不信,我更高兴,因为这说明我的奇遇是难以置信地离奇。

友人:啊,奥林帕斯③的神圣的墨尼波斯,我这个地上的凡人,

---

① 腓尼基人居住在地中海东岸,善于航海,观察天象。

② 赫剌克勒斯是宙斯和迈锡尼的巴赛勒斯厄勒克特律翁的女儿阿尔克墨涅(忒拜的巴赛勒斯安菲特律翁的妻子)的儿子,为著名的希腊英雄,力大无比。他曾奉亚尔哥斯的巴赛勒斯欧律斯透斯之命去做十二件苦差事,其中之一是扼死涅墨亚地方的一头狮子,他把狮子的皮披在身上。另一件是把厄利斯的巴赛勒斯奥吉亚斯的三十年未打扫的、养着三千头牛的牛圈弄干净:他使两条河改道,于一日之间用河水把牛圈冲洗干净。他的名字常用作惊叹语。巴赛勒斯($\beta\alpha\sigma\iota\lambda\varepsilon\acute{\nu}s$, Basileus)是古希腊部落组织中的军事首长,兼有审判和祭祀的权力。在奴隶制阶级社会中,这个词的意思转变为"国王"。这个词在本书中通常指"首领"。

③ 奥林帕斯是希腊北部的高山,传说是众神的住处。

又怎能不相信云上人（按照荷马①的说法所谓天上人②）的话呢？请你告诉我，你是怎样上去的，从哪里弄来那么长的梯子的？你的长相又不大像那个弗利基亚人③，我们很难想象，你会像他那样被老鹰抓到天上去，成为一个酒童。

墨尼波斯：你分明是一直在跟我开玩笑，难怪你把我的奇遇都当作神话。其实，我并不需要梯子往上爬，也不必变成老鹰的宠儿，我自有翅膀。

友人：按照你的说法，别的不算，单是你不让我们知道就从人变鹞子、变乌鸦这一点，就比代达罗斯还高明。

墨尼波斯：是的，朋友，你没猜错，我制造了代达罗斯设计的那种翅膀。

友人：啊，比谁都大胆的人！你难道不怕掉进大海，给我们留下个伊卡洛斯海那样的以你的名字命名的墨尼波斯海么？

墨尼波斯：我不怕。伊卡洛斯是用蜡粘的羽毛，一靠近太阳，蜡就融化了，他失去羽毛，自然坠落下来；我的长羽毛可不是用蜡粘上的。

友人：你说什么？现在，也不知怎么的，你使我渐渐相信你的故事是真实的了。

墨尼波斯：事情是这样的：我抓住一只极大的鹰和一只强健

---

① 按照希腊历史家希罗多德（公元前 485？—前 425？）的说法，荷马是公元前 9 世纪的诗人。他传下《伊利亚特》和《奥德赛》两部史诗。

② "天上人"见荷马史诗《伊利亚特》第 5 卷第 373、898 行。

③ 弗利基亚人居住在小亚细亚西北部，据说属于色雷斯种族。此处指特洛伊（在小亚细亚西北角上）的巴赛勒斯特洛斯的儿子伽倪墨得斯，宙斯曾化身为老鹰，把伽倪墨得斯抓到奥林帕斯，使他充当酒童。

鸷,把它们的翅膀连同肩胛一起砍下来——如果你现下得闲,我把整个设计给你从头讲一遍。

友人:那当然好;你的话使我急不可耐,正准备张着嘴听到底呢。看在我们的交情上,请你别讲到半截就扔下我,让耳朵挂起来。

4 墨尼波斯:那你就听着吧,让一个朋友张着嘴等着,把他扔下不管,实在不雅,像你所说的,如果真让耳朵挂起来的话,尤其有失大雅。

我观察人生,很快就发现人类的一切都是可笑的、卑鄙的、不牢靠的(我是说财富、官职和权力),我藐视它们,认为对这些玩意儿孜孜以求,是从事真正值得为之奋斗的事业的一大障碍,于是我仰起头来观察天地万物。这时,首先是哲人们所说的宇宙使我陷入极大的困惑,我无法弄清楚,宇宙是如何形成的,是谁创造的,宇宙的本原为何物,宇宙的终极何在。我一部分一部分去观察,更加困惑不解。我发现星辰散布于天空,凌凌乱乱。我很想知道太阳为何物。尤其是月亮,在我看来,样子很是奇怪,完全莫名其妙,我猜想,她的变幻多端的形象一定有着某种神秘的原因。还有,闪闪的电光、隆隆的雷鸣、雨雪冰雹的降落,都难以解释,捉摸不定。

5 我既落到这步田地,心想最好是拿这些疑难问题去向哲人请教,料他们必能道出全部真理。于是,我从他们中间挑选出一些最高明的人来。我凭他们脸色的忧郁、皮肤的苍白、胡子的修长而加以遴选。他们立刻在我眼前显得是擅长高谈阔论而又通晓天文的人,我立刻付了一大笔钱,并约定欠下的待学完哲理时一齐付清,我这就把自己完全交给了他们。我一心盼望学会观察天象,弄懂宇宙的布局。可是他们不但没使我摆脱从前的愚昧，反而使我更加困惑，他们每天向我灌输的都是什么本原、终极、原子、虚空、质料、形式以及诸如此类的概念。最困难的事情是——至少在我看来是如此，——尽管他们意见不合，言论彼此冲突，互相矛盾，他们却都想说服我，个个都想把我领到他的学说里去。

友人：你说的是桩怪事，他们是哲人，对于同一个事物却抱有不同的看法，各执一说，互相争吵。

墨尼波斯：朋友，你听他们吹牛皮，耍花腔，一定会发笑。首先，他们也是在地上行走的，并不比我们这些在地上行走的人高明，他们的眼力也不比旁人更敏锐，他们当中有些人，由于年老或懒惰而两眼昏花，可是他们却声称找到了天体的界限，测出了太阳的圆周，遨游了月亮以外的空间，好像他们是从星星上下来的，大讲星星有多大；其实，连梅加腊①到雅典有多少斯塔狄翁他们往往也未必清楚，却大胆断言月亮与太阳的距离有多少肘尺②；他们还测量了天有多高，海有多深，地的圆周有多长；他们还画了些圆圈，在正方形上面加了些三角，绘出了各种球形，倒像真的量得了宇宙的大小。

他们谈论这些情况不明的事物，却又不声明他们是在假设，而且固执己见，不让人胜过他们；他们甚至发誓说，太阳是一块炽热的金属，月亮上有人居住，星星喝水，是太阳用绳子和吊桶从海里汲水，把饮料依次分配给它们的。这不是无知和荒唐么？

---

① 梅加腊在雅典城邦的领土阿提卡西边。

② "肘尺"是古希腊的长度单位，为肘弯至中指尖的距离。

8　　　他们的学说互相抵触,是不难看出的。我以宙斯的名义请你看看,他们的学说到底是近似,还是完全不同。首先,他们对于宇宙的见解就不一样:有的人认为宇宙无始无终,有的人却大胆地谈论宇宙是谁创造的,是如何构成的;后者的说法特别使我吃惊,他们把某位神当作宇宙的创造者,而关于这位神是从哪里来的,在创造宇宙的时候站在什么地方,却又没有事先说明;在宇宙开辟之前,时间和空间也是难以想象的。

友人:墨尼波斯,照你说来,他们是胆大包天的骗子了。

墨尼波斯:可敬的朋友,这还不算,如果我把他们谈论的有形与无形、有限与无限的理论告诉你,不知你又将说什么?在后一问题上,他们发生了激烈的争论,有些人给宇宙划定界限,有些人则认为宇宙是无限的;他们还断言宇宙很多,对那些说只有一个宇宙的人加以谴责。还有一个不爱和平的人①竟然认为战争是宇宙之父。

9　　　关于众神,怎么说才好呢? 有一些人说,神无非是数字②,另一些人则凭鹅、狗和阔叶树发誓③。还有人把别的神都轰走了,把统治宇宙的权力归于一位唯一的神,我听说神这么稀少,都有点不满意。与此相反,有的人倒慷慨,宣称神很多,并且分门别类,管某

---

　　①　指赫拉克利特。赫拉克利特(公元前540? 一前480?)是小亚细亚西南岸以弗所的人,为朴素唯物主义哲学家。

　　②　毕达哥拉斯认为日神阿波罗是一,衅隙女神是二,正义女神是三,一般的神是四。

　　③　此处暗指唯心主义哲学家苏格拉底(公元前469—前399)。苏格拉底把鸟兽树木当作神,时常凭它们发誓。"狗"指埃及的狗脸人身的神阿努比斯。阿努比斯护送阴魂赴冥土,古希腊人认为他就是海尔梅斯。

一位叫第一等神,其他的则按品格分为第二等、第三等。此外,有一些人认为神是无体无形,还有一些人则认为神是有体的。他们并不都认为神照管着我们的事情;还有人豁免了神的每一种职责,就像我们惯于豁免老年人的公役一样;实际上,他们使神担任的,无异于喜剧中的卫兵。有几个人甚至走得更远,认为神根本不存在,任凭宇宙飘摇,没有神主宰,没有神引导。

听了这些话,我不敢不相信那些胡子漂亮、声音如雷的人,可 10 又不知往哪里去寻找一种无懈可击、难以驳倒的学说。所以我的处境完全像荷马所描述的,有许多次,我心想索性相信他们当中的一个人算了,

但是另外一种心情又阻挡着我。①

这一切使我毫无办法,只好放弃了在地上听见有关这些事情的真理的念头;我认为彻底摆脱这困境的唯一方法,就是插翅飞上天界。给我希望的,主要是我的心愿,其次是那个讲寓言的伊索②,他使老鹰和屎壳郎,有时甚至使骆驼都上了天。我知道,我长翅膀是绝不可能了,但是,如果我能装上鹰、鹫的翅膀——唯有这类鸟载得起人体的重量,——我的实验也许会成功。于是,我捉了两只,小心翼翼地砍下鹰的右边翅膀和鹫的左边翅膀,然后把它们连接起来,用结实的皮带绑在我的肩上,并且在那根长羽毛的尖端做了把手,以便用手抓住。于是我跳跃着,扑搧着两臂,像鹅那

---

① 《奥德赛》第 9 卷第 302 行。

② 伊索(公元前 620? —前 560?)是小亚细亚弗利基亚城的人,是个奴隶,后来获释。

样在地面上飞,飞的时候脚尖着地。这样做没使我失望,我就开始更大胆地飞,我飞上卫城,又从峭壁上向剧场①直飞下去。我飞下去毫不危险,就想更高飞,于是我从帕耳涅斯山②或许墨托斯山③上升,飞到革剌涅亚山④,再从那里飞上阿克洛科林斯山⑤,然后经过福罗厄山⑥和厄律曼托斯山⑦,飞到塔宇革托斯山⑧。

我的勇气很快就训练出来了,我成了一个熟练的高空飞行者,不再抱有雏鸟试飞的心情。我飞上了奥林帕斯,身边只带着分量极轻的粮食,又从那里直上云霄。起先,因为太高,我感到头晕,后来,这一点我毫不困难地适应了。但是,当我破云而上,接近月亮的时候,我感到疲倦,特别是左边,鹫的翅膀那边。我就飞上去,坐在月亮上休息,从高处眺望大地,像荷马诗中⑨的宙斯那样,时而看牧马的色雷斯⑩人的地方,时而看密细亚⑪人的地方,过一会儿,随心所欲,看看希腊,看看波斯,又看看印度。看着这一切景象,我饱尝了各种各样的乐趣。

友人:墨尼波斯,请你都讲讲吧,旅途中每一件事,都别让我错

---

① 指酒神剧场,在雅典卫城东南边。
② 帕耳涅斯山在阿提卡东北部。
③ 许墨托斯山在雅典城东南边。
④ 革剌涅亚山在阿提卡西边。
⑤ 阿克洛科林斯山在希腊南半岛伯罗奔尼撒东北部。
⑥ 福罗厄山在伯罗奔尼撒西北部。
⑦ 厄律曼托斯山在伯罗奔尼撒西北部。
⑧ 塔宇革托斯山在伯罗奔尼撒南部。
⑨ 指《伊利亚特》第13卷第4—5行。
⑩ 色雷斯在黑海西边。
⑪ 密细亚在小亚细亚西北部。

过,哪怕你路上打听到什么枝节小事,也让我知道。我也希望更多地听到大地的形状以及你从上面观察到的大地上的种种情况。

墨尼波斯:朋友,你猜对了,那么,你就登上月亮,跟着我的故事一起去远游,一同观看大地上一切情况吧。

首先,我看见的大地是很小的,看来比月亮小多了,所以当我弯着腰乍往下看的时候,好半天我都在纳闷,高山和大海哪儿去了,老实说,如果我没有望见罗得岛上的大铜像①和法洛斯岛上的灯塔②,我就完全不知道大地在何方。幸亏它们又高,又醒目,俄刻阿诺斯③也在太阳光下微微地闪闪发亮,我这才知道,我眼下所见就是大地。后来,我聚精会神地定睛一看,人类的全部生活都出现了,不仅是各民族和各城市,连航海的、打仗的、耕地的、诉讼的、妇女、走兽,一句话,凡是丰饶的土地所养育的一切都历历在目。

友人:你的话全不可信,而且自相矛盾,墨尼波斯,刚才你还说过,你寻找大地,由于它隔得远,缩得很小,若不是那大铜像指点你,你也许会认为看见的是别的东西,现在你怎么忽然变成了林叩斯④,地上的一切,人呀,兽呀,而且几乎连蚊子的窠你都能认出来?

---

① 罗得人在公元前283年为阿波罗竖立了一座大铜像,高一百余尺。约在公元前227年这座像倒下了。公元672年,阿拉伯人用了九百头骆驼才把这座像的铜运走。罗得岛在小亚细亚西南边。

② 埃及国王托勒密二世(公元前285—前246年在位)在法洛斯岛上建立了一座大灯塔。法洛斯岛在埃及亚历山大里亚港口外。

③ 古希腊人相信大地是一块很大的平面,周围有一条长河环绕,长河的名称叫作俄刻阿诺斯,与这条河的主神同名。

④ 林叩斯是寻找金羊毛的希腊英雄之一,他的目力非常好。

13　　　墨尼波斯：多谢你提醒我；我早该特别声明的话，不知怎么倒忽略了。我一眼就认出了大地，但是别的东西却看不清楚，因为太高了，我的目力达不到那么远，这使我很伤脑筋，不知如何是好。我正懊丧得差点儿哭出来，哲人恩培多克勒①走过来，站在我背后，他浑身是灰烬，而且整个儿被火烤焦了，样子活像一根木炭。我见了，老实说，真有点搅糊涂了，以为我看见了月亮上的精灵。但是他说道："墨尼波斯，你放心吧！

　　　　我不是神，为什么把我比作神灵？②

我乃是自然哲学家恩培多克勒。当我纵身跳进火山口时，浓烟把我从埃特纳③山中卷出来，卷到这里来了，所以我现在住在月亮上，常在空中行走，以露水为生。我正是为解除你现时的困惑而来的，在我看来，看不清地上的东西这件事使你感到苦恼。"我回答说："谢谢你，亲爱的朋友恩培多克勒，我飞回希腊以后，一定记住在烟洞上给你奠酒④，每月初一张开嘴对着月亮为你祈祷三次。"他说道："凭恩底弥昂⑤起誓，我不是来要报酬的；看见你感到苦

14　恼，我心里不安。你知道怎样办才能使你的目光变敏锐吗？"我回答说："我确实不知道，除非你拨开我眼前的迷雾。现在我的视力

---

　　①　恩培多克勒（公元前 493？—前 433）是西西里阿克剌伽斯（阿格里琴托）城人，为唯物主义哲学家。据说恩培多克勒是跳到埃特纳火山口里死去的，他想用这个办法使人相信他成了神，但是他的一只鞋子被喷射出来了，因此人们知道他是怎样死去的。

　　②　《奥德赛》第 16 卷第 187 行。

　　③　埃特纳山在西西里岛东部。

　　④　屋顶上烟洞里冒出的浓烟可以把酒卷上月亮，有如把恩培多克勒卷上月亮。

　　⑤　恩底弥昂是个美少年，月亮神塞勒涅爱上了他，使他在小亚细亚西南部的山中沉睡，以便随时去和他相会。

似乎非常模糊。"他说道："你自己从地上带来了敏锐的目光,不需
要我帮助。"我说道："那是什么? 我不明白。"他问道："难道你不知
道你装上了鹰的右边翅膀吗?"我回答说："当然知道,但是翅膀和
眼睛有什么关系?"他说道："鹰的眼睛远比其他的动物好得多,只
有它能正面注视太阳,一只嫡出的鹰王的特征,是它能面对阳光而
不眨眼。"我说道："人们是这样说的;我后悔在上来的时候没有把
我的眼睛挖出来,把鹰的眼睛嵌在眼眶里。所以我来到这里,只算
一件半成品,我的装备没有全副的王家气派;我像是一只庶出的、
被剥夺了继承权的小鹰。"他说道："你立刻就能有一只配得上王家
气派的眼睛。只要你愿意站立一会儿,把鸳的翅膀控制住,只扑动
另外一只翅膀,你的右眼就会像那只翅膀那样敏锐。至于另外一
只眼睛,不免要迟钝一点,因为它是在比较差的一边。"我说道："只
要我的右眼能像鹰那样看得很清楚,这就够了;这一点也不坏,我时
常看见木匠用一只眼睛觑着尺子把木料弄直,比用两只眼睛好。"

　　我说完这些话,就按照恩培多克勒吩咐的去做,他却渐渐后
退,慢慢化作青烟消失了。我一扑动那翅膀,立刻有一大股光笼罩 15
着我,先前看不见的一切事物都显现出来了。我弯着腰向大地看
去,清楚地看见了城市、人民和一切发生的事情,不仅是外边的,还
有人们认为可以在家里背着人干的事情:托勒密和他的妹妹同
居①,吕西马科斯②的儿子谋害自己的父亲,塞琉科斯的儿子安提

---

　　① 托勒密二世按照埃及风俗娶他的妹妹阿耳西诺厄为妻。
　　② 吕西马科斯(公元前 360? —前 281?)是亚历山大大帝的将军,后为色雷斯的
国王。

俄科斯①偷偷地和他的继母斯特剌托尼刻眉目传情,帖撒利亚人亚历山大②被他的妻子杀死,安提戈诺斯③引诱他的儿媳,阿塔罗斯的儿子把毒药倒在他父亲的杯里④;在另一个地区,阿耳萨刻斯⑤正在杀他的情妇,太监阿耳巴刻斯⑥却对着阿耳萨刻斯拔出剑来;米太人斯帕提诺斯⑦的前额被金杯打破,卫兵抓住他一只脚,把他拖出了宴会厅。在利比亚⑧、西徐亚⑨和色雷斯的王宫里都可以看到类似的事情发生,人们通奸,杀人,害人,抢人,赌假咒,心惊胆战,被最亲爱的人出卖。

16　　国王们的行为给我提供了这样的消遣,至于平民的行为还要可笑得多,我也看见了他们——伊壁鸠鲁⑩派的赫耳摩多洛斯⑪为

---

　　① 塞琉科斯(公元前358—前280)是亚历山大大帝的将军,后为巴比伦的总督。安提俄科斯(公元前324—前261?)是叙利亚的国王。

　　② 这里提起的亚历山大是斐赖城(在希腊北部帖撒利亚境内)的国王,公元前369—前358年在位。

　　③ 安提戈诺斯(公元前382? —前301)是亚历山大大帝的将军,后为弗利基亚的总督。

　　④ 这里提起的阿塔罗斯大概是阿塔罗斯一世(公元前269—前197年在位),为拍加马(在小亚细亚西海岸北部)的国王,但他的四个儿子都对他很好。他的儿子和孙子称为阿塔罗斯二世和三世。

　　⑤ 阿耳萨刻斯约在公元前250年创建帕提亚(在里海东南边)王国。

　　⑥ 阿耳巴刻斯是阿耳萨刻斯的太监,后为米太(在里海南边)的国王。

　　⑦ 关于斯帕提诺斯,别无记载。

　　⑧ 利比亚指非洲。

　　⑨ 西徐亚在黑海西北边。

　　⑩ 伊壁鸠鲁(公元前341? —前270?)是唯物主义哲学家和无神论者。

　　⑪ 赫耳摩多洛斯是虚构的人物。

了一千德拉克马①赌假咒,斯多葛派②的阿伽托克勒斯为了索取学费同他的弟子打官司,演说家克勒尼阿斯③从医神庙里偷走一只酒杯,昔尼克派④的赫洛菲罗斯⑤在妓院里过夜。我何必再提起挖墙脚的、受贿赂的、行乞的其他人呢? 一句话,这场面真是五花八门。

友人:墨尼波斯,你最好把这些人也说说。看来他们给了你极难得的快乐。

墨尼波斯:亲爱的朋友,把那些事从头到尾讲出来是不可能的,甚至看一看都很费事。但主要的事情正如荷马所描述的盾牌上的景物⑥一样:这里是宴会和婚礼,那里是法庭和大会,别的地方有人在献祭,那附近有人在哭丧;每当我观看革泰人⑦的国土时,我总是看见他们在打仗;每当我移过去看西徐亚人时,我总是看见他们坐在车上漫游;我把眼睛向另一方稍微倾斜,就看见埃及

---

① 阿提卡钱币:6 个俄玻罗斯合 1 个德拉克马,100 个德拉克马合 1 个谟那,60 个谟那合 1 个塔兰同。当时一般劳动人民每天的收入是 4 个俄玻罗斯。

② 斯多葛派是个唯心主义哲学派别,这个派别的创建者是芝诺(公元前 336—前 264)。

③ 克勒尼阿斯是虚构的人物。

④ 昔尼克派哲学的创建者是安提斯泰尼(公元前 455?—前 360?)。参看第 1 页注①。

⑤ 赫洛菲罗斯是虚构的人物。

⑥ 《伊利亚特》第 18 卷第 483—608 行描述希腊英雄阿基里斯的盾牌上雕刻的景物:天象、战争、耕种、放牧等。

⑦ 革泰人属于色雷斯种族。琉善在《演悲剧的宙斯》第 42 节中指出革泰人匝摩尔克西斯是色雷斯人,但是他在《神的会议》第 9 节中却指出革泰人属于西徐亚种族。

17 人在耕种,腓尼基人在航海,西里西亚①人在当海盗,拉孔人②在鞭打自己,雅典人在打官司。这些事情是同时发生的,你可以想象得到,这是多么混乱的情景。这就像有人把许多合唱队员,更确切地说,把许多合唱队带进来,让每个歌唱者不顾和谐,自己唱自己的调子,他们互相竞争,各唱各的,竭力高声压倒旁人,天哪,你想想这支歌是什么样的啊!

友人:墨尼波斯,这非常可笑,简直乱七八糟。

墨尼波斯:朋友,地上所有的合唱队员就是这样的,人们的生活就是由这种不和谐构成的。他们不仅唱不协调的歌曲,而且穿不一样的服装,向相反的方向跳舞,想的也不一样,直到合唱队司理③把他们一个个赶下舞台,说再也不要他们了。此后他们全都同样地安静下来,不再唱那种杂乱无章的歌曲了。不用说,那个五光十色的剧场上发生的一切都是可笑的。

18 特别可笑的,是那些为争地界而相斗的人,那些由于耕种西库翁平原④、由于占有马拉松的俄诺厄乡区⑤、由于在阿卡奈乡区⑥获得一千亩⑦地而自鸣得意的人。其实,在我从天上看来,整个希腊不过四指宽,我认为,按照这个比例,阿提卡就要小许多倍了。因

---

① 西里西亚位于小亚细亚东南部沿海一带。

② 拉孔人即斯巴达人。

③ 古希腊戏剧的合唱队司理由富有的公民充当,他出钱聘请教练员,并负担合唱队的服装费用。

④ 西库翁平原在伯罗奔尼撒东北部。

⑤ 马拉松在阿提卡东海岸。俄诺厄乡区在马拉松北边。

⑥ 阿卡奈乡区在雅典城北边。

⑦ 古希腊的"亩"合一万古希腊方尺(参看第1页注③)。

此我想，留给我们的富翁引以自豪的东西是少而又少。在我看来，他们当中田地最多的人也不过耕种伊壁鸠鲁的一个原子罢了。当我眺望伯罗奔尼撒，看见库努里亚①的时候，我想起这么一个小地方，不大于一颗埃及扁豆，却使那么多亚尔哥斯②人和拉栖第梦人③在一日之间作战死亡。如果我看见一个人有八个金戒指、四只金酒杯，便因金子多而自豪，我也要大笑特笑，因为整个潘该翁山④连同它的金银矿，也不过一颗米粒大。

　　友人：幸福的墨尼波斯，多么奇异的景象！宙斯在上，请你告诉我，那些城市和人民从天上看来有多大？19

　　墨尼波斯：我想你是一定常看见成堆的蚂蚁的，其中一些在洞口挤作一团，当众执行公务，有的外出，有的回城；一只运出粪来，另一只从什么地方拣到一片豆子皮或半颗麦子，拖着奔跑。与蚂蚁生活相适应，蚂蚁当中自然也有建筑师、公众领袖、主席官⑤、音乐家和哲学家。那些城市和城中的人民非常像蚁丘。如果你认为把人类的生活比作蚂蚁的组织，未免太贬低了，那么请你查一查有关帖撒利亚人的神话吧，你会发现密耳弥冬人这支最好战的民族，

---

① 库努里亚在伯罗奔尼撒北部。
② 亚尔哥斯在伯罗奔尼撒东北部。
③ 拉栖第梦人即斯巴达人。
④ 潘该翁山在马其顿东部。
⑤ 古希腊的主席团由十族中的每一族推选出的 50 人组成，各族的主席官轮流执行 36 天左右的公务。

就是由蚂蚁变成人的①。

> 我把这一切看够了，笑够了，又振翅向上飞，
>> 到持盾的宙斯的宫中去，到其他的神家里去。②

20 我飞了不到一斯塔狄翁，月亮神就用女人的声音说道："墨尼波斯，你好！托你到宙斯那里为我办一件事。"我说道："你说吧；不是要我带东西，不会有什么困难。"她说道："是托你带个不费事的口信，把我的请求转告宙斯。墨尼波斯，我从哲学家那里听到了许多可怕的议论，厌烦极了。他们旁的事不干，专爱管我的事——我是什么，有多大，为什么变成半圆的或要圆不圆的形状。有人说我这里有人居住，有人说我像一面镜子悬在海上，又有些人把他们各自的幻想加在我身上。最近他们甚至说，我的光是偷来的、是冒充的，是从上面的太阳那里来的；他们说太阳本身是石头，是炽热的金属，这还不算，还不断地使我同我的哥哥太阳起冲突，相争吵。

21 "那些在白天脸色忧郁、目光刚毅、态度庄严、为一般人所景仰的人，在夜里干下可耻可鄙的事情，难道我不知道吗？但是，我尽管看在眼里，却只好保持沉默，因为我想总不便揭露和照亮他们的夜间娱乐和他们每人的景后③生活。但是，如果我看见他们当中有人通奸、偷窃或胆敢做别的最适合在夜间干的事情，我立刻就把云拉过来遮住我的脸，免得把这些老年人暴露在众人面前，有辱他

---

① 密耳弥冬人居住在帖撒利亚境内的佛提俄提斯，那是荷马诗中的希腊英雄阿基里斯的祖国。传说密耳弥冬人曾遭受瘟疫，人口稀少，宙斯使蚂蚁变成密耳弥冬人，加以补充。这支民族的名称 Μυρμιδών（Myrmidon，密耳弥冬）和希腊字 Μύρμηξ（Myrmex，密耳墨克斯，意思是"蚂蚁"读音很相似。

② 《伊利亚特》第 1 卷第 222 行。

③ 古希腊戏剧演出没有幕，故说"景后"。

们的大胡子和德行。但是，他们继续发言攻击我，多方侮辱我，因此，凭夜神发誓，我多次想迁到最远的地方去，以便躲避他们爱管闲事的舌头。

"请你记住把这些话转达给宙斯，并且告诉他，我不能再留在这个地方，除非他毁灭那些自然哲学家，封住那些论辩家①的嘴，掘倒画廊②，烧毁学园③，制止散步道上的闲谈④，那样，我才能获得安宁，不再每天被他们测量。"

"一定照办，"我回答说，随即沿着上天的陡路飞去，　　　　　22

　　　那里没有牛耕田，也没有人种地。⑤

过一会儿，月亮看来变小了，大地不见了。

我沿着太阳左侧，穿过星星飞了三天，接近了天界。起先，我想一直飞进去，我有半边是鹰，我知道鹰同宙斯向来是亲密的⑥，因此认为很容易躲避众神的注意。但是，后来考虑到他们很快就会发现我，因为我带上的另一只翅膀是鹫的，所以我决定，最好还是不要去冒险。我上前敲门。海尔梅斯⑦应声开门，问了我的名

----

① 指苏格拉底那样的论辩家，这种论辩家以发问方式揭露对方的答复前后矛盾，从而获胜。如果答方能自圆其说，则答方获胜。

② 画廊是斯多葛派（意思是"画廊派"）哲学家谈论哲学的地方。

③ 指柏拉图讲学的学园，在古雅典城西北郊。

④ 指亚里士多德用散步的方式讲学。亚里士多德（公元前384—前322）生于马其顿的斯塔吉拉城，为古希腊著名的哲学家，他动摇于唯物主义与唯心主义之间。"散步"，一译"逍遥"。一说亚里士多德是在亭子里讲学，而不是用散步或逍遥的方式讲学。

⑤ 《奥德赛》第10卷第98行。

⑥ 鹰是宙斯的圣鸟。

⑦ 海尔梅斯是宙斯和玛娅（阿特拉斯的女儿）的儿子，为众神的使者。他护送阴魂赴冥土，并且是司商业、旅行、运动等的神。

字,连忙去报告宙斯。过了一会儿,他叫我进去,我心里害怕,浑身打颤;我发现他们都坐在一起,并且有点发愁,因为我的访问出乎意外,扰乱了他们的平静,他们担心全人类都会像我这样装上翅膀飞了来。可是宙斯却以提坦神①的锐利的眼光盯着我,恶狠狠地说:

23

　　　你是何许人,何地人,何处来? 何人之子?②

我听见这句话,差点儿没吓死,我站在那儿,开不得口,被那洪大的话音吓呆了。后来,我清醒过来,这才把一切清楚地告诉他。我从头说起——怎样想知道天体,怎样去找哲学家,怎样听见他们说些相反的理论,怎样被他们的议论弄得糊里糊涂而感到厌倦,然后循序说起我的奇想、翅膀以及其他一切,一直说到我上天,还加上月亮的口信。宙斯的眉头舒展了一点,他笑了笑,说道:"连墨尼波斯都敢上天来,关于俄托斯和厄菲阿尔忒斯③还有什么可说呢? (向墨尼波斯)今天我们先叫你做客,明天,我们处理了你来办的事情,再打发你回去。"他随即站起来,走到天上最便于听声音的地方去,因为他坐下来听祈祷的时候到了。

24　　　　他一边走,一边向我问起地上的事情,起先是问麦子在希腊卖什么价钱;去年冬天的风雪是不是猛烈地袭击了我们;蔬菜是不是

---

　　① 提坦神是天神乌剌诺斯和地神盖娅所生的六个儿子和六个女儿,其中有克洛诺斯、许珀里昂、伊阿珀托斯等。这些提坦神所生的儿女,如赫利俄斯、普罗米修斯、宙斯等,也被称为提坦。

　　② 这行诗常见于《奥德赛》,如第 1 卷第 170 行。

　　③ 俄托斯和厄菲阿尔忒斯是阿罗欧斯的儿子,身体非常高大。他们把山头一个一个地往上摞,要爬上天去和众神作战,但是他们还没有成年,就被阿波罗杀死了。

还需要更多的雨水。随后他问起菲迪亚斯①的后裔是不是还有人在，为什么雅典人这么多年不庆祝宙斯节，他们是不是还有意为他修成奥林匹厄翁庙②，抢劫他的多多涅③庙的那伙人是不是已经就擒。

　　我回答了这些问题之后，他说道："告诉我，墨尼波斯，人们对我有什么看法？"我回答说："主上，除了最虔敬的看法，认为你是众神的首领之外，还能有什么别的看法呢？"他说道："你是在说笑话，你不说，我也清楚地知道他们喜新厌旧。从前有个时期，他们把我看作预言者、医师，那时我是一切，

　　　　条条街道和人间的市场

　　　　尽是宙斯。④

那时多多涅和庇萨⑤昌盛繁荣，万人敬仰，祭祀的烟雾太浓，使我什么都看不清。但是，自从阿波罗在德尔斐⑥建立了预言所，阿克勒庇俄斯在拍加马斯建立了医疗院⑦，色雷斯有了本狄斯⑧庙，埃及有了阿努比斯②庙，以弗所有了阿耳忒弥斯⑨庙以来，他们都跑

---

①　菲迪亚斯是公元前 5 世纪著名的希腊雕刻家。

②　奥林匹厄翁庙是供奉"奥林帕斯山上的宙斯"的大庙，于公元前 6 世纪开始建筑，后来工程中断，到了公元 2 世纪（约在本文写作 30 年之前）才完成。

③　多多涅在希腊西部。

④　公元前 3 世纪希腊诗人阿剌托斯的《天象》第 2—3 行。

⑤　庇萨在奥林匹亚（在伯罗奔尼撒西北部厄利斯境内）东北边。

⑥　德尔斐城在科林斯海湾北岸佛西斯境内。

⑦　阿克勒庇俄斯是阿波罗和科罗尼斯（佛勒古阿斯的女儿）的儿子，为医神。他曾使死者复生，侵犯了死神的权利，宙斯因此用雷电把他烧死了。关于拍加马斯，参看第 12 页注④。

⑧　本狄斯是色雷斯的月神和狩猎女神。

⑨　阿耳忒弥斯是宙斯和勒托的女儿，为月神和狩猎女神。

到那些地方去庆祝大节日,举行百牛祭,献上金锭,至于我呢,他们认为已经过了极盛时期,他们每四年在奥林匹亚①祭我一次,我就够荣耀了。所以你可以看出,我的祭坛比柏拉图的法律和克吕西波②的三段论还要冷清。"

25　　谈着谈着,我们已来到他坐下来听祈祷的地方。那里有一排洞口,像井口似的,上面有盖子,每个洞口旁边摆着一座黄金的宝座。宙斯在第一个洞口旁边坐下,把盖子打开,注意听祈祷。我也弯着腰在旁边听,祈祷来自大地各处,五花八门,种类繁多。

祈祷是这样的:"宙斯啊,但愿我成为巴赛勒斯²①""宙斯啊,使我的葱蒜生长!""众神啊,让我的父亲快死!"也有人说:"但愿我能继承妻子的财产!""但愿我谋害兄弟的事不至于被发觉!""但愿我的官司能打赢!""让我在奥林匹克竞技会戴上桂冠!"航海的人当中,有一个祈求吹北风,另一个祈求吹南风;农夫求雨水,漂布者求阳光。

宙斯听了,对每一个祈祷都仔细加以考虑,但并不是全都答应了。

　　　这个祈祷父亲允许了,那个他拒绝了。③

他让正当的祈祷穿过洞口上升,拿来放在右边;不虔敬的祈祷,他不让生效就把它们挡回去,吹下去,不让它们再和天界接近。对于某一个祈祷,我看出他感到为难:有两个人所求相反,却又答应献

---

① 奥林匹亚(参看 19 页注⑤)是开奥林匹克竞技会的地点。竞技会和祭祀每四年举行一次。

② 克吕西波(公元前 280—前 207)是斯多葛派哲学家。

③ 《伊利亚特》第 16 卷,第 250 行。"父亲"指宙斯,宙斯是神和人的父亲。

上同样的祭品,他不知该点头答应哪一个,落得个与学园①派相同的遭遇,难以作出决定,只好像皮浪那样暂停判断②,再作思考。

他把这些祈祷处理得差不多了,然后走到下一个洞口,坐在第二个宝座上,弯着腰注意听誓言和发誓人说的话。他处理了这些誓言,毁灭了伊壁鸠鲁派的赫耳摩多洛斯,再移到下一个宝座上去注意听那些显示预兆的呼声、言辞和鸟语。然后,他又从那里移到接受祭祀的洞口,烟从那洞口上升,将每个献祭的人的名字传达给宙斯。离开这些洞口以后,他命令风和天气做应该做的事:"今天在西徐亚下雨,在利比亚闪电,在希腊下雪。北风,你到吕底亚③去刮。南风,你保持安静。西风在亚得里亚海④上掀起大浪。一千斗⑤冰雹撒在卡帕多细亚⑥地方。"

一切事情差不多办完以后,该吃饭了,我们就去赴宴。海尔梅斯接待我,让我躺在⑦潘⑧、科律巴斯⑨、阿提斯⑩和萨巴齐俄斯⑪旁

26

27

---

　　①　指怀疑派的"学园"。

　　②　皮浪(公元前365—前275?)是伯罗奔尼撒西北部厄利斯地区的人,为怀疑派哲学的创建者。关于"暂停判断",参看《出售哲学》末节。

　　③　吕底亚在小亚细亚西海岸中部。

　　④　亚得里亚海在意大利与巴尔干半岛之间。

　　⑤　"斗"原文是 $\mu\varepsilon\delta\iota\mu\nuο\varsigma$(medimnos,墨丁诺斯),约合54公升。古希腊奴隶的口粮每天是一升(原文是 $\chiοι\xi$,khoinix,科尼克斯),为墨丁诺斯的四十八分之一。

　　⑥　卡帕多细亚在小亚细亚东部。

　　⑦　古希腊人躺在榻上进餐。

　　⑧　潘是海尔梅斯的儿子,为牧神。

　　⑨　科律巴斯是弗利基亚的丰产女神库柏勒的随从和祭司。

　　⑩　阿提斯是个牧人,为库柏勒所喜爱。

　　⑪　萨巴齐俄斯是弗利基亚的神,后来被介绍到希腊,与酒神狄俄倪索斯混同,被认为是宙斯的儿子。

边,这些是身份不明的外来神。得墨忒耳①给我面包,狄俄倪索斯②给我酒,赫剌克勒斯给我肉,阿芙罗狄蒂③给我桃金娘,波塞冬④给我鳗鱼。同时我也尝到了一点神食和神酒;那个高贵的伽倪墨得斯出于对人类的爱,一见宙斯向别处看,就赶快给我斟上一两盅神酒。众神,正如荷马——我想他一定像我一样在那里见过这种事——在什么地方说过的那样,

> 不吃面包,也不喝火红的酒。⑤

他们面前只放着神食,他们喝神酒喝醉了;他们特别喜欢吞食焚烧牺牲时给他们送上来的香喷喷的烟气和人们献祭时牺牲在祭坛周围溅洒的鲜血。

宴会的时候,阿波罗⑥弹竖琴,塞勒诺斯⑦跳粗野的舞蹈,文艺女神们⑧站起来为我们唱赫西俄德的《神谱》⑨中的段子和平达的颂歌⑩中的第一首。我们吃饱了,有些醉了,便各自休息。

28
> 所有其他的神和指挥战车的将领
>
> 整夜安睡,我却得不到甜蜜的睡梦。⑪

---

① 得墨忒耳是克洛诺斯和瑞亚的女儿,为农神。

② 狄俄倪索斯是宙斯和塞墨勒(卡德摩斯的女儿)的儿子,为酒神。

③ 阿芙罗狄蒂是司爱与美的女神。

④ 波塞冬是克洛诺斯和瑞亚的儿子,为海神。

⑤ 《伊利亚特》第 5 卷第 341 行。

⑥ 阿波罗是宙斯和勒托的儿子,为日神。

⑦ 塞勒诺斯是牧神潘的儿子,为酒神狄俄倪索斯的老师和随从。

⑧ 文艺女神们是司诗歌、历史、天文等的女神,共九位,称为缪斯。

⑨ 赫西俄德是公元前 8 至前 7 世纪的希腊诗人,作品有《工作与时日》、《神谱》等。

⑩ 平达(公元前 518—前 438)是古希腊著名的抒情诗人,擅长写歌颂奥林匹亚竞技会的胜利者的合唱歌,称为"颂歌"。

⑪ 《伊利亚特》第 2 卷第 1—2 行。"我"字在荷马诗中作"宙斯"。

我想了许多事情,特别是阿波罗为什么这么久不长胡子,太阳神[1]
始终在这里和大家一起宴饮,天上为什么还有黑夜。

　　那天夜里我睡得很少。到了清早,宙斯起来,传令召集大会。
众神到齐以后,他就开始发言:"召集你们来,是昨天到这里来的这　29
位客人引起的。我早就想同你们商议有关哲学家的事情,特别是
因为受了月亮和她提出的谴责的敦促,我决定不再推迟对这个问
题的讨论。

　　"不久以前,世上出现一种人,他们懒散,好辩,自负,易怒,贪
吃,愚蠢,狂妄自大,目空一切,用荷马的话来说,是'地上的无益负
担'[2]。他们分成若干学派,想出各种迷人的字眼,有的自称斯多
葛派,有的自称学园派,有的自称伊壁鸠鲁派,有的自称散步派,此
外,还有些更可笑的派别。他们把美德的庄严的名字披在身上,竖
起眉毛,皱着额头,把胡子留长,东游西荡,用虚伪的外表掩盖着可
憎的恶习,很像悲剧演员,一旦有人剥去他们的面具和绣金的服
装,剩下的就只是可笑的小人物,用七个德拉克马雇来争夺奖品的
戏子。

　　"他们尽管是这样的人,却瞧不起全人类,关于神他们还说了　30
一些怪话。他们召集了一些容易上当受骗的年轻人,用悲剧的腔
调向他们宣扬那有名的美德,传授难以解答的理论;他们当着弟子
们赞美忍耐、节制和自足,唾弃财富和欢乐,但是到了他们独处的
时候,他们那样贪图吃喝,那样放纵情欲,那样把俄玻罗斯上面的

---

① 指原始的太阳神赫利俄斯,不是指阿波罗。参看《神的对话》第25篇。
② 见《伊利亚特》第18卷第104行。

污垢舔干净，谁能说得尽？

"最令人愤慨的，是他们于公于私从不做一点好事，他们是无用的、多余的人，

> 在战斗中，在议事会上，毫无用处。①

虽然如此，他们却责备别人；他们搜集尖刻的言辞，钻研新颖的骂人的话语，斥责旁人；他们中间谁最吵闹、最莽撞、最勇于诽谤别人，谁就名列第一。如果你问一个提高嗓音、吵吵嚷嚷、指责别人的人：'你又在干什么呢？我以众神的名义问你，你对于人世有什么贡献？'如果他愿意说恰当的真话，他就该说：'我认为航海、种地，服兵役，做工匠，都是多余。我大叫大嚷，一身肮脏，冷水洗浴，冬天光脚走路，披一件龌龊斗篷，像摩摩斯②那样对别人做的事吹毛求疵。如果有哪个富翁高价买鱼或者养伴妓，我就专爱管闲事，义愤填膺；但是，如果我的朋友或伙伴病倒在床，需要帮助和看护，我就不闻不问。'

"众神啊，这些家伙就是这样的。还有些自称伊壁鸠鲁派的人，非常傲慢，对我们横加指责，说神不但不照管人类，而且对发生的一切事都漫不经心。现在是你们考虑考虑的时候了，万一他们说服世人，你们就要挨饿，因为，一旦无利可图，谁还愿意再向你们献祭呢？

"至于月亮所谴责的事情，你们昨天都听见客人讲过了。为此，你们应该作出一个对人类最有益，对我们最能保证安全的决议。"

---

① 《伊利亚特》第 2 卷第 202 行。
② 摩摩斯是夜神的儿子，喜欢嘲笑和辱骂。

31

32

　　宙斯刚说完,大会就陷于一片吵闹声中,全体天神高声嚷道: ³³
"雷打他们!""火烧他们!""毁灭他们!""把他们抛到坑^①里去!"
"扔到塔耳塔洛斯^②去!""送到癸伽斯^③那儿去!"宙斯命令安静下
来,然后说道:"就照你们的意思办,他们连同他们的论辩都要被毁
灭。但是现在不宜于惩罚任何人,你们知道,今后四个月是圣月时
期,我已经派人到各处宣布停战^④。因此明年开春,这些坏人将遭
受可怕的雷击,不得好死。"

　　　　克洛诺斯的儿子动动浓眉表示同意。^⑤

　　宙斯继续说道:"关于墨尼波斯的事,我这样决定:把他的翅膀 ³⁴
去掉,使他不能再来。今天就让海尔梅斯把他带到地上去。"他说
完这话,便宣布散会,于是库勒尼俄斯^⑥揪住我的右耳朵,提起我
来,昨天晚上把我送下来放在陶工区^⑦。

　　朋友,从天上来的消息你全都听见了。我这就去把喜讯带给
那些在画廊里散步的哲学家。

------

^①　指古雅典卫城北坡下面的深坑,为处死罪人的地点。

^②　塔耳塔洛斯是冥土下面的深坑,这个坑与冥土的距离等于地与天的距离。提
坦就是被囚禁在这个深坑里的。

^③　癸伽斯是天神乌剌诺斯和地神盖娅所生的人形蛇尾的巨怪。他们反对以宙斯
为首的众神,将石块和木头扔向奥林帕斯。宙斯在独眼巨怪和百手巨怪的帮助下,战
胜了他们,把他们扔到火山口里。

^④　"圣月时期"是举行祭祀、开竞技会的时期,在这个时期内希腊各城邦不得进行
战争,好让人们参加盛会。"四个月"是夸张说法。

^⑤　《伊利亚特》第 1 卷第 528 行。"儿子"指宙斯。

^⑥　库勒尼俄斯是海尔梅斯的称号。海尔梅斯出生在伯罗奔尼撒中部阿耳卡狄亚
境内的库勒涅山,因此称为"库勒尼俄斯"(由"库勒涅"变来的形容词)。

^⑦　陶工区在古雅典双城门(西北门)内外,城内的叫作"内陶工区",城外的叫作
"外陶工区"。

摆　　渡

——僭主①

1　　卡戎②:好啦,克罗托③,我们的船已经准备好,一应齐全,只待出发:舱底的水舀干净了,桅杆竖起来了,帆篷拉上去了,每只桨也套上了皮圈,在我是没有什么事会妨碍我们起碇开船了。海尔梅斯他早就该到了,却迟迟没来。这渡船本该已经往返三趟了,但你是看见的,到现在还没有一个乘客;快黄昏了,我连一个俄玻罗斯还没有弄到手。我知道,普路托④一定会疑心我在偷懒,其实,责任是在别的神。我们那位解送阴魂的高贵的神,准是像凡人一样喝了忘河⑤的水,忘记回到我们这里来了。他要么是在同小伙子摔跤,要么是在弹他的竖琴⑥,要么是在发表演说,夸夸其谈,要么他这位高贵的神是到什么地方偷东西去了,这也是他的本事之一。

①　僭主是借民众的力量夺获政权的独裁君主。

②　卡戎是冥河上渡送阴魂的艄公。

③　克罗托是三位命运女神之一,这名字的意思是"纺绩者",克罗托纺绩象征生命的线。另一位命运女神叫作阿特洛波斯,这名字的意思是"不可动摇者",阿特洛波斯在一个人的命数将尽的时候,一定要把他的生命之线剪断。还有一位命运女神叫作拉刻西斯,这名字的意思是"分配者",拉刻西斯分配命运。

④　普路托是哈得斯的别称,哈得斯是克洛诺斯和瑞亚的儿子,为冥土的主神。

⑤　忘河是冥土的一条河流。阴魂喝了忘河的水,便忘记生前的事。

⑥　参看《神的对话》第7篇第4节。

总之,他是在从我们方面争自由,按说他有一半是属于我们的。

克罗托:卡戎,你怎么知道他不是忙着什么事呢?说不定宙斯 ² 要他去办理天上更重要的事去了。宙斯也是他的主子嘛。

卡戎:但是,克罗托,共有的财产①,宙斯总不该独自霸占着。海尔梅斯应该离开的时候,我们从来没有扣留过他。我明白其中的原因了:我们这里除了长春花②、祭酒、供饼和献给死者的供品之外,只有阴沉、迷雾和黑暗;在天上却处处是光明,有吃不完的神食,喝不尽的神酒,所以他在众神那里逗留自然觉得比在这里愉快。他从我们这里飞上去的时候,活像是逃出了监狱;下来的时候,他却不慌不忙地步行,难得什么时候走到。

克罗托:卡戎,你不用生气了,他已经走来了,这你是看见的, ³ 他给我们带来了好些乘客,说得确切些,他是在用信使杖赶着一大群人,像赶着一群山羊一样。这是怎么回事?我看见其中一个人被捆绑着;另一个人笑哈哈的;还有一个人肩扛行囊,手拿木棒,眼光敏锐,催促别人。你看海尔梅斯不也流着汗,脚上沾满灰尘,气喘吁吁的吗?他用嘴呼吸都困难了!海尔梅斯,这是怎么回事?为什么这样匆忙?你好像心慌意乱。

海尔梅斯:克罗托,哪有什么别的事?还不就是这个罪犯逃跑了,我追他,今天差点儿赶不上你们的船了。

① 指海尔梅斯。
② 这里提起的长春花是生长在冥土的长乐岛上的。冥土的长乐岛是善良的人死后居住的地方,这是后来的传说。荷马史诗《奥德赛》第4卷第561—569行中提起的长乐平原厄吕西翁是在大地的西头,为获得永生的英雄的居住地。后来的传说把厄吕西翁放在冥间。

克罗托：他是谁？为什么要逃跑？

海尔梅斯：很明显，他想多活些时候。听他哭泣和悲叹，看样子他是个国王或僭主，因为他说，他失去了莫大的幸福。

克罗托：那个愚蠢的家伙想逃走，在他的生命之线用尽时还想活下去吗？

4　　海尔梅斯：你说他想逃走？要不是那个好人、那个手拿木棒的人帮忙，要不是我们把他逮住绑起来，他早就从我们身边溜走，逃跑了。自从阿特洛波斯把他交给我，他一路上一直拖拖拉拉，磨磨蹭蹭，两只脚栽在地上，很难带他往前走。每隔一些时候，他就央求我让他回去一会儿，答应给我一大笔贿赂。我知道，他所要求的是一件不可能的事情，自然没有放他去。刚才，我们到了洞口①的时候，我像往常一样，把死者点交给埃阿科斯②，他按照你的姐妹给他的清单，清点人数，当时，这罪该万死的家伙，不知怎么，趁我不注意溜走了。清点结果，少了一个死者，埃阿科斯就竖起眉毛说道："海尔梅斯，不要在什么事情上都玩弄你那套盗窃本领，你在天上玩的把戏够多了。死者的数字是记得很准确的，不可能有差错。你是看见的，清单上写的明明是一千零四个，如果不是阿特洛波斯欺骗你，那就是你给我少带来了一个。"他的话使我一阵脸红，我立刻想起了路上发生的事，四面一看，不见了那人，就知道他逃跑了。我尽快沿着通向阳光的大道一路追去。这位朋友自愿跟着我，我

---

　　① 指泰那洛斯山洞。泰那洛斯在伯罗奔尼撒南端，古希腊人相信那里有个进入冥界的洞口。

　　② 埃阿科斯是宙斯和埃癸娜的儿子，死后成为冥土三判官之一。

们像从起跑线开始一样往前跑,终于在泰那洛斯把他捉住,没让他从那里溜走。

克罗托:卡戎,这会儿我们只顾责备海尔梅斯玩忽职守。 5

卡戎:我们为什么还在磨蹭,倒像耽搁得还不够久?

克罗托:你说得对;叫他们上船吧! 我将拿着清单,照常坐在舷梯旁边,他们一个个上来,我好问清楚他是谁,是哪里人,怎样死的;你只管接收,把他们堆起来,放在一起。海尔梅斯,先把这些新生的婴儿扔进船吧。他们能向我说些什么呢?

海尔梅斯:你收下吧,艄公! 连弃婴在内,一共三百个。

卡戎:好家伙,收获倒真不少! 你给我们带来的这批死者是生葡萄做的酒①。

海尔梅斯:克罗托,你要我们把那些没有人哀悼的死者弄上船吗?

克罗托:你是说那些老头儿吗? 就这么办吧! 如今我有什么必要去追查欧几里得之前的事情②呢? 你们这些年过六十的人快上船! 这是怎么回事? 他们不听我的话,准是由于年纪太大,耳朵背了。也许你得把他们提起来送上船去。

海尔梅斯:接住吧,差两个四百,都是软绵绵的、熟透的、到时候才收获的。

卡戎:是呀! 他们都成了葡萄干了!

---

① 比喻夭折的婴儿。

② 欧几里得是雅典政治家,于公元前 403 年任雅典执政官,雅典民主政体是在那一年恢复的。在那一年以前是"三十僭主"的暴政时期。欧几里得执政后,为了避免流血,宣布不对那些与"三十僭主"的罪行有牵连的人进行追查。

6   克罗托:海尔梅斯,把受伤的人带上来!(向死者)先告诉我,你们是怎样死的? 不,我还是按照单子上写的来清查你们吧。八十四个应该是昨天在米太阵亡的,其中有俄克绪阿塔的儿子戈巴瑞斯①。

海尔梅斯:他们全到了。

克罗托:有七个是因失恋而自杀的,其中一个是哲学家忒阿革涅斯②,他是爱上了梅加腊的伴妓,殉情而死的。

海尔梅斯:他们就在你身边。

克罗托:那两个为了争夺王位互相残杀而死的人在哪儿?

海尔梅斯:他们站在这里。

克罗托:那个被奸夫和自己的老婆谋杀的人呢?

海尔梅斯:你看,就在你身边。

克罗托:把那些从法院出来的人带来,我是说那些死于拷打和尖桩刑的人。那十六个被强盗杀死的人在哪儿,海尔梅斯?

海尔梅斯:他们在这里,就是你看见的这些受伤的人。你要我把那些女人也带来吗?

克罗托:当然。把那些沉船遇难的人也一起带来,反正都是横死的。还有那些死于高烧的,也带来,他们的医生阿伽托克勒斯,
7   也一起带来。哲学家昔尼斯科斯③在哪儿? 他是吃了赫卡忒的饭

----

①   俄克绪阿塔和戈巴瑞斯都是虚构的人物。

②   大概是指《佩雷格林之死》第5节中提起的帕特赖人忒阿革涅斯。

③   昔尼斯科斯是昔尼克派(犬儒派)哲学家的别名,意思是"小狗"。此处指昔尼克派哲学家第欧根尼(公元前400?—前325?),他是吃墨斗鱼而死去的。

食①和涤罪的鸡蛋,又吃了生墨斗鱼而死去的。

昔尼斯科斯:好克罗托,我站在你身边很久了。我干了什么错事吗?你竟叫我在世上待了这么久!你几乎把整个线坠儿上的线都分配给我了。我曾多次想把生命之线弄断,以便到这里来,不知怎么弄不断。

克罗托:我留你在那儿,是让你去充当人类的罪恶的检举人和医生。上天保佑,你上船吧!

昔尼斯科斯:不,除非我们先把这个被绑着的人弄上船。我担心他再三央求,会打动你的心。

克罗托:让我看看,他是谁?

昔尼斯科斯:拉库得斯的儿子墨伽彭忒斯②,是个僭主。

克罗托:上船去!

墨伽彭忒斯:不,克罗托娘娘!让我回阳世上去一阵子。以后不用人传,我自动回来。

克罗托:你为什么要回去?

墨伽彭忒斯:先把我的宫殿盖好,因为建筑刚刚完成一半。

克罗托:胡说!上船去!

墨伽彭忒斯:命运女神,我要求的时间并不长。准许我停留今天一天就行,以便我把钱财指点给我的妻子,告诉她那一大宗财宝埋在什么地方。

克罗托:你合当命尽,难以宽限。

---

① 赫卡忒是一位地神。昔尼克派常取食于富人在十字路口献给赫卡忒的祭品。

② 拉库得斯和墨伽彭忒斯都是虚构的人物。"墨伽彭忒斯"意思是"大悲哀者"。

墨伽彭忒斯：那么多金子都白扔了么？

克罗托：不会白扔。这件事你可以放心；你的堂弟墨伽克勒斯①会继承的。

墨伽彭忒斯：啊，真是欺人太甚！这个仇人，我一时疏忽，没有先把他杀死。

克罗托：正是那人；他将比你多活四十岁多一点，还要夺取你的嫔妃、衣服和全部黄金器皿。

墨伽彭忒斯：克罗托，你太不公平，竟把我的财宝分配给我最大的仇人。

克罗托：我的好人，那些原来都是库狄马科斯②的，你不是在刺杀了他、趁他没咽气宰了伏在他身上的孩子，抢过来的吗？

墨伽彭忒斯：可它现在属于我了。

克罗托：属于你的期限已经满了。

9　墨伽彭忒斯：克罗托，我想私下告诉你一件事，不叫别人听见。——你们暂且站开点！——只要你让我逃跑，我答应今天就给你一千塔兰同金币。

克罗托：可笑的人，你还念念不忘金子和塔兰同吗？

墨伽彭忒斯：如果你愿意，我还可以给你两个调酒缸③，那是我在杀死克勒俄里托斯④的时候弄到手的，每个重一百塔兰同⑤。

----

① 墨伽克勒斯是虚构的人物。
② 库狄马科斯是虚构的人物。
③ 调酒用的缸。古希腊人喝淡酒，酒里要掺水。
④ 克勒俄里托斯是虚构的人物。
⑤ 塔兰同是阿提卡重量单位，合 26.22 公斤。

克罗托:把他拖上船去! 看来他是不肯自动上船的。

墨伽彭忒斯:请你们大家作证,我的城墙和修船厂还没有竣工。再让我活五天,就能完成。

克罗托:放心;别人会把城墙修好的。

墨伽彭忒斯:我再来提这么个要求,总该是完全合理的。

克罗托:什么要求?

墨伽彭忒斯:让我一直活到我平定庇西狄亚①人,叫吕底亚人纳贡,给自己造一个巨大的陵墓,把我生平的赫赫武功刻在上面。

克罗托:你这家伙,你不是要求今天一天,而是要拖延将近二十年!

墨伽彭忒斯:可是我愿意给你个保证品,保证我快去快来。如 10 果你愿意,我甚至可以把我心爱的人②交给你,作为我的替身。

克罗托:可恶的东西,你不是时常祷告要把他留在世上吗?

墨伽彭忒斯:很久以前,我曾经这样祷告过,现在我看出他有更好的用处了。

克罗托:他不久也要到这里来,因为他将被新的国王杀死。

墨伽彭忒斯:此外,命运女神,你总不该拒绝我这个要求吧。 11

克罗托:什么要求?

墨伽彭忒斯:我想知道我身后的事。

克罗托:你听着:你知道以后,将更加痛苦。你的奴隶弥达斯将占有你的妻子,他早就诱奸了她。

----

① 庇西狄亚在小亚细亚东南部。一本作"波斯"。
② 指俊俏的小伙子。

墨伽彭忒斯:这个该死的家伙,我听从她,给了他自由。

克罗托:你的女儿将编入当今僭主的嫔妃之列,城邦从前为你竖立的半身像和全身像将被推倒,只落得看热闹的人讥笑。

墨伽彭忒斯:告诉我吧,难道我的朋友没有一个对这些行径感到愤慨吗?

克罗托:谁是你的朋友? 怎么成为朋友的? 所有拜倒在你面前,称赞你的一言一行的人,其所以这样做,都是出于畏惧和希求,他们是巴结你的权势,只着眼于自己的利益,你难道不知道吗?

墨伽彭忒斯:可是他们在宴会上奠酒的时候,却高声祝我洪福齐天,说如果有机会,每个人都准备为我而死,总之,他们甚至以我的名字起誓。

克罗托:因此你昨天同他们当中的一个人一块儿吃饭以后,就送了命;是他给你喝的最后一杯酒把你送到这里来了。

墨伽彭忒斯:怪不得我觉得酒有点苦味。但是他的目的何在?

克罗托:你该上船了,却偏偏向我打听这么多事。

12　墨伽彭忒斯:有一件事特别使我憋气,为此我很想回阳世去一趟。

克罗托:什么事? 想必是一件非常重大的事吧。

墨伽彭忒斯:我的家奴卡里昂知道我死了,傍晚时候马上来到我躺着的房间里,因为没有一个人守着我,他从从容容把我的妃子格吕刻里昂带进来——我猜想他们早就有了来往,——关上门,和她取乐,好像房间里没有人似的。他满足了欲望以后,瞪着眼对我说:"可恶的小人,我没有任何过错,你却经常打我!"他一面说,一面拔我头发,打我嘴巴。末了,他大声咳口痰,啐了我一口,临走时说道:"滚到亵渎神明的罪人那儿去吧!"我怒火中烧,却无法对等地回报他,因为我已僵硬了,冰凉了。那可恶的婊子听见有人走来,便用口水抹湿了眼睛,装出为我流泪的样子,她哭哭啼啼,呼唤着我的名字,走出去了。我要是逮住他们——

克罗托:不要再吓唬人了,上船去!已经到了你去审判厅的时候了。 [13]

墨伽彭忒斯:谁有权给僭主定罪呢?

克罗托:对僭主没有人有权,对死者剌达曼堤斯①却有权。你立刻就可以看见他给你们每个人定罪,既公正,又合情理。现在你休要再拖延!

墨伽彭忒斯:命运女神,你不叫我做国王,叫我做老百姓、做穷人,甚至做奴隶都行,只要你允许我复活!

克罗托:那个拿木棒的人在哪里?海尔梅斯,你也来抓住他的腿,把他拖上去,因为他不肯自愿上船。

海尔梅斯:逃犯,上来吧!艄公,你收下这家伙,要当心,看管好——

卡戎:你放心,我会把他绑在桅杆上。

墨伽彭忒斯:我该坐首席。

克罗托:为什么?

墨伽彭忒斯:因为我的确当过僭主,有过一万名卫兵。

昔尼斯科斯:既然你是这样的笨蛋,卡里昂拔你头发,难道拔得不对吗?我叫你尝尝木棒的滋味,你就知道当僭主的苦乐了。

———————————

① 剌达曼堤斯是宙斯和欧罗巴的儿子,死后成为冥土三判官之一。

墨伽彭忒斯：一个昔尼斯科斯也配对我抡起棍子来吗？那一天，你说话太放肆，太尖刻，吹毛求疵，我不是差点儿把你钉起来吗？

昔尼斯科斯：所以你正该被钉在桅杆上，待在那里。

14　弥库罗斯：你说说，克罗托，你们为什么不重视我？我穷，就该最后上船吗？

克罗托：你是谁？

弥库罗斯：鞋匠弥库罗斯。

克罗托：你嫌慢，不耐烦吗？难道你没看见，那个僭主要我们放他回去一趟，许下我们多少贿赂？真奇怪，你反而不喜欢拖延。

弥库罗斯：你听我说，命运女神，独眼巨怪许诺说："我最后吃乌提斯①，"这样的优待我不稀罕。真的，先吃也罢，后吃也罢，总之，都是同样的牙齿在等待着。此外，我的情况和富人不同，正如俗话所说，我们的生活是直径的两端②。这个僭主，在大家看来，当然是幸福一世，人人畏惧，人人敬仰；他身后留下那么多黄金、白银、衣服、马匹、食品，以及俊俏的小厮、美丽的妻妾，他当然很伤心，失去了它们，他就苦恼。不知是怎么回事，反正灵魂就像粘鸟

_____

①　荷马史诗《奥德赛》第9卷第105—542行中叙述独眼巨怪的故事，这种巨怪是西西里岛上的牧人，他们只有一只眼睛，长在额上。希腊英雄俄底修斯和他的伙伴们被独眼巨怪波吕斐摩斯关在洞里。波吕斐摩斯对俄底修斯说："在你的伙伴中，我将最后吃乌提斯，先吃别的人，这就是我对客人的优待。""乌提斯"是俄底修斯给自己起的名字，意思是"无人"。欧里庇得斯的"羊人剧"《独眼巨怪》（一译《圆目巨人》）也写这个故事。赫西俄德提起另外一种独眼巨怪，这种巨怪是天神乌剌诺斯和地神盖娅的儿子，共三个，他们的名字叫作布戎忒斯、阿耳革斯和斯忒洛珀斯。他们是火神赫淮斯托斯的助手，曾为宙斯制造雷电，后来被阿波罗杀死。

②　意思是截然相反。

的胶一样,和这些东西粘在一起,不愿轻易分离,因为它久已和它
们紧密相连。人们用来把自己束缚起来的东西,非常像挣不断的
链条。真的,如果有人使劲把他们拉开,他们就会痛哭,求情。尽
管他们在别的方面很勇敢,但是在来到冥土的这条路上,他们却显
得是懦夫。他们转身往回走,甚至像害相思病的人一样,想哪怕从
远处眺望阳世也好,那个愚蠢的人就是这样行事,他半路上逃跑,
到了这里又向你苦苦哀求。我的生活却毫无保障,我没有田地,没 15
有住宅,没有黄金,没有用具,没有雕像,我自然早已束好腰带,只
等阿特洛波斯向我点头,我就高高兴兴扔下刀子和鞋底——当时
我手里有一只靴子,——立刻跳起来,来不及穿鞋,也没有把油泥
洗掉,就跟着她走,说得确切些,是我在带路,眼睛朝前看,因为身
后没有任何东西使我转向,叫我回去。我以宙斯的名义起誓,真
的,看见你们这里一切都美好,人人有平等的地位,没有人比旁人
优越,我感到非常愉快。我断定这里没有人逼债,不需上税,最大
的好处是冬天不至于冷得发抖,也没有疾病,不会挨权势者的棍
棒。到处都很平静。形势变了,我们穷人笑逐颜开,富人却伤心落
泪,叫苦连天。

克罗托:真的,弥库罗斯,我早就看见你在笑。有什么特别使 16
你觉得好笑的?

弥库罗斯:请听啊,最可敬的女神。我在世上和那个僭主是邻
居,他家里发生的事我看得一清二楚。我曾认为他比得上天神。
看见他的紫色衣服上的绣花、他的众多的侍从、他的黄金的器皿、
镶着宝石的酒杯、支着银腿的卧榻,我就认为他很幸福。还有,为
他进餐准备的烤肉的香气,使我馋得要命。因此,在我看来,他是

个非凡的人,很有福气,几乎比什么人都漂亮,堂堂正正,比别人高一肘尺,因为他被好运抬高了,他昂首阔步,使遇见的人感到惊恐。他死后,没有了这些荣华,在我看来,他成了一个非常可笑的人物,但是我更笑我自己,因为我曾对这个废物感到惊奇,根据烤肉的香气便断定他有福气,看见他穿上用拉科尼亚海①的小螺蛳的血染成的紫色衣服,便认为他很幸福。我觉得好笑的,还不止他一个人。我还看见放高利贷的格尼丰②在悲叹和懊悔,因为他没有享受过他的金钱的好处,没有品尝过金钱的滋味就死去了,把财产留给了那个挥霍的洛多卡瑞斯③,这人是他的近亲,按照法律是第一继承人。当时我不禁失笑,特别是因为我想起他是多么苍白、干瘪,满面愁容,只有他的指头接触过财富,数过塔兰同和数以万计的德拉克马。这些钱是他一点一点地积攒起来的,不久就要被那个幸运儿洛多卡瑞斯浪费掉。可我们为什么还不起程?我们在航行中看着他们哭哭啼啼,再来笑个够。

克罗托:上船吧,艄公好起碇。

卡戎:喂,你这么急往哪儿走?船已经人满了。你在那儿等到明天,我们清早渡你过去。

弥库罗斯:卡戎,你把一个死了一天的人留下,是犯罪。我一定要在刺达曼堤斯面前控告你犯法。哎呀,真倒霉!他们已经开船了,

---

① 拉科尼亚海在伯罗奔尼撒南边。
② 格尼丰是虚构的人物,意思是"吝啬者"。
③ 洛多卡瑞斯是虚构的人物。

　　我留在这里,孤孤单单。①

为什么不跟在他们后面游过去? 我已经死了,不怕累坏、淹死。再说,我也没有一个俄玻罗斯交船钱。

　　克罗托:这是怎么回事? 等一等,弥库罗斯! 你不该那样游过去。

　　弥库罗斯:说不定我比你们先到岸哩。

　　克罗托:不行! 我们划过去,把他弄上来。海尔梅斯,把他拉起来!

　　卡戎:现在让他坐在哪儿呢? 你是看见的,船已经人满了。

　　海尔梅斯:你看,如果合适,就让他坐在那个僭主的肩上。

　　克罗托:真亏你海尔梅斯想出了个好主意!

　　卡戎:爬上去,踩着那个罪人的肩膀。愿我们航行顺利!

　　昔尼斯科斯:卡戎,我现在不妨把真实情形告诉你。我到岸的时候,无法给你一个俄玻罗斯,因为除了你看见的这只行囊和这根木棒之外,我什么也没有。如果你允许,我准备舀舱里的水,或者划桨,你只须给我一把容易操作的结实的桨,你是不会找出我什么差错来的。

　　卡戎:快划吧! 那就够你付船钱了。

　　昔尼斯科斯:你要我唱一只桨手号子吗?

　　卡戎:你唱吧,如果你熟悉一只水手号子的话。

　　昔尼斯科斯:我熟悉很多只,卡戎。但是,你看,他们哭哭啼啼,跟我们作对,这样,我们的歌会被打乱。

_____

　　① 　大概是喜剧中的诗句。

19

20　　众死者:(甲)哎呀,我的财产啊! (乙)哎呀,我的田地啊!
(丙)唉,我留下的房屋啊! (丁)我的继承人有多少塔兰同到手,都
将把它们花掉啊! (戊)唉,我的新生的儿女啊! (己)我去年种的
葡萄谁来收获啊?

　　海尔梅斯:弥库罗斯,你没有什么要悲叹的吗? 过冥河不流泪
是不合乎习俗的。

　　弥库罗斯:去你的! 航行这么顺利,我没有什么可悲叹的。

　　海尔梅斯:你还是按照习俗哭一哭吧。

　　弥库罗斯:海尔梅斯,既然你喜欢听,那我就悲叹一番。哎呀,
我的鞋底啊! 哎呀,我的旧靴子啊! 唉,我的破凉鞋啊! 我这不幸
的人再也不会从早到晚挨饥受饿,冬天赤着脚,光着半个身子,到
处游荡,冻得牙齿打颤。谁继承我的刀子和锥子啊?

　　海尔梅斯:哭得够了;我们快到岸了。

21　　卡戎:喂,你们先把船钱给我! 你付钱吧! 他们大家的钱我已
经拿到了。弥库罗斯,把你的俄玻罗斯给我!

　　弥库罗斯:卡戎,你是在寻我开心,或者说,你指望弥库罗斯给
你一个俄玻罗斯,那就像俗话说的,等于在水上写字①。我从来不
知道俄玻罗斯是方的还是圆的。

　　卡戎:今天的摆渡太妙了,真赚钱啊! 你们都上岸吧。我得去
接那些马、牛、狗和别的牲畜,现在该摆渡它们了。

　　克罗托:海尔梅斯,你接收下来,把他们带走。我要到对岸去,

————————————

　　① "水上写字"是谚语,意思是"白费功夫"。

把丝国人①印多帕忒斯和赫剌弥特剌斯渡过来,他们两人是闹边界纠纷而互相打死的。

海尔梅斯:诸位,我们走吧。大家最好按顺序跟着我走。

弥库罗斯:赫剌克勒斯啊,多么阴暗! 那个俊俏的墨葵罗斯②现在在哪儿? 在这里谁能看出西弥刻比佛律涅③更美? 什么都一样,都是同一个颜色,没有一件东西是美的,或是更美的,甚至我的小破斗篷,我刚才还认为是不像样的,现在却和国王的紫色袍子一样体面,因为这两件衣服都隐藏在黑暗之中,看不见。昔尼斯科斯,你在哪儿?

昔尼斯科斯:弥库罗斯,我在这里同你说话。如果你愿意,我们就一块儿走。

弥库罗斯:你说得对;把右手给我。昔尼斯科斯,你分明是参加过厄琉西斯宗教仪式④的,告诉我,你不认为这里的情形和那里相似吗?

昔尼斯科斯:你说得对;你看,果然来了个打着火把的妇女,样子很可怕,很吓人。她是不是一位复仇女神⑤?

弥库罗斯:从外貌看,好像是。

海尔梅斯:提西福涅,把他们接收过去,一千零四个。

提西福涅:剌达曼堤斯等了你们好久了。

---

① "丝国人"是古代西方对我国人的称呼。一说也指印度人。

② 墨葵罗斯是科林斯的一个富人。

③ 西弥刻和佛律涅都是伴妓。

④ 厄琉西斯宗教仪式是崇拜地母得墨忒耳和她的女儿珀耳塞福涅的秘密仪式。

⑤ 复仇女神惩罚亲属间的罪行,特别是凶杀罪。她们的名字叫作提西福涅、墨该拉和阿勒克托。

刺达曼堤斯:复仇女神,把他们带上来! 海尔梅斯,你传令,叫他们!

昔尼斯科斯:刺达曼堤斯,我以你父亲的名义请求你先带我上庭,检查我。

刺达曼堤斯:为什么?

昔尼斯科斯:我想控告一个僭主犯有罪行,我知道他在世时干过许多坏事。但是我的话难以令人相信,除非我先表白我是什么样的人,过的是什么样的生活。

刺达曼堤斯:你是谁?

昔尼斯科斯:好判官,我叫昔尼斯科斯,论才智是个哲学家。

刺达曼堤斯:上前来,先受审判。传控告人!

24 海尔梅斯:如有人控告昔尼斯科斯其人者,请到前边来。

昔尼斯科斯:没有人前来。

刺达曼堤斯:昔尼斯科斯,这还不够。把衣服脱掉,我要看看记号,检查你。

昔尼斯科斯:什么,我怎么会变成了一个有烙印的人①?

刺达曼堤斯:你们中间,如果有人生前干过坏事,每一件都会在他的灵魂上留下一个隐蔽的记号。

昔尼斯科斯:你看,我光着身子站在这里,你找找你所说的记号吧。

刺达曼堤斯:除了三四个非常暗淡模糊的记号而外,这人大体

---

① 上文的"记号"一词,在原文里含有"记号"和"烙印"两种意思。古希腊的罪人和逃跑过的奴隶身上都有烙印,所以昔尼斯科斯感到吃惊。

上是清白的。可是这是什么？有许多痕迹和印子,不知怎么擦掉了,更确切地说,消除了。昔尼斯科斯,这是怎么回事？怎么在开始检查的时候,你显得很清白？

　　昔尼斯科斯:我来告诉你。从前,我由于愚昧无知,成了一个坏人,因此身上有了许多记号,但是,自从我开始学哲学以来,我逐渐把所有的污点从灵魂上洗刷掉了。

　　剌达曼堤斯:他倒是采用了一种很好的、有效的挽救办法。快去到长乐岛①上和最好的人住在一起,但是你得先控告你提起的僭主!(向海尔梅斯)传别的人!

　　弥库罗斯:剌达曼堤斯,我的案情是一件小事,只需要简短的审查。我早就光着身子等候,你检查我吧! 　25

　　剌达曼堤斯:你是谁?

　　弥库罗斯:鞋匠弥库罗斯。

　　剌达曼堤斯:很好,弥库罗斯,你非常清白,没有打上记号。你到昔尼斯科斯那边去!(向海尔梅斯)现在传僭主!

　　海尔梅斯:拉库得斯的儿子墨伽彭忒斯出庭! 你往哪里去? 上前来! 我是在传你这个僭主。提西福涅,推他的脖子,把他推到我们当中来。

　　剌达曼堤斯:昔尼斯科斯,你控告他,揭发他吧! 他现在就在你的身边。

　　昔尼斯科斯:根本不需要我发言,根据烙印,立刻就可以看出　26 他是什么样的人。然而,我还是要把这个人揭发给你看,用言辞把

———————————

①　指冥土的长乐岛,参看第27页注②。

他更清楚地刻画出来。这个罪该万死的家伙当平民时所干的坏事，我且搁在一边。自从他和亡命之徒勾结在一起，募集卫兵，凌驾于城邦之上，成为僭主以来，他不仅不经审判就处死了一万多人，而且没收了他们每个人的财产；自从他获得了巨大的财富以来，没有一种放纵的行为他没有干过。他粗暴地、傲慢地对待可怜的市民，他糟踏少女，侮辱青年，用各种方式欺负他的臣民。对于他的骄傲自大、虚荣心和他对人的蔑视，你想不出一种适当的惩罚。不眨眼地看太阳，也比看这个人好受一些。至于他的刑罚的空前的残忍，有谁能描述出来？他甚至连近亲也不放过！这一切并不是平白无故的诽谤，这一点你很快就可以看出来，只要你把那些被他杀死的人召唤来。不必了，你看，他们已经不请而来，他们围住他，掐住他的脖子。剌达曼堤斯，这些人都是死在这个罪人手里的，有的是因为他们有美丽的妻子而被陷害，有的是因为他们对于自己的儿子们被强行绑架感到愤慨，有的是因为他们有财富，有的是因为他们心明眼亮、谦虚谨慎，一点也不喜欢他的所作所为。

27　　　剌达曼堤斯：坏蛋，你对此有什么话说？

墨伽彭忒斯：他所说的谋杀，我是干过的，至于其他一切，如奸污妇女，侮辱青年，糟踢少女，都是昔尼斯科斯诬告我的。

昔尼斯科斯：剌达曼堤斯，关于这些事情，我也可以向你提供见证。

剌达曼堤斯：你说的见证是什么？

昔尼斯科斯：海尔梅斯，请你传他的灯盏和卧榻，它们会亲自出庭，就它们所知道的他干过的丑行提供证据。

海尔梅斯：墨伽彭忒斯的卧榻和灯盏出庭！它们很听话，做得对。

刺达曼堤斯：把你们所知道的、墨伽彭忒斯干过的丑行告诉我。卧榻，你先说。

卧榻：昔尼斯科斯所控告的一切都是真实的。可是，我的主上刺达曼堤斯，我羞于提起这些事，他在我面前干过的是丑事啊！

刺达曼堤斯：你不愿提起这些事，这种态度就是最明显的证据。灯盏，你来作证！

灯盏：我没有见过白天发生的事情，因为我不在场。至于他在夜里干过和经历过的事情，我可不愿意说。我见过许多事情，都是说不出口的，超越一切暴行的。真的，我屡次情愿不吸油，想要熄灭，他却把我移到他的丑行旁边去，用各种方式污损了我的光亮。

刺达曼堤斯：证据已经够了！脱去你的紫色袍子，让我们看看你有多少记号。哎呀，他全身发青，杂乱无章，斑斑点点一大片记号！怎样惩罚他？是把他扔到火焰河里，还是交给刻耳柏洛斯①？

昔尼斯科斯：不！如果你愿意听的话，我可以向你提供一个新颖的、适合于他的罪行的惩罚。

刺达曼堤斯：你说说看！为此我将向你致最大的谢意。

昔尼斯科斯：似乎所有的死者都要喝忘河的水，这已经成为一种习俗。

刺达曼堤斯：是的。

昔尼斯科斯：那就让这家伙成为唯一不喝这河水的人。

刺达曼堤斯：为什么？

----

① 刻耳柏洛斯是守卫冥界的有三个头的狗。

昔尼斯科斯：他将由于回忆他在世上是什么样的人，有多大的权力，并由于回味他的奢侈生活而受到沉重的惩罚。

剌达曼堤斯：你说得对；就这样判决。把他带到坦塔罗斯①身边去，给他戴上镣铐，让他去回忆生前干过的丑行。

---

① 坦塔罗斯是宙斯的儿子，他犯过许多罪行（其中之一是用自己儿子的肉款待众神），死后受到惩罚。他立在湖中，想要喝水，水就退去了，想要吃果实，果实就被风刮走了。他头上还悬着一块大石头，随时可能掉下来。

卡　戎

——观察者

海尔梅斯:卡戎,你笑什么? 你为什么丢下你的渡船,到我们这个世界上来了? 你一般并不怎么过问世事呀!

卡戎:海尔梅斯,我想看一看,世上的情形怎么样,人们在世上都干些什么,他们又失去了什么,以致到我们那里去的时候全都哭哭啼啼,渡冥河的时候,没有哪一个人不落泪。因此,我像那个年轻的帖撒利亚人①那样得到哈得斯的允许,离开一天,到阳世来了。遇到你,我觉得非常幸运,你一定会给我当向导,陪我到各处转一转,把你了解的各种事情指给我看。

海尔梅斯:我没工夫,艄公,我去为天上的宙斯②办一件人间的事情。他性情暴躁,我怕稍有怠慢,他就会把我交给幽冥,让我完全归你们所有,或者像先前对待赫淮斯托斯那样③,抓住我的

---

① 指传说中的普洛忒西拉俄斯。他是特洛伊战争的参加者。他无视预言,首先离船登上特洛伊的土地,被特洛伊的英雄赫克托耳杀死。他的妻子拉俄达墨亚不胜悲哀,请诸神准许他短时间离开冥土,回阳世和她团聚。

② "天上的宙斯"与"冥间的宙斯"(指哈得斯)相对。

③ 赫淮斯托斯是宙斯和赫拉的儿子,为火神和匠神。一次,宙斯和赫拉吵架,赫淮斯托斯为赫拉辩护,激怒了宙斯,宙斯就抓住他的一条腿,将他从天上扔下去。他在空中坠落一天,摔成了瘸子。

脚，把我从神圣的天门扔下来，弄得我一瘸一拐的，在斟酒的时候惹大家笑话。

卡戎：你是我的朋友，同一条船上的旅伴，引渡阴魂的同行，难道你就眼看着我在世上瞎闯吗？玛娅的儿子①啊，你最好是记住，我从来没叫你舀过底舱的水，也没叫你划过桨。你生就这样一副结实的肩膀，却手脚朝天地躺在船上打鼾，或者在整个航程中和爱说话的死者——如果你能遇到的话——聊个没完，而我这个老头，却要独自划两只桨。最亲爱的海尔梅斯，看在你父亲的面上，请你别丢下我不管！请你带领我把世上的一切都看一看，让我长点见识再回冥土吧！如果你撇开我，我将和瞎子没有什么区别，他们是在黑暗中撞撞跌跌，踉踉跄跄，相反，我却是在阳光下两眼昏花。库勒尼俄斯啊，答应我吧，我将永远记住你的恩惠。

2　　海尔梅斯：为这件事我将遭受毒打；甚至现在我就预见到了，我当向导所得的报酬肯定是一顿拳头。不过，无论如何我一定为你效劳，当朋友这样坚决要求的时候，谁能有什么办法呢？

当然，艄公，每件事你都仔细看是不可能的，那得花好几年时间。那时我将像逃亡的奴隶一样，被宙斯传令追捕，你也不便完成死神指派的工作，你在那么长的时间里不引渡阴魂，将使普路托的权力蒙受损失；税吏埃阿科斯连一个俄玻罗斯都弄不到，他也会感到气愤。我们必须设法，使你能看到正在发生的重要事件。

卡戎：怎么办最好，由你决定吧，海尔梅斯；我是冥土来的生客，对世上的事情一无所知。

---

　　① 指海尔梅斯。

　　海尔梅斯：一句话，卡戎，我们需要一块高地，以便从那里鸟瞰世界。假如你能够上天的话，可以从高空清楚地俯视一切，那就没有什么困难了。既然你经常与鬼魂交往，不得涉足宙斯的宫廷，我们还是立即去找一座高山吧！

　　卡戎：海尔梅斯，你知道行船的时候我时常对你们说些什么吗？当狂风袭来，从侧面吹到帆上，巨浪又腾空而起的时候，你们不懂，叫我收帆，要我把帆脚索放松一点，或者叫我顺着风走，我就劝你们保持安静，因为我知道怎么办最好。同样，现在是你掌舵，你认为怎么办好就怎么办吧！我则遵照乘客的规矩，静静地坐着，完全听从你的吩咐。

　　海尔梅斯：你说得对，我知道应该做什么，也一定能找到适当的观察点。哪座山更合适呢，是高加索还是帕耳那索斯①，或者比这两座山还高的奥林帕斯？不，我看到奥林帕斯，想出了一个好主意，不过你得受点累，帮点忙。

　　卡戎：你吩咐吧！我一定尽力帮助你。

　　海尔梅斯：诗人荷马说，当阿罗欧斯的儿子们——和我们一样，也是两个——还是孩子的时候，他们想把俄萨山②连根拔起来，摞在奥林帕斯山上面，然后再把珀利昂山③摞在俄萨山上面，以为有这样一个合适的梯子，他们就能爬上天。当然，这两个小家伙因为太放肆，受到了惩罚。我们并不想用这种办法来伤害众神，

---

　　①　高加索山在黑海与里海之间。帕耳那索斯山在希腊中部佛西斯境内，传说是阿波罗和文艺女神们居住的地方，山脚下有德尔斐神示所。

　　②　俄萨山在希腊北部，爱琴海西岸，奥林帕斯山东南。

　　③　珀利昂山在俄萨山南边。

可是为了能从高处更好地眺望,我们为什么不如法炮制,把高山一个个地摞起来呢?

4　　卡戎:海尔梅斯,只有我们两个,就能够把珀利昂山或俄萨山举起来,摞上去吗?

海尔梅斯:为什么不能,卡戎? 难道你认为我们两个神还不如那两个吃奶的孩子有力气?

卡戎:不是,但我觉得这件事包含难以置信的大量工作。

海尔梅斯:当然啰! 因为你,卡戎,是个外行,所以没有一点诗人的气质。高贵的荷马轻轻松松地就把几座山摞在一起,用两行诗立即能使我们上天。你显然知道阿特拉斯①,他独自支撑着苍穹,托着我们大家,你却认为这件事情骇人听闻,这使我感到惊奇。你也许还听说过,我的兄弟赫剌克勒斯如何替代阿特拉斯,把重担放到自己的肩上,暂时解除了他的负担②。

卡戎:这件事我听说过;但是不是真的,海尔梅斯,只有你和那些诗人才知道。

海尔梅斯:卡戎,完全是真的。那些聪明人为什么要撒谎呢?让我们首先按照史诗和建筑师荷马给我们的教导把俄萨山搬上去,

　　再把森林覆盖的珀利昂

---

① 阿特拉斯是希腊神话中的提坦之一,为伊阿珀托斯的儿子。他曾站在克洛诺斯一边反对宙斯,因此被罚扛着整个苍穹。

② 传说宙斯和赫拉结婚时,地神盖娅赠给他们一棵结金苹果的树,这树由阿特拉斯的女儿们和一条有一百个头的龙守卫着。赫剌克勒斯奉欧律斯透斯之命去摘取金苹果。他在普罗米修斯的帮助下,找到阿特拉斯,替他扛起苍穹,让他为自己摘来了三只金苹果。赫剌克勒斯与海尔梅斯都是宙斯的儿子,所以海尔梅斯称他为"我的兄弟"。

摞到俄萨山上面。①

你看,我们多么轻松、多么富有诗意地完成了这件工作!让我上去看看,是否够高了,还是需要继续加高。啊!我们还在天的脚下。在东方,爱奥尼亚②和吕底亚隐约可见;在西方,目光所及不远于意大利和西西里;在北方,只能见到伊斯特洛斯河③这边的景物;而在这个方向④,克里特也不完全清楚。艄公啊,我们得把俄塔山⑤也摞上去,然后把帕耳那索斯山摞在这些山上面。

卡戎:就这样办吧!只是要注意,别把我们的建筑物搞得太细,高得出奇,以致后来我们和它一起垮下来,碰破脑袋,尝到荷马建筑一样的苦处。

海尔梅斯:放心吧,一切都很牢靠!把俄塔山摞上去!让帕耳那索斯山也滚上去!现在好啦,我再上去一次。很好,我全都看见了。现在你也上来吧!

卡戎:把手伸给我,海尔梅斯!你要我上的不是一个小小的剧场机器⑥。

海尔梅斯:卡戎,如果你想全都看到的话,就必须上来。安全和游览二者不可得兼。抓住我的右手,小心,别在容易滑倒的地方走!好,你也上来了;既然帕耳那索斯有两个山峰,我们就各占一

---

① 《奥德赛》第11卷第315—316行。

② 爱奥尼亚指小亚细亚西部沿岸一带和附近岛屿,为爱奥尼亚人的殖民地。

③ 伊斯特洛斯河是多瑙河的古称。

④ 指南方。

⑤ 俄塔山在帖撒利亚南部。

⑥ 剧场机器是一种起重器械。欧里庇得斯的悲剧中的神常常借助这种机器出场来解决布局中遇到的困难。

个坐下来。现在,你环顾四周,把一切都仔细看看吧!

6　　　卡戎:我看到了宽广的大地,环绕着地的大海,一座座的高山,一条条比泪河、火焰河①更长的河流,还有非常渺小的人类和他们的一些巢穴。

海尔梅斯:你以为是巢穴的东西,其实是城市。

卡戎:我们一无所获,把帕耳那索斯连同卡斯塔利亚泉水②一起搬来、把俄塔山和其他几座山也搬来,这些都是徒劳,你知道吗,海尔梅斯?

海尔梅斯:为什么?

卡戎:因为我从这么高的地方什么也看不清楚。我要看的不是画里那种城市和高山,而是要观察一下人们正在干些什么,谈些什么。比方说,你刚才碰到我,看见我在笑,问我笑什么的时候,我就听到一件叫人非常高兴的事。

海尔梅斯:什么事?

卡戎:有个人接到朋友的邀请,我想是要他第二天去赴宴,他说:"我一定去。"正当他说这话的时候,一块不知是谁挪动过的瓦片从屋顶落下来,掉在他头上,把他砸死了。他再也不能践约,因此我就笑了。为了听得清楚,看得真切,现在我想往下挪动挪动。

7　　　海尔梅斯:别动! 我来医治你这个病,我从荷马那里把治这种病的咒语拿过来,马上就能使你变成目光敏锐的人。记住,我念诗的时候,你就不再两眼昏花,而是什么东西都看得清楚了。

---

①　泪河、火焰河是冥间的两条河。
②　卡斯塔利亚泉水在德尔斐神示所东边。

卡戎:你只管念吧!

海尔梅斯:

> 我拨开了你眼前曾经存在的迷雾,
>
> 以便你将神和人分辨得清清楚楚。①

怎么样,现在看得见吗?

卡戎:妙极了! 林叩斯和我比起来也是个瞎子。请你指教我,回答我的问题。我也引用荷马的诗句来向你提问,让你知道,我对荷马的诗并不是漠不关心,你愿意不愿意?

海尔梅斯:你始终是船夫和桨手,怎么能知道荷马的诗呢?

卡戎:瞧你,这是对我的职业的诽谤! 荷马死后,我摆渡他,听他背诵过很多诗句,其中一些现在我还记得。那时候,我们遇到了大风。荷马开始唱了一段对乘客不怎么吉利的诗:波塞冬如何集聚浓云,把三股叉像汤勺一样放进大海搅动,唤起了所有的旋风和很多别的风。他用这些诗句激怒了大海,风暴和黑暗突然降临,差点弄翻了我们的船。这时,他感到恶心,把大部分诗歌连同斯库拉、卡律布狄斯②、独眼巨怪一齐呕吐出来。所以,从这么多吐出来的东西里保存一点下来并不困难。告诉我,

> 那位强壮,英勇、魁梧的英雄是谁?
>
> 他比一般人高出一头,宽出一肩。③

8

---

① 《伊利亚特》第 5 卷第 127—128 行。

② 斯库拉和卡律布狄斯是两个海怪,居住在相距不远的两块岩石旁边。俄底修斯和他的伙伴们从这里经过时,为了避开卡律布狄斯,他们靠近六头十二臂的斯库拉驶过,斯库拉就把六个人从船上掠去吞食了。故事见《奥德赛》第 11 卷第 85—110 行。

③ 戏拟《伊利亚特》第 3 卷第 226—227 行。

海尔梅斯：那是弥隆，来自克罗顿的竞技者①。他举着一头牛，从运动场中间走过，希腊人为此对他鼓掌。

卡戎：海尔梅斯，称赞我岂不更公道得多吗？过一会儿，弥隆还不知道怎样摔倒的，就将被死神这个不可战胜的对手绊倒，来到我们跟前。那时我将抓住他，把他扔到我的小船上去。他以后记起这些桂冠和掌声，无疑将向我们哭泣。他现在举起了牛，引起人们的赞叹，就趾高气扬。怎么样呢？难道我们能想象，他会料到某一天将要死去吗？

海尔梅斯：他现在正年轻力壮，怎么能想到死呢？

卡戎：暂且别管弥隆。过不了多久，他渡冥河的时候，就会引我们发笑。那时，不要说一头牛，就连一个蚊子他也举不起来。现在请你告诉我：

那另一个，那个尊贵的人是谁？②

从他的装束看，他似乎不是希腊人。

海尔梅斯：卡戎，他是冈比西斯的儿子居鲁士③。他使早先属于米太人④的帝国归波斯人所有；不久之前他又战胜了亚述⑤人，征服了巴比伦；显然，他现在很想征伐吕底亚，以便推翻克洛索

---

① 弥隆是公元前6世纪末叶希腊著名的竞技者，在奥林匹克竞技会上六次获得优胜。后来，他在林中伐木，想用双手劈开大树，结果双手被大树夹住，为狼所害。克罗顿在意大利南端。

② 戏拟《伊利亚特》第3卷第226行。

③ 指居鲁士一世（公元前559—前529在位）。居鲁士是波斯帝国的创建者，死于对西徐亚人的战争。

④ 米太人是居住在黑海南岸的古代民族，公元前560年被居鲁士一世征服。

⑤ 亚述是底格里斯河上游的古国。

斯①,统治整个世界。

卡戎:这个克洛索斯又在哪儿呢?

海尔梅斯:你看那边,朝那个有三层城墙的巨大卫城看!那是撒狄②,你看见克洛索斯正躺在黄金的卧榻上,和雅典人梭伦③交谈。我们听听他们谈些什么,你看怎么样?

卡戎:非常愿意!

克洛索斯:雅典客人啊,你已经看到了我的财富和珍宝,看到了我所有的金锭,以及我的全部豪华生活,请告诉我,你认为在这个世界上谁是最幸福的人?

卡戎:梭伦会怎么回答呢?

海尔梅斯:你放心,卡戎,他不会说什么不体面的话的。

梭伦:克洛索斯,幸福的人不多。在我所知道的人里边,我认为克勒俄比斯和比同④是最幸福的人。他们是亚尔哥斯城的女祭司的儿子,不久以前,他们自己驾着车辕,送他们的母亲到庙上去,同时死去了。

克洛索斯:好的,就让他们占据幸福的首位吧。那么,谁将是第二位幸福的人呢?

①　克洛索斯是吕底亚的末代国王,公元前560—546年在位。

②　撒狄是吕底亚王国的都城。

③　梭伦(公元前638?—前559?)是雅典政治家和诗人,为"七哲"之一。希罗多德在《历史》第1卷第29—33节中详细记述了梭伦和克洛索斯的这段对话。

④　克勒俄比斯和比同是女祭司库狄帕的儿子。在崇奉赫拉(宙斯的妻子)的节日里,库狄帕要乘车到赫拉的庙上去,当时牛还在田里,弟兄二人于是自己驾着车辕,把母亲送了去。库狄帕祈求赫拉赐给他们最大的幸福,女神很快便让他们在睡梦中死去。故事见希罗多德的《历史》第1卷第31节。

梭伦：雅典人忒罗斯①，他美好地活了一生，最后为祖国捐躯。

克洛索斯：你这个卑鄙龌龊的家伙，难道你不认为我是幸福的人吗？

梭伦：在你到达生命的终点之前，克洛索斯，我不得而知，只有盖棺论定才能清楚地证明，一个人是否一生都很幸福。

卡戎：好极了，梭伦，你没有忘记我们，而且认为这类问题的答案是在我的渡船上！克洛索斯派出去的是些什么人？他们肩上扛的什么？

海尔梅斯：那是克洛索斯对神示的酬劳，献给皮提俄斯的金锭②。这些神示不久即将给他带来灾难。他是一个过分喜爱预言的人。

卡戎：那明亮闪光、浅黄中透出一点红色的东西就是金子吗？虽然我常常听到它，现在才第一次看见。

海尔梅斯：正是金子，卡戎。人们赞美这个名称，为它而征战。

卡戎：除了搬运它的人感到沉重这一点以外，我实在看不出它有什么好处。

海尔梅斯：你还不知道，为了金子，发生了多少次战争、谋害、

---

①　据希罗多德的《历史》第1卷第30节中记载，忒罗斯三世同堂，一生享尽了人间的安乐；当他的同胞与邻国作战时，他前去援助，击溃了敌人，自己也英勇地战死在疆场上。

②　"皮提俄斯"是阿波罗的别号。克洛索斯对波斯的日益强盛感到惧怕，想求神示，先对各地的神示是否准确进行了试验。他派人分赴各地的神示所，于指定的日期去问神，他在家中做什么。只有德尔斐的阿波罗猜出了他是在同一个锅里炖乌龟肉和羊肉。因此克洛索斯为阿波罗举行了献祭，并熔化了大量黄金，铸成117个金锭，派人送往德尔斐神庙。后来，他依照阿波罗的神示，渡过哈吕斯河，发动了对波斯人的战争，结果兵败被俘。故事见希罗多德的《历史》第1卷第46—86节。

抢劫、伪誓、凶杀、监禁、买卖和奴役。

卡戎：都是因为金子吗，海尔梅斯？它和铜没有多大区别，我认识铜，你知道，我向每个渡冥河的人收一个俄玻罗斯。

海尔梅斯：是的。可是铜多得很，所以人们并不太珍视它，金子却只能少量地由矿工从极深的洞里开采出来。但它和铅或其他金属完全一样，也是从地下产生的。

卡戎：你这是说，那些如此热爱这黄澄澄、沉甸甸的东西的人，愚蠢到了可怕的程度。

海尔梅斯：但梭伦显然不爱它，卡戎，你看，梭伦在嘲笑克洛索斯和他那种异族人的自吹自擂。我想，梭伦是想问他什么，现在让我们来听一听。

梭伦：告诉我，克洛索斯，你真的认为皮提俄斯需要这些金锭吗？ 12

克洛索斯：是的，因为在德尔斐他没有这样好的贡品。

梭伦：这么说，在你看来，如果神有了别的东西，又有了金锭，他就会幸福了？

克洛索斯：为什么不是？

梭伦：照你的说法，克洛索斯，神在天上非常贫穷，他们渴望金子的时候，只好派人到吕底亚来索取？

克洛索斯：什么地方像我们这里有这样多的金子？

梭伦：告诉我，吕底亚产铁吗？

克洛索斯：产得不多。

梭伦：这么说，你们是缺少更宝贵的金属。

克洛索斯：铁怎么会比金子还好？

梭伦:如果你能心平气和地回答我,你将会了解这一点。

克洛索斯:梭伦,你问吧!

梭伦:救人者与被救者,哪一个更好?

克洛索斯:当然是救人者。

梭伦:既然如此,如果居鲁士像人们传说的那样向吕底亚人进攻,你是用金子为你的军队铸剑,还是铁更合乎需要?

克洛索斯:当然是铁。

梭伦:对,如果你没有准备铁,你的金子将作为战利品送到波斯人那里去。

克洛索斯:说点吉祥话,朋友!

梭伦:但愿不要如此。看来,你已经同意铁比金子更好了。

克洛索斯:这么说,你是叫我立即派人把铁疙瘩献给那位神,而把金子要回来吗?

梭伦:他也不需要铁。无论你贡献铜还是金子,你的贡品终将成为别人——佛西斯人,或者比奥细亚人①,或者德尔斐人②,或者某个僭主,或者某个盗贼的意外之财,那位神一点也不关心你的那些金制品。

克洛索斯:你总是非难我的财富,忌妒我的富有。

13　　海尔梅斯:卡戎,坦率而真实的谈话,这个吕底亚人不能忍受;一个穷人毫无顾忌,自由谈论发生在他身上的事情,对他来说是奇

---

①　比奥细亚在阿提卡北边。这里暗指公元前 355 年至前 346 年,佛西斯人和比奥细亚人为占有德尔斐阿波罗庙的财产而进行的所谓"神圣战争"。

②　这里提起的德尔斐人,指阿波罗庙中的祭司等人,他们也常常盗窃庙中的金银财宝。

怪的。不久以后,当他成了俘虏,被居鲁士带到火堆上的时候,他就会记起梭伦①。前天我听见克罗托宣读她为每个人注定的命运,其中写着:克洛索斯将被居鲁士俘虏,居鲁士本人则将死在那个马萨革泰女人手里②。你看见那个骑着白马奔驰的西徐亚女人了吗?

卡戎:看见了。

海尔梅斯:她是托密里斯,正是她将砍下居鲁士的脑袋,把它塞进盛满鲜血的革囊。那个年轻人是居鲁士的儿子,你看见了吗?他是冈比西斯③。他将继他的父亲为王,在利比亚和埃塞俄比亚遭受无数的挫折,最后因为杀害阿庇斯,在疯狂中死去。

卡戎:非常可笑!他们这样蔑视其他的人,现在谁敢正面看他们一眼?谁又能相信,不久以后,一个将成为俘虏,另一个的脑袋将被装进盛着鲜血的革囊呢?海尔梅斯,那个人是谁?他身着紫袍,头戴王冠,厨子把鱼剖开,把一枚戒指呈献给他,

　　在海水环绕的岛上,他自称是国王。④

---

①　居鲁士打败吕底亚人以后,俘虏了克洛索斯,命令把他烧死;克洛索斯在火堆上记起了梭伦的谈话:在生命没有结束的时候,谁也不能认为自己是幸福的。他连唤了三声梭伦,居鲁士问明原委,甚为感动,就免他一死。故事见希罗多德的《历史》第1卷第86—88节。

②　马萨革泰人是西徐亚人的一支,在里海以东游牧,托密里斯是他们的女王。传说居鲁士一世在出征马萨革泰人期间,被托密里斯杀死。故事见希罗多德的《历史》第1卷第205—214节。

③　这里提起的冈比西斯是居鲁士一世的儿子,为波斯国王,公元前529—前523年在位。他占领了埃及。传说他致命地刺伤了养在孟菲斯城的埃及神牛阿庇斯,自己也发狂,无意中被自己的佩刀刺伤臀部致死。故事见希罗多德的《历史》第1卷第64节。

④　这句诗上半行是《奥德赛》第1卷第50行,下半行模拟《奥德赛》第5卷第450行。

海尔梅斯：你模仿得好，卡戎。你看到的是萨摩斯的僭主波吕克剌忒斯①，他被认为是非常幸福的人。然而，他也将被那个站在他身边的奴仆迈安德里俄斯出卖给波斯的总督俄洛忒斯，刹那间这个可怜的人将失去自己的幸福，被钉在十字架上②。这也是我从克罗托那里听来的。

卡戎：我赞美高贵的克罗托！尊敬的克罗托，你把他们烧死，把他们的脑袋砍下来，把他们钉起来，让他们知道他们是人；他们爬得越高，摔得越痛，暂且让他们向上爬吧！他们到我的小船上，都将是赤身裸体，既没有紫色的袍子，也没有王冠或黄金的卧榻，我认出他们当中的每一个来，都将哈哈大笑。

15　　海尔梅斯：这些人将来的结局就是如此。卡戎，你看见那些平民了吗？他们有的在航海，有的在打仗，有的在诉讼，有的在种田，有的在放债，有的在行乞。

卡戎：我看见他们的活动五花八门，他们的生活乱七八糟。他们的城市像蜂窝，住在里面，每个人都有自己的毒刺，都螫自己的邻居；少数人像马蜂一样掠夺、抢劫比较软弱的人。那一群在他们周围飞舞的模模糊糊的东西是什么？

海尔梅斯：卡戎，那是希望、恐怖、无知、欢乐、贪婪、愤怒、仇恨和诸如此类的东西。其中之一，即无知，在下面混在人间，和人们

---

① 波吕克剌忒斯是公元前 6 世纪末萨摩斯岛的统治者。他把一枚贵重的戒指献给神，将它投到海里，遭到了神的拒绝。六天以后，戒指被厨师在鱼腹中发现，重新回到原来的主人手里。故事见希罗多德的《历史》第 3 卷第 41—42 节。

② 据说波吕克剌忒斯前往撒狄观看波斯总督俄洛忒斯所藏的大量黄金，被俄洛忒斯杀害，尸体被悬于十字架上。他的奴仆迈安德里俄斯曾先去探听虚实，被俄洛忒斯捉弄，并非有意出卖。故事见希罗多德的《历史》第 3 卷第 122—125 节。

共同生活。我凭宙斯发誓，仇恨、愤怒、忌妒、愚蠢、贫穷、贪婪，也是一样，但恐怖和希望却是在高空飞翔，恐怖偶尔降临，吓唬人们，使他们战栗；希望则在人们头上盘旋，谁有意抓住它，它就向上飞去，撇下他们在那里张着嘴等待，就像你看到坦塔罗斯在下面站在水里受折磨一样。如果你仔细看，你将看见命运女神在高空为每个人捻纺锤，所有的人都是被细线吊在那个纺锤上的。你看见它们像蜘蛛网一样从纺锤上落到每个人身上吗？　　16

　　卡戎：我看见每个人那里都有一根非常细的线，这一根和那一根，那一根和另一根，许多线牵连在一起。

　　海尔梅斯：完全对，艄公，因为那个人注定要被这个人杀死，这个人又注定要被另一个人杀死；这个人注定要继承那个只有较短的线的人的财产，另一个人又注定要继承这个人的财产。牵连在一起就是这个意思。你看，所有的人都悬在细线上：这一个被吊起来，高高地悬在空中，过一会儿，细线由于负担不起他的重量被扯断，他将掉下去，发出巨大的响声；那一个刚刚离开地面，便掉下去，也不会有什么响声，甚至邻居都难得听见他坠到地上。

　　卡戎：海尔梅斯，这些事太可笑了。

　　海尔梅斯：是的，卡戎，你再找不到恰当的话来表达这些事有　　17多么可笑了，特别是他们那种毫无节制的奢望和结局——他们在期待成功的时候，却突然成了尊敬的死神的俘虏。正如你看到的，死神的信使和助手非常多，如疟疾、高烧、肺痨、肺炎、短剑、强盗、毒药、陪审员、僭主等都是。人们顺利的时候，根本想不到这些；当他们受挫的时候，"哎呀""妈呀"的叫唤声就多了。要是人们一开始就明白，他们是凡人，只在尘世作短暂的停留，随即像梦境一样，

抛开尘世的一切离去,他们就会比较清醒地生活,死时也会少一点
苦恼。而现在,他们希望永世享受现有的一切,当死神的助手站到
跟前召唤他们,用高烧或肺痨缠住他们,把他们带走的时候,他们
就对把他们带走一事不满,因为他们从没想到要与那些东西分离。
例如,那个正忙于盖房,催督工匠快干的人,假如他知道,尽管房子
将竣工,可是他这个可怜的家伙在刚刚装好屋顶时就要离开尘世,
把房子留给继承人享用,自己甚至连一顿饭也不能在里面吃,难道
他会这样干吗? 那边那个人因为他的妻子为他生了个儿子而满怀
喜悦,为此设宴款待友人,用自己父亲的名字给孩子命名;如果他
知道儿子七岁即将夭折,难道你认为他会为儿子的诞生感到喜悦
吗? 不,这是因为他只看到那个奥林匹克竞技冠军的父亲为有那
样一个儿子而感到幸福,却没有看到他的邻居正在埋葬他的孩子,
也不知道自己的孩子吊在什么样的线上。你看,那些人正在为界
石而争吵,人数那么多。那些人正在集聚钱财,而他们在享用这些
钱财之前,就将听到我刚才提到的那些信使和助手的召唤。

18　　卡戎:我看见了这一切,我在寻思,他们的一生有什么乐趣,或
者人们失去了它,又有什么苦恼。如果有谁看一看那些被认为是
最幸福的国王,除去你所说的命运无常和不可确知以外,他还会发
现,这些国王身边的苦恼比快乐多得多,如恐怖、焦虑、仇恨、阴谋、
愤怒和献媚,这一切总是和他们在一起。至于悲伤、疾病和灾难,
它们当然也同样统治着这些国王,这些我就不谈了。如果国王们
的境遇这么坏,平民的情况如何,就可想而知了。

19　　我想告诉你,海尔梅斯,在我看来,人们和他们的全部生活像
什么。你见过从高处冲下来的泉水激起的水泡吗? 我是说那些聚

拢来形成泡沫的水泡,其中一些很小,瞬间就破裂逝去了;另一些则保存得长久一些,当别的水泡并到它们里边去时,它们就激烈地膨胀起来,变得非常大,但它们迟早要破裂,不可能有别的结局。人们的生活也是如此。所有的人都是被空气吹胀的,有的大一些,有的小一些;有些人膨胀的时间短暂,很快就破裂了;有些人一形成就完蛋了。可见,他们必然都要破裂。

海尔梅斯:卡戎,你的比喻一点也不比荷马的差,荷马是把人类比作树叶子的①。

卡戎:尽管他们像这样的东西,海尔梅斯,你看,他们却在干些 20 什么,他们怎样互相竞争,夺取权位、荣誉和钱财。但是,这一切他们死后都得抛开,只携带一个俄玻罗斯到我们那里去。既然我们在这么高的地方,你是不是要我放开嗓子叫喊,劝他们不要徒劳,而是要在过日子的时候,一只眼睛盯着死亡,并且对他们说:"愚蠢的人啊,你们为什么热心于这些事情?别辛苦了! 你们不会永远活在世上。世上所有的贵重东西,没有一件是永存的。死的时候谁也不能带走什么,必须赤身裸体地离去,房屋、土地和金钱必须不断地改换主人,归别人所有。"如果我大声疾呼,把诸如此类的事情告诉他们,你不认为这对他们的生活会非常有益,会使他们头脑更清醒得多吗?

海尔梅斯:啊,亲爱的,你不知道,无知和欺骗把人们搞成了什 21 么样子。即使用手钻,你也钻不开人们的耳孔,因为无知和欺骗用那么多的蜡封死了它们,就像俄底修斯害怕自己的同伴们听到西

---

① 见《伊利亚特》第 6 卷第 146—149 行。

壬的歌声,对他们所做的那样①。因此,即使你喊破了嗓子,他们
又怎么能听得见呢?无知在这里所做的,正是忘河在你们那里所
做的。然而,也有少数人的耳朵里没有灌蜡,这些人向往真理,观
察事情很敏锐,因而知道它们是什么。

卡戎:那么,我们对这些人大声说说也好!

海尔梅斯:把他们已经知道的事情再对他们讲一遍,是多此一
举。你看见他们怎样远离人群,嘲笑正在发生的事情;这样,他们
还不满意,很明显,他们揭露了那些人的愚昧无知,遭到他们憎恨,
因此想从人世逃到你们那里去。

卡戎:干得好,高尚的人! 但是,海尔梅斯,他们人数太少了。

海尔梅斯:有这些人就够了。现在我们下去吧!

22   卡戎:还有一样东西我也渴望能见到,海尔梅斯,你把它指给
我看,你做向导的任务就完成了。我想看一看存放尸体、埋葬死者
的地方。

海尔梅斯:卡戎,人们称呼这种地方为圆冢或坟墓。你看见城外
那些土堆、墓碑和金字塔吗? 那些都是陈放死者、保存尸体的地方。

卡戎:那么,那些人为什么把花环放在石头上,给石头涂油呢?
另一些人在土堆前堆起柴薪,挖一个小坑,看来,他们正在焚烧值
钱的食品,还把酒和蜜乳往那坑里倒。

海尔梅斯:艄公啊,我不知道,这对那些在冥土里的人究竟有

---

① 西壬是传说中人首鸟身的女妖,住在意大利南边的海岛上,用歌声诱惑航海
者,将他们害死。特洛伊战争结束后,俄底修斯在回家的路上,从西壬旁边经过,他先
用蜡把同伴们的耳朵封住,然后命令他们把他本人捆在桅杆上,他因此成了第一个听
到女妖的迷人的歌声,而又没有死去的人。故事见《奥德赛》第12卷第158—177行。

什么好处。人们却相信幽灵会从地底下上来，绕着那香气和烟雾飞舞，美餐一顿，从坑里痛饮蜜乳。

卡戎：他们连头盖骨都干枯了，还能吃喝？其实，你天天护送他们下去，我对你说这些未免可笑。你当然知道，他们一旦到了地下，还能不能再回来。海尔梅斯，我已经有不少的事情，如果我不仅要把他们送下去，而且要重新把他们送上来喝蜜乳，那我的处境将非常可笑。愚人啊，白痴啊，你们不知道，死人的情况和活人的情况有多么大的区别，也不知道我们那里是什么样子：

> 有坟的也好，无坟的也好，同样死去了，
>
> 伊洛斯和阿伽门农享受的荣誉相当；
>
> 美发的忒提斯的儿子等于忒耳西忒斯，
>
> 他们全都是同样软弱无力的死者，
>
> 裸露枯干，在那长满长春花的平原上。①

海尔梅斯：赫剌克勒斯啊！你从荷马的船里舀出了多少水！既然你提醒了我，我就想把阿基里斯②的坟地也指给你看。它就在那个海边，看见了吗？那里是特洛伊的西革昂③，埃阿斯④葬在

───────────────

①　这五行诗套用《伊利亚特》第 9 卷第 320 及 319 行，《奥德赛》第 10 卷第 521 行，第 11 卷第 539 行或 573 行中的诗句。古希腊人以无坟为大忌，他们认为，死者如果不得埋葬，就不能去冥土，只能在人间游荡。伊洛斯是荷马史诗《奥德赛》中的乞丐。阿伽门农是迈锡尼的巴赛勒斯，为远征特洛伊的希腊联军统帅。忒提斯是爱琴海的海神涅柔斯的女儿。"儿子"指阿基里斯。忒耳西忒斯是《伊利亚特》中被丑化的普通战士。关于"平原"，参看第 27 页注②。

②　阿基里斯是《伊利亚特》的主人公，希腊联军中最勇武善战的英雄。

③　特洛伊是小亚细亚西北角的古城，约在公元前 12 世纪为希腊人毁灭。西革昂在特洛伊西边。

④　埃阿斯指大埃阿斯，是远征特洛伊的希腊联军中仅次于阿基里斯的英雄。

对面的洛忒昂①。

卡戎：海尔梅斯，这些坟都不大。你把我们在冥间听说的那些名城，如萨达那帕罗斯的尼诺斯②、巴比伦③、迈锡尼、克勒俄奈④，还有伊利翁⑤，都指给我看，我记得我从那里渡了很多人到冥间去，整整十年⑥我都没有把我的小船拖上岸来晒干。

海尔梅斯：艄公啊，尼诺斯已经毁灭了，一点痕迹也没有留下，你甚至说不出它原来在什么地方；那座有漂亮的塔楼、高大的城墙的城市就是巴比伦，不久以后它也将像尼诺斯一样，需要人们去寻找；至于迈锡尼、克勒俄奈，特别是伊利翁，我不好意思指给你看，我确信，由于史诗言过其实，你下去以后会把荷马扼死的。它们在古时候繁华过，现在却湮灭了。艄公，城市和人类一样，也是会死的。最奇怪的是，整条河流也会死去，在亚尔哥斯，伊那科斯连葬身之地都没留下来⑦。

卡戎：荷马哟！这就是你所赞美和形容的："神圣的"、"街道宽

24

---

①　洛忒昂在特洛伊北边。

②　萨达那帕罗斯是底格里斯河上游古亚述帝国的末代国王。尼诺斯是亚述的都城尼尼微的别称，于公元前 606 年被米太人攻占。

③　巴比伦是幼发拉底河上的古城。

④　迈锡尼、克勒俄奈是伯罗奔尼撒东北部亚尔哥利斯境内的古城。

⑤　伊利翁是特洛伊的别称。

⑥　相传特洛伊战争持续了十年之久，希腊人才取得最后的胜利。

⑦　伊那科斯是亚尔哥利斯地区的主要河流，在亚尔哥斯附近入海，这条河的河神也称作伊那科斯。相传波塞冬与赫拉争夺亚尔哥斯，河神伊那科斯判定它归赫拉所有，波塞冬因此使这条河干枯了。"亚尔哥斯"在这里作为亚尔哥利斯地区（在伯罗奔尼撒东北部）的代称。

阔的伊利翁"！"建筑精美的克勒俄奈"①！顺便问问，那些打仗的是什么人，他们为什么要互相杀戮？

海尔梅斯：卡戎，你看到的是亚尔哥斯人和拉栖第梦人，那个半死的人是他们的将军俄特律阿达斯②，他用自己的鲜血在纪功碑上题了字。

卡戎：海尔梅斯，他们为什么打仗呢？

海尔梅斯：为了争夺他们正在上面打仗的那块平原。

卡戎：多么愚蠢啊！他们不知道，即使他们中间的一个人占领了整个伯罗奔尼撒，他也难从埃阿科斯那里得到一尺之地。至于这块平原，有时候是这些人耕种，有时候是那些人耕种，纪功碑则将一次又一次地被他们从地底下翻出来。

海尔梅斯：确实如此。我们下去吧！且把这些山好好地安置在原来的地方，然后各自分手，我到派我去的地方去，你回你的渡口，过一会儿我将护送死者到你那儿去。

卡戎：谢谢你，海尔梅斯，你是我的恩人，我将铭记在心，有了你的帮助，我没有虚此一行，总算知道了不幸的人类的事情是什么样子——如国王、金锭、葬仪和战争；却没有一句话提及卡戎。

---

①　这些是荷马史诗中常见的用语，如《伊利亚特》第 2 卷第 141 行提到"街道宽阔的伊利翁"，第 2 卷第 570 行提到"建筑精美的克勒俄奈"。

②　俄特律阿达斯是公元前 6 世纪拉栖第梦人（即斯巴人）的将领。纪功碑立在敌军败走的地方，通常用敌军遗弃的军械甲胄制成。传说亚尔哥斯人和拉栖第梦人为争夺堤瑞亚平原，相约各出 300 人决战，最后只剩了两个亚尔哥斯人和身受重伤的俄特律阿达斯。这两个亚尔哥斯人认为他们获得了胜利，便跑回去报捷，俄特律阿达斯则收集了敌人的军械甲胄，建立了纪功碑，随后自杀身死。故事见希罗多德的《历史》第 1 卷第 82 节。

出 售 哲 学①

1　　宙斯：(向一侍者)你安排长凳,为前来的客人把这地方打整打整。(向另一侍者)你把各派哲学领来,把他们排好,但须先给他们打扮打扮,弄得漂漂亮亮,好吸引广大顾客。海尔梅斯,你吆喝吆喝,招徕买主。

海尔梅斯：祝愿到商店来的顾客顺利! 我们有各种各派的哲学出售。如有人不能当时付现款,他可以请人担保,明年再付。

宙斯：顾客已经聚拢来了,我们不可耽误时间,叫他们等候。开始卖吧。

2　　海尔梅斯：你要我们先带哪一个来?

宙斯：带那个长头发的爱奥尼亚人②来,看来他是个可敬畏的人。

海尔梅斯：你这个毕达哥拉斯派,到前面来,让聚拢来的人看看你。

---

① 原文意思是"出售生活",指出售各种哲学生活。
② "爱奥尼亚人"指毕达哥拉斯。毕达哥拉斯(公元前580?—前500?)是个唯心主义哲学家。他出生于萨摩斯岛,这个岛靠近小亚细亚西海岸南部,是爱奥尼亚的组成部分,参看第51页注②。

宙斯:(向海尔梅斯)你吃喝吃喝吧。

海尔梅斯:有最美妙的哲学卖! 有最可贵的哲学卖! 谁买? 谁想成为非凡的人? 谁想领悟宇宙的和谐,获得再生①?

买主甲:样子不错。他最擅长什么?

海尔梅斯:算术、天文和魔术;几何、音乐和骗术。你看,他是第一流的预言者。

买主甲:我可以向他提问吗?

海尔梅斯:问吧,祝你顺利!

买主甲:你是哪里人?

毕达哥拉斯:萨摩斯人。

买主甲:你在哪里受过教育?

毕达哥拉斯:在埃及,在那里的哲人们的门下。

买主甲:喂,要是我把你买下来,你能教我什么?

毕达哥拉斯:不教什么,只是使你回忆。

买主甲:怎样使我回忆?

毕达哥拉斯:先净化你的灵魂,把上面的脏东西洗干净。

买主甲:假使我已经净化了,你用什么方式使我回忆?

毕达哥拉斯:首先,你得保持长期的沉默,闭口无言,五个整年不说一句话②。

买主甲:我的好人,你去教克洛索斯的儿子③吧。我愿做饶舌

---

① "再生"指灵魂的轮回。

② 五年内只许听讲,不得提问。

③ 克洛索斯(参看第 55 页注①)有一个儿子是哑巴。

的人,不愿当雕像。然而,在五年的沉默之后,又干什么呢?

毕达哥拉斯:你将学音乐和几何。

买主甲:说得好听;我得先当竖琴手,然后成为哲人。

4   毕达哥拉斯:此后,你还要学数数目。

买主甲:我现在就会数。

毕达哥拉斯:怎么数?

买主甲:一、二、三、四——

毕达哥拉斯:你看!你认为是四的,却是十,是个完整的三角①,是我们的誓语。

买主甲:凭你的最强有力的誓语四发誓,我从没听见过更神圣的学说,说得确切些,更神秘的学说。

毕达哥拉斯:然后,朋友,你将懂得土、空气、水、火,它们如何旋转,有何形状,如何运动。

买主甲:火、空气、水都有形状吗?

毕达哥拉斯:这是很明显的,因为没有形状和形式,它们就不能运动。此外,你还会明白,神乃是数字、努斯②与和谐。

买主甲:你语出惊人。

5   毕达哥拉斯:除了我所说的这些事理之外,你还会明白,你认为自己是个单一的人,其实,你看起来是某一个人,实际上却是另

---

①   四是十,因为四里面还包含三、二、一,4+3+2+1=10。四、三、二、一可以排成一个完整的三角,即▲。

②   原文是 νόος(noos,诺俄斯),合拼为 υοῦs(nous,努斯),意思是推动土、空气、水、火运动的力量。这个词在毕达哥拉斯的哲学中等于 μονάs(monas,摩那斯),μονάs 的意思是"一元",一元为万物的始基。

一个人。

买主甲：什么？我是另一个人，而不是现在同你谈话的人吗？

毕达哥拉斯：你现在是这个人，但是，在从前，你是借另一个人的身体，以另一个名字出现的；随着时光的推移，你将再转移到别的人身上。

买主甲：你是说我将获得永生，变成许多种形象吗？这一点谈够了。你吃什么东西？

毕达哥拉斯：有生命的东西，我一样不吃，其他的东西，豆子除外，我都吃。

买主甲：为什么？你厌恶豆子吗？

毕达哥拉斯：不是厌恶，而是因为它们是神圣的，它们的性质是令人惊奇的。第一，它们完全是种子，你把一颗绿色的豆子剥开，就会发现它的结构很像人体的组成部分。还有，你把它煮一煮，在月光下放几夜，就会造出血来。还有，雅典人时常用豆子选举官吏①。

买主甲：每一点都解释得很妙，而且很合乎你的神圣的职务。把衣服脱去，我想看看你光着身子的样子。赫剌克勒斯呀，他的大腿是金的！他看来是天神，不是凡人，所以我一定把他买下来。（向海尔梅斯）你卖多少钱？

海尔梅斯：十个谟那。

买主甲：就按这个价钱归我所有。

宙斯：写下买主的名字和国籍。

_____

① 古雅典人用拈阄法选举官吏：谁拈到白豆子谁当选。

海尔梅斯：宙斯啊，他好像是个意大利人，住在克罗顿或塔剌斯或那一带的希腊城邦①的人。但不止一个买主，大约有三百人合伙买下了他②。

宙斯：让他们带走。我们把另一个人带来。

海尔梅斯：你想把那个一身肮脏、来自黑海的人③带来吗？

宙斯：当然。

海尔梅斯：你这背着行囊、穿着独袖衣④的人，过来，在房间里转一转。我有雄赳赳的哲学、高贵的哲学、自由的哲学出售。谁买？

买主乙：叫卖的，你说什么？你要出售自由人吗？

海尔梅斯：我要出售。

买主乙：你不怕他控告你绑架自由人，把你传到战神山法庭⑤去吗？

海尔梅斯：把他卖掉，他也不在乎，他认为，不管怎么样，他都是自由的。

买主乙：他那样肮脏，那样倒霉，有什么用处？除非叫他掘土，或者运水。

────────────

①　古希腊人在意大利南端建立了好几个城邦，称为"大希腊"，其中比较强大的是克罗顿和塔剌斯。

②　毕达哥拉斯站在反动的贵族奴隶主方面反对萨摩斯的僭主政治遭到失败，因而逃往克罗顿，在那里建立了一个宗教团体，有信徒三百人。

③　指第欧根尼。第欧根尼出生于黑海南岸的锡诺普城（在阿玻诺忒科斯东边）。参看第54页注②。

④　指右手边没有袖子的外衣，为穷人和奴隶穿的衣服。

⑤　古雅典卫城西北边的战神山上有个审理刑事案的古老法庭。

海尔梅斯：不只是干那种事，你叫他做看门人，就会发现他比狗可靠得多。实际上，他的名字就叫作狗①。

买主乙：他是哪里人？自称哪一派？

海尔梅斯：问他本人，这样做比较好。

买主乙：我害怕他那忧郁和沮丧的样子。真的，要是我靠近他，他会向我咆哮，甚至咬我。你没看见他举着木棒，皱着眉头，瞪着眼睛吓唬人吗？

海尔梅斯：别怕；他是很温和的。

买主乙：好朋友，先告诉我，你是哪里人？

第欧根尼：各处的人。

买主乙：这是什么意思？

第欧根尼：你看，我是个世界公民。

买主乙：你以谁为典范？

第欧根尼：赫刺克勒斯。

买主乙：那么，你为什么不披上狮子皮呢？你有了这根木棒，倒也像他。

第欧根尼：这件破小斗篷就是我的狮子皮。我像他那样同享乐作战，可是我不是奉命行事，而是自觉自愿，目的在于把生活弄得干干净净。

买主乙：好个目的！我们来谈一谈，你最精通什么？或者说，

8

---

① 昔尼克学派的创建者安提斯泰尼曾在雅典郊外 κυνόσαργες（kynosarges，昔诺萨耳革斯）体育场讲学，这个体育场的名称的前一部分 κυνο（kyno，昔诺，字根为 κύων，kyon）意思是"狗"，因此昔尼克派被称为"狗"或"犬儒"。"昔尼克"原文是 κυνικός（kynikos，昔尼科斯），意思是"狗的"。

你有什么特长?

第欧根尼:我是人类的解救者、治疗他们的感觉的医生。一句话,我想做真理和直率的代言人。

买主乙:好得很,代言人! 如果我把你买下来,你怎样训练我?

第欧根尼:我接收你以后,先去掉你的奢侈,使你陷入贫穷之中,给你披上一件破斗篷,强迫你受苦受难,睡泥地,喝白水,碰见什么拿什么充饥。至于金钱,如果你有的话,你得听我的话,把它扔到海里去。你将不关心婚姻、儿女和祖国,这一切对你来说都是废物。你将抛弃祖宅,去住在坟墓里,或废弃的塔楼里,或破酒瓮里①。你的行囊将塞满羽扇豆和两面写着字的小卷轴。过这样的生活,你会认为比大王更幸福。如果有人鞭打你或者把你吊在拉肢刑架上,你会认为一点痛苦没有。

买主乙:挨了鞭打,不觉得痛苦,这是什么意思? 我可不是包在乌龟壳或螃蟹壳里面的。

第欧根尼:你可以袭用欧里庇得斯②的诗句,把它稍稍改动一下。

买主乙:什么诗句?

第欧根尼:

你的心痛苦,你的嘴却说不痛苦。③

你必须特别具备的是这样的品质:鲁莽行事,把所有的人一个

---

① 据说第欧根尼是住在破酒瓮里的。

② 欧里庇得斯(公元前485?—前406?)是古希腊三大悲剧诗人中的第三人。

③ 戏拟欧里庇得斯的悲剧《希波吕托斯》第612行:"我的嘴立了誓,我的心却没有立誓。"

个辱骂,管他是国王还是平民,这样,他们会重视你,认为你很勇敢。言辞要粗野,声音要吵闹,简直像狗那样咆哮。脸要绷起来,步态要和面容相称。一句话,各方面都要显得野蛮和凶狠。让耻辱、温和与节制统统滚到一边去,把羞愧的颜色从脸上完全抹掉。到人烟最稠密的地方去,愿意在那里孤零零地生活,不和朋友或客人接近,因为那会瓦解自己的王国①。要敢于在众目睽睽之下做别人不敢在暗中做的事情,采取更可笑的方式来满足你的情欲。最后,如果你愿意,可以吃生的章鱼或墨斗鱼而死去。这就是我们赐给你的幸福。

买主乙:去你的! 你所说的生活是污秽的、不近人情的。　11

第欧根尼:然而,老兄,这却是最容易的,人人做得到的。你不需要教育、学说,以及各种废话。这是成名的捷径。即使你是个普普通通的人——鞣皮匠、咸鱼贩子、木匠或金钱兑换商,一点不妨碍你受人钦佩,只要你脸皮厚,胆量大,学会巧妙地骂人。

买主乙:我不要你教这种事情。但是,也许你可以在必要的时候充当水手或园丁,只要卖主愿意以两个俄玻罗斯的最高价钱把你卖给我。

海尔梅斯:把他带走吧。我们乐意把他甩掉,因为他讨人嫌,吵吵嚷嚷,对什么人都侮辱,漫骂,毫无例外。

宙斯:叫另一个来,叫那个身穿紫袍、头戴花冠的昔勒尼　12

---

① 原文是 $\dot{\alpha}\rho\chi\eta$(arkhe),含有"王国"和"原则"两种意思。昔尼克派认为一个人不能同时和他的伙伴们混在一起,而又成为自己的心灵的主宰。

派①来。

海尔梅斯：喂，大家注意，有一件高价货征求有钱的顾客。这是十分甜蜜的哲学、非常愉快的哲学。谁想过奢侈的生活？谁买最精美的东西？

买主丙：过来告诉我，你精通什么？如果你有用，我就买下来。

海尔梅斯：好朋友，不要打扰他，不要问他，因为他已经喝醉了，你是看见的，他说话结结巴巴，不能回答你。

买主丙：哪个头脑清醒的人会买这样堕落的、放荡的奴隶？他发出好大的香气，走路摇摇晃晃。海尔梅斯，告诉我，他擅长什么？他追求什么？

海尔梅斯：简单地说，他善于与人同住，长于陪人喝酒，适于和吹箫女一起陪伴那谈情说爱、骄奢淫逸的主人寻欢作乐。他并且是个做糕点的能手、最熟练的厨子，一句话，是个钻研奢侈生活的大师。他在雅典受过教育，在西西里僭主们的宫廷里当过家奴②，很受尊重。他的主要原则是鄙视一切，利用一切，到处寻找快乐。

买主丙：你去找别的大富翁、大财主吧，我可买不起快乐的生活。

海尔梅斯：宙斯啊，看来这个人卖不掉，只好留在我们手里。

宙斯：把他放在一边。带另一个人来。最好把那两个人带来，

13

---

① 指昔勒尼派（享乐派）哲学的创建者阿里斯提波（公元前 435？—前 360）。
② 阿里斯提波当过西西里岛叙拉古城的僭主狄奥尼修斯一世的廷臣。

其中一个来自阿布德拉①，他在笑，另一个来自以弗所②，他在哭，我想把他们一起卖掉。

海尔梅斯：你们到我们当中来。我要卖两个最好的哲学；我们有两个最聪明的人出售。

买主丁：宙斯啊，多么鲜明的对照！一个不住地笑，另一个显然在哭，因为他满脸是泪。老兄，怎么回事？你笑什么？

德谟克利特：你要问吗？因为在我看来，你们的一切事物和你们本人都是可笑的。

买主丁：你说什么？你讥笑我们全体的人，认为我们的事物无关重要吗？

德谟克利特：是这样的，因为这些事物没有一件值得认真对待，每一件都是虚空，都是原子的旋转，都是无限③。

买主丁：不对；你自己才真正是空空洞洞、无知无识④。真是 14
傲慢无礼！把你的笑容收起来！（向另一人）但是你，好朋友，你哭什么？我认为同你聊聊，荣幸得多。

赫拉克利特：因为我认为，客人啊，人间的事物是悲惨的，没有一件不是要毁灭的，因此我怜悯世人，感到悲伤。他们目前的苦难我倒不觉得有多大，可是未来的苦难却十分严重，我是说大火灾和宇宙的毁灭。我为此而悲伤，因为没有一件事物是常住不变的，万

---

　　① 指德谟克利特。德谟克利特（公元前 460？—前 370？）是色雷斯地区阿布德拉城的人，为原子唯物主义哲学家。

　　② 指赫拉克利特。参看第 6 页注①。

　　③ 德谟克利特认为万物是由原子和虚空构成的。

　　④ 上句中的"无限"一词在原文里含有"无知识"的意思。

般事物在某种程度上都是混合在一起的——快乐与痛苦,智慧与愚昧,大与小都是一样的,他们转来转去,一上一下,在永恒的时间的游戏中彼此交替。

买主丁:永恒的时间是什么东西?

赫拉克利特:是个孩子,他在游戏,在下跳棋,又对立又和谐。

买主丁:什么是人?

赫拉克利特:会死的神。

买主丁:什么是神?

赫拉克利特:不死的人。

买主丁:老兄,你在说谜语或隐语。你的话像罗克西阿斯的一样①,没有一句是真正说清楚了的。

赫拉克利特:因为我不关心你们的事物。

买主丁:没有一个头脑清醒的人会把你买下来。

赫拉克利特:我咒你们老老少少都该死,不管是买我的人还是不买我的人。

买主丁:这人的毛病不久就要变成忧郁症。我一个不买。

海尔梅斯:他们也是卖不掉的。

宙斯:卖另外一个。

15　海尔梅斯:你想卖那个雅典人——那个多嘴饶舌的人②吗?

----

① 罗克西阿斯是阿波罗的别称。阿波罗在德尔斐颁发神示,神示的意义晦涩难解。

② 指由历史上的真实人物苏格拉底、柏拉图著作中的"理想"人物苏格拉底和柏拉图三人组成的混合人物。苏格拉底(公元前469—前399)是雅典唯心主义哲学家。柏拉图(公元前427—前347)是雅典唯心主义哲学家,他的著作采用对话体,其中的中心人物是苏格拉底。

宙斯：当然。

海尔梅斯：你到这里来！我们有美妙的、精明的哲学出售！谁来买最神圣的哲学？

买主戊：告诉我，你特别精通什么？

学园派①：我是个爱小伙子的人，擅长爱术。

买主戊：那我怎么好买你呢？我需要给我的俊俏的儿子找个护送师②。

学园派：还有谁比我更适于同俊俏的小伙子生活在一起？因为我爱的不是肉体，我认为只有灵魂才是美的。实际上，即使他们和我躺在同一件外衣下面，你也会听见他们说，他们没被我伤害③。

买主戊：你的话不可信，说什么你作为一个爱小伙子的人，甚至在有机会的时候，躺在同一件外衣下面，也不和灵魂以外的东西接触。

学园派：我凭狗和阔叶树对你立誓，是这样的。　　　　16

买主戊：赫剌克勒斯呀，多么奇怪的神！

学园派：你说什么？你不认为狗是一位神吗？你不知道埃及的阿努比斯是多么伟大吗？你不知道天上的塞里俄斯④和下界的刻耳柏洛斯吗？

买主戊：你说得对，我完全弄错了。可是你的生活是什么　　17

_____

① 指柏拉图派。抄本作"苏格拉底"，参看上注。

② 护送孩子上学的奴隶。

③ 参看柏拉图的《会饮篇》216D—219D。

④ 塞里俄斯是天狗星。

样的?

学园派:我居住在自己创建的城邦①里,采用外邦的政体,制定自己的法律。

买主戊:我想听听你制定的法令。

学园派:请听最重要的一条——我对于妻子的看法:任何一个妻子都不属于一个唯一的丈夫,每个愿意分享的人都可以获得丈夫的权利。

买主戊:你是说,你废除了禁止通奸的法律了吗?

学园派:是的,一句话,我废除了涉及这种事情的一切琐屑的谈论。

买主戊:你对处于青春时期的小伙子有什么看法?

学园派:他们的接吻是给那些做出了辉煌的英勇事业的人的奖赏。

18

买主戊:多么慷慨呀! 你的哲理的要点是什么?

学园派:理念②,即事物的模型。你所见的一切事物——大地、地上的万物、天空、大海,都有不可见的模式存在于宇宙之外。

买主戊:它们存在于什么地方?

学园派:无何有之乡,因为如果它们存在于某个地方,它们就不存在了③。

_____

① 指柏拉图的"理想国"。参看柏拉图的《国家篇》(一译《理想国》)。

② 原文是 $i\delta\acute{\epsilon}\alpha\iota$(ideai,伊得埃),本义是"原型"。

③ 柏拉图是客观唯心主义者,他认为宇宙间存在的一切事物都是理念或模式(即原型)的映象,都是不真实的,唯有理念或模式才是真实的。如果说各种模式存在于宇宙之内,那么它们就不是真实的了,也就是不存在了。

买主戊：我可看不见你所说的模型。

学园派：你当然看不见，因为你的灵魂的眼睛是瞎的。我倒看见每件事物的模式——一个不可见的"你"、一个不可见的"我"，一句话，每一件事物都是双重的。

买主戊：你这样聪明，这样敏锐，我一定把你买下来。（向海尔梅斯）喂，告诉我，你要我付多少钱？

海尔梅斯：两个塔兰同。

买主戊：我依你说的价格买下来，但是以后才付钱。

海尔梅斯：你叫什么名字？

19

买主戊：叙拉古人狄翁①。

海尔梅斯：把他领走吧，祝你顺利！伊壁鸠鲁派，我在叫你。谁买这个？他是我们刚才出售的那个讥笑者和那个醉汉的弟子②。就某方面说，他比他们知道得多一些，因为他更是大不敬。此外，他还贪图享乐，爱吃爱喝。

买主己：什么价钱？

海尔梅斯：两个谟那。

买主己：拿去吧。顺便问问，让我知道，他爱吃什么？

海尔梅斯：他爱吃甜食和蜜饼，特别是干无花果。

买主己：毫无困难，我们将为他买加里亚③的无花果砖。

---

① 狄翁是柏拉图的弟子。当柏拉图在西西里被卖为奴隶时，狄翁用 20 个谟那把他买下来，并把他释放了。

② "讥笑者"指德谟克利特。伊壁鸠鲁接受了德谟克利特的原子论。"醉汉"指昔勒尼派。伊壁鸠鲁接受了昔勒尼派的享乐论。

③ 加里亚在小亚细亚西南部。

20   宙斯:叫另一个来,叫那个头发剪得短短的、来自画廊的忧郁
的人①来。

    海尔梅斯:你说得对;好像有许许多多逛市场②的人在等候
他。我出售地道的美德,美德是最完美的哲学。谁愿意做唯一的
无所不知的人?

    买主己:这是什么意思?

    海尔梅斯:他是唯一的聪明的人、唯一的俊俏的人、唯一的正
直的人、勇士、国王、演说家、富翁、立法者、诸如此类的人。

    买主己:那么他不但是唯一的厨师,而且是唯一的鞣皮匠、木
匠、诸如此类的人吗?

    海尔梅斯:好像是那样。

21   买主己:好朋友,过来,告诉你的买主,你是什么样的人? 先
说,你被卖为奴,是不是感到烦恼?

    克吕西波:一点也不,因为这种事不由我们做主,凡是不由我
们做主的事必然是无所谓好坏。

    买主己:我不懂这是什么意思。

    克吕西波:你说什么? 难道你不懂这种事情有一些是可取的,
有一些是不可取的?

    买主己:到现在我还是不懂。

    克吕西波:你当然不懂,因为你不熟悉我们的术语,没有领会
事物的想象力,而一个精通逻辑思维的认真的学者,不但懂得这些

----

    ① 指斯多葛派哲学家克吕西波。
    ② 市场在画廊旁边。

道理,而且懂得什么是辛巴马①,什么是帕剌辛巴马②,它们彼此之间有什么区别。

买主己:我以智慧的名义请你不要拒绝,告诉我什么是辛巴马,什么是帕剌辛巴马,因为不知怎么的,我已经被这些术语的对称弄糊涂了。

克吕西波:我不拒绝。如果一个瘸子把他的瘸了的腿撞在石头上,受了意外的创伤,他的瘸腿构成辛巴马③,他的创伤构成帕剌辛巴马④。

买主己:多么巧妙! 还有什么别的事你特别精通?

克吕西波:文字圈套,我用它们来缠住那些和我谈话的人,堵住他们的嘴,干脆给他们戴上口套,使他们沉默下来。这种力量的名称就是著名的推理。

买主己:赫剌克勒斯呀,你所说的是一种战无不胜的、强有力的东西!

克吕西波:你来观察一下吧。你有小孩吗?

22

---

①　辛巴马($\sigma\acute{\upsilon}\mu\beta\alpha\mu\alpha$,symbama)是斯多葛派的术语。如"苏格拉底在散步"句中的"在散步",是个不及物动词,因此这句中的谓项(逻辑学上的术语,指"谓语")是直接的、完整的。这种谓项称为"辛巴马"。

②　帕剌辛巴马($\pi\alpha\rho\alpha\sigma\acute{\upsilon}\mu\beta\alpha\mu\alpha$,parasymbama)是斯多葛派的术语。如"对苏格拉底($\Sigma\omega\kappa\rho\acute{\alpha}\tau\eta\varsigma$,Sokrates,Socrates)来说,这是要后悔的"(意思是"苏格拉底要后悔")句中的谓项"是要后悔的"(非人称动词),是完整的,这谓项要求间接的与格$\Sigma\omega\kappa\rho\acute{\alpha}\tau\epsilon\iota$(Sokratei,苏格拉式,意思是"对苏格拉底来说")。这种非人称动词构成的谓项称为"帕剌辛巴马"。

③　"他是瘸了腿"句中的"是瘸了腿"是直接的完整的谓项,因此构成辛巴马。

④　"创伤归于他"句中的"归于他"是要求间接的与格的完整的谓项,因此构成帕剌辛巴马。

买主己：有，那又怎么样？

克吕西波：如果一条鳄鱼发现他在河边爬行，把他抓住了，并且答应把他退还给你，只要你猜得对，关于退还这婴儿的事它心里是怎么想的。你说它打算怎么办①？

买主己：你提出的问题难以回答。不知该用哪个答复才能把小孩弄回来。我以宙斯的名义请你回答，帮助我拯救这小孩，免得鳄鱼抢先把他吞食了。

克吕西波：放心。我还要把别的更惊人的学问传授给你。

买主己：什么学问？

克吕西波：关于刈割者的推论、关于统治者的推论②，尤其是关于厄勒克特拉的推论和关于那个遮盖起来的人的推论。

买主己：那个遮盖起来的人和厄勒克特拉是谁？

克吕西波：她是那闻名的厄勒克特拉，是阿伽门农的女儿，她同时知道又不知道同一个事物，因为当俄瑞斯忒斯站在她面前，但还没被认出来的时候，她知道俄瑞斯忒斯是她的弟弟，却不知道这人就是俄瑞斯忒斯③。关于那个遮盖起来的人，你将听到一句很惊人的话。答复我，你认识自己的父亲吗？

——————————

① 如果婴儿的父亲回答说，鳄鱼想把婴儿退还给他，鳄鱼就会说，他猜错了，它于是把婴儿吞食了。如果婴儿的父亲回答说，鳄鱼不想把婴儿还给他，鳄鱼就会说，他猜对了，但是它却按照自己的想法把婴儿吞食了，而不是把他还给他的父亲。

② 这两个逻辑谬论难以解释，前者大概是指刈割者没有农作物可以刈割；后者大概是指统治者没有人民可以统治。

③ 阿伽门农是远征特洛伊的希腊联军的统帅。他于战后凯旋回家，被他的妻子和她的情人谋杀了。后来阿伽门农的儿子俄瑞斯忒斯自外邦回来报仇，他装扮成运送自己的骨灰的人，所以厄勒克特拉当时没有把他认出来。故事见索福克勒斯的悲剧《厄勒克特拉》。

买主己：认识。

克吕西波：什么？ 如果我把一个遮盖起来的人带到你面前，问你认识不认识他，你怎么回答？

买主己：当然说不认识。

克吕西波：但是那个遮盖起来的人却是你的父亲；因此，如果你不认识他，显然你就不认识你的父亲。

23

买主己：不是不认识；我可以把布揭开，发现真情。但你的智慧目的何在？ 当你达到美德的最高境界时，你又将做什么？

克吕西波：那时，我将享受自然所赋予的最主要的东西，我是说财富、健康什么的。但我得先下许多苦功夫，用小字体的卷轴磨尖我的视力，搜集注释，肚子里塞满啰嗦的语法①和粗鲁的词句。总而言之，一个人在连续喝三次藜芦水②之前，不得成为哲人。

买主己：你的办法很高尚，而且非常有力量。但是一个人喝了藜芦水，有了完善的美德以后，又成为吝啬鬼和高利贷者——在我看来，这也是你的一种特长，——我们对此有什么说的？

克吕西波：是的；唯有哲人才适于放债，因为推论是他的专长，放债和计算利息被公认为推论的邻居③，那一种和这一种一样，是大学者独有的本领，他不仅像别人一样只收简单的利息，而且收利息的利息。难道你不知道有第一代利息，还有第二代利息——前

---

① "啰嗦的语法"原文是 $\sigma o \lambda o \iota \kappa \iota \sigma \mu o \iota$（soloikismoi，嗦罗喀斯摩，本意是"语法错误"），这个字的前半部分和克吕西波的出生地 $\Sigma o \lambda \acute{o} \eta$（Soloe，索罗厄，在小亚细亚东南部西里西亚境内）读音相似。琉善在这里讽刺克吕西波的家乡语是蛮语。

② 藜芦是古希腊人医治疯病的药物。据说克吕西波喝过三次藜芦水。

③ "推论"原文是 $\sigma \upsilon \lambda \lambda o \gamma \iota \xi \varepsilon \sigma \theta \alpha \iota$（syllogizesthai，绪罗癸仄斯泰），这个字在此处含有"计算"和逻辑中的"推论"两种意思。

一种利息的子孙①？你一定知道推论得出的结论："如果他收了第
一代利息，他将收第二代利息；由于他收了第一代利息，因此他必
将收第二代利息。"

24　　　买主己：同样的话是不是可以应用到你靠智慧从年轻人那里
收取的学费上面？是不是显然只有大学者才能靠他的美德收取
学费？

克吕西波：你已经领悟了。可是我收取学费并不是为自己，而
是为交学费的人好。既然有人是亏损者，有人是受益者，因此我使
自己成为受益者，使弟子成为亏损者。

买主己：与此相反，年轻人应该成为受益者，而你，唯一的富
人，应该成为亏损者。

克吕西波：朋友，你是在寻找开心。你要当心，免得我用不须
证明的推论把你射中了。

买主己：那种箭有什么可怕的？

25　　　克吕西波：困惑、失语、智力上的扭伤。最了不起的是，只要我
愿意，我能把你立刻化成石头。

买主己：怎么化成石头？好朋友，我认为你并不是珀耳修斯②。

克吕西波：这样化。石头是不是物体？

买主己：是。

克吕西波：这个怎么样？生物是不是物体？

---

①　指利息所生的利息，所谓"复利"。"利息"原文是 τόκος（tokos，托科斯），τόκος
含有"利息"和"儿子"两种意思。

②　珀耳修斯是宙斯和达娜厄的儿子，为亚尔哥斯的英雄。他曾用弯刀杀死妖怪
墨杜萨，并用墨杜萨的头一照，把支撑天体的阿特拉斯化成石头（参看第50页注①）。

买主己:是。

克吕西波:你是不是生物?

买主己:好像是。

克吕西波:你既然是物体,因此就是石头。

买主己:不要这样说! 看在宙斯面上,快解除你的咒语,把我还原为人。

克吕西波:没有什么困难。你会还原为人。告诉我,是不是每个物体都是生物?

买主己:不是。

克吕西波:这个怎么样? 石头是不是生物?

买主己:不是。

克吕西波:你是不是物体?

买主己:是。

克吕西波:你虽然是物体,却又是生物,对不对?

买主己:对。

克吕西波:你既然是生物,因此就不是石头。

买主己:谢谢你! 我的腿已经像尼俄柏的那样发冷变硬了①。(向海尔梅斯)我买。我得付多少钱作他的身价?

海尔梅斯:十二个谟那。

买主己:拿去吧。

_____

① 尼俄柏是忒拜的巴赛勒斯安菲翁的妻子,她有六个儿子、六个女儿,以此自豪,并且嘲笑勒托只有一个儿子、一个女儿。勒托的子女阿波罗和阿耳忒弥斯因此把尼俄柏的儿女全都射死了。尼俄柏不胜悲愤,化成了石头。

海尔梅斯：你是唯一的买主吗？

买主己：不是，你眼前这些人都是买主。

海尔梅斯：好多人，都是些宽肩膀的、适于做刈割者的汉子。

26　　宙斯：不要浪费时间！叫另一个来，叫散步派①来。

海尔梅斯：（向散步派）我是说你，你这个俊俏的、富有的人②！（向众顾客）喂，你们买这个聪明绝顶、无所不知的人吧。

买主庚：他是个什么样的人？

海尔梅斯：是个有节制的、正直的、在生活上很好相处的人，他的最大特点是，他具有双重人格。

买主庚：这是什么意思？

海尔梅斯：从外表看，他似乎是这样一个人，从内里看，他似乎是另外一个人。所以，你要是买下了他，可要记住，称呼他的一个人格为"表人"，称呼他的另一个人格为"里人"。

买主庚：他最精通什么？

海尔梅斯：善有三种：灵魂的善、肉体的善、外物的善。

买主庚：他所想的是凡人的事。他值多少钱？

海尔梅斯：二十个谟那。

买主庚：你要价太高了。

海尔梅斯：不高，我的好人，因为他好像有一些钱，所以你得赶快买。你还可以立刻从他那里得知蚊子能活多久，太阳光透进海水有多深，牡蛎的灵魂是什么样子。

----

① 指亚里士多德。参看第17页注④。

② 据说亚历山大大帝给了亚里士多德800塔兰同。

买主庚：赫剌克勒斯呀，多么精确！

海尔梅斯：要是你听见了别的比这些尖锐得多的观察，关于种子的，生殖的，胚胎在子宫中发育的，关于人是能笑的动物的，驴子是不能笑、不能建造房屋、不能驾驶船只的动物的，你又该说什么呢？

买主庚：你所说的都是非常崇高而有益的学问，所以我花二十个谟那买下来。

海尔梅斯：好！

宙斯：我们还剩下哪一个？

海尔梅斯：还剩下这个怀疑派①。皮里阿斯②，过来，赶快卖身！许多人已经走了，买卖只能在少数人中间进行。谁买这个人？

买主辛：我买。先告诉我，你懂得什么？

皮浪：什么也不懂。

买主辛：这是什么意思？

皮浪：在我看来，什么都不存在。

买主辛：难道我们也不存在吗？

皮浪：这个我不知道。

买主辛：甚至你本人也不存在吗？

皮浪：这个我更不知道。

买主辛：真是困惑啊！这架小天平有什么用？

---

① 指皮浪。参看第 21 页注②。

② 皮里阿斯（πυρρίας，pyrrhias）是奴隶的普通名字，这名字是由 πυρρός（Pyrrhos，皮洛斯，意思是"红头发的"）变来的，πυρρός 与怀疑派哲学家 Πύρρων（Pyrrhon，皮洛恩，惯译为皮浪）的名字读音很相似。

皮浪:用来衡量论点,使它们双方相等。当我看见它们完全一样、彼此相等时,我就不知道哪一方更正确。

买主辛:还有什么别的事你能做?

皮浪:除了追捕逃亡的奴隶而外,什么事我都能做。

买主辛:那件事为什么做不到?

皮浪:因为,好朋友,我把握不住。

买主辛:当然喽,因为你好像又慢又懒。但是你的努力目的何在?

皮浪:无所知,无所听,无所见。

买主辛:是不是说你又瞎又聋?

皮浪:而且没有判断力,没有感觉,一句话,和蠕虫没有区别。

买主辛:为此,我一定要把你买下来。(向海尔梅斯)应该说值多少钱?

海尔梅斯:一个阿提卡谟那。

买主辛:拿去。(向皮浪)朋友,你有什么话说?是不是我已经把你买下来了?

皮浪:未经证明。

买主辛:不是未经证明,因为我已经把你买下来了,并且付了现钱。

皮浪:这一点,我暂停判断①,再做思考。

买主辛:跟着我走,像我的家奴应该做的那样。

皮浪:谁知道你说的是否属实?

―――――――――

① “暂停判断”是怀疑派的术语。

买主辛：叫卖者、那个谟那和在场的人。

皮浪：有谁在场？

买主辛：我将把你扔到磨房里，用更严厉的逻辑使你相信，我是你的主子。

皮浪：对此你暂停判断。

买主辛：不，我已经发表了我的意见了。

海尔梅斯：不要反抗，跟着你的买主走。（向众顾客）请你们明天再来，我们将出售普通人、手艺人和小商贩。

还 阳 者

——钓鱼人

1 苏格拉底：扔，向这个该死的家伙多扔石头！扔土坷垃！扔陶片！拿木棒打这个罪犯！注意，别让他逃跑了！柏拉图，你也扔！克吕西波，你也扔！还有你，也扔！大家一起扔！我们并肩作战，

行囊帮助行囊，棍子帮助棍子，①

因为他是我们的共同敌人，我们当中没有一个人没被他侮辱。第欧根尼，如果你什么时候挥舞过木棒，现在你也挥舞呀！你们别手软！要叫这个诽谤者受到应得的惩罚！怎么回事？伊壁鸠鲁啊，阿里斯提波啊，你们疲倦了吗？这不应该。

2 哲人们，要做男子汉，扇起猛烈的怒火。②

亚里士多德，快追！再快点！好呀！野兽被捉住了！坏蛋，我们可把你逮住了！你马上就会知道，你所辱骂的是些什么人。怎样惩罚他？让我们为他想一个别出心裁的、使我们全都满意的死法，他活该为我们每个人死上七次。

哲学家甲：我认为应该用尖桩把他戳穿。

---

①　戏拟《伊利亚特》第2卷第363行："胞族帮助胞族，部落帮助部落。"
②　戏拟《伊利亚特》第6卷第112行。

哲学家乙:对,但要先把他鞭打一顿。

哲学家丙:在鞭打之前,先把他的眼珠剜出来。

哲学家丁:在剜眼珠之前,先把他的舌头割下来。

苏格拉底:恩培多克勒,你认为怎么好?

恩培多克勒:把他扔到火山口里,使他知道不能辱骂比他优秀的人。

柏拉图:最好让他像彭透斯或俄耳甫斯①那样

　　在岩石之间被人撕成碎块而死,②

我们每人分一块带回去。

自由谈:别那样! 请你们看在恳求者的保护神③面上饶恕我。　　3

柏拉图:你命该如此,休想逃脱。你听,荷马说:

　　狮子与人之间没有可信赖的誓约。④

自由谈:我也用荷马的诗来恳求你们,也许你们尊重他的诗,不至于在我吟诵的时候蔑视我。

　　饶恕我;我不是坏人;请接受高额的赎款,

　　铜和黄金,聪明人非常喜爱的礼物。⑤

柏拉图:我们也不缺少荷马的诗来反驳你。你听:

---

①　彭透斯是忒拜城的巴赛勒斯卡德摩斯的外孙,他前去侦查酒神狄俄倪索斯的疯狂的女信徒如何崇拜这位天神,因此被她们(包括他自己的母亲)撕成碎块而死。俄耳甫斯是色雷斯的巴赛勒斯俄厄阿格洛斯和文艺女神卡利俄珀的儿子,是个歌手,他也是被酒神的疯狂的女信徒撕成碎块而死的。

②　大概是悲剧的残诗。

③　指宙斯。

④　《伊利亚特》第22卷第262行。

⑤　《伊利亚特》第6卷第46、48行及第20卷第65行。

你这个诽谤者,现在不要一心想逃跑,

不要提黄金,你已经落到我们手里了。①

自由谈:啊,倒霉! 我寄予最大希望的荷马对我已经没有用了。我得到欧里庇得斯那里去避难,也许他能救我一命:

不要杀我! 你不应该杀你的恳求者。②

柏拉图:什么? 欧里庇得斯不是也有这样的诗句:

干坏事的人受到恶报,有什么稀奇?③

自由谈:

为了几句话,你们就要把我杀死?④

柏拉图:是的! 欧里庇得斯也说过:

不戴嚼子的嘴巴,

无法无天的蠢材,

到头来必有灾难。⑤

4　　自由谈:既然你们一定要把我杀死,我又无法逃避,那么请告诉我,你们是什么人,从我这里受过什么无法医治的伤害,使你们这样狂怒,必欲置我于死地?

柏拉图:坏透了的东西,关于你给我们造成的可怕的伤害,你最好问你自己,问你的漂亮的"对话",在那些"对话"里,你辱骂过哲学,欺侮过我们,你曾把我们这些哲人,而且是自由人,拿去出

---

① 戏拟《伊利亚特》第 10 卷第 447—448 行。

② 欧里庇得斯的残诗。

③ 欧里庇得斯的悲剧《俄瑞斯忒斯》第 413 行。

④ 欧里庇得斯的残诗。

⑤ 欧里庇得斯的悲剧《酒神的伴侣》第 386—388 行。

售①,就像在市场上卖奴隶一样。为此,我们感到愤慨,从阿伊多纽斯②那里求得一个短暂的期限,上来捉你。这是克吕西波,这是伊壁鸠鲁,我是柏拉图,那是亚里士多德,这个没有开口的是毕达哥拉斯,那是第欧根尼,那些是被你在"对话"中嘲讽过的人。

自由谈:我得救了,你们如果了解我是怎样对待你们的,就不会杀我了。快把你们的石头扔掉,最好还是留下来,因为你们可以用来打那些该打的人。

柏拉图:胡扯! 今天你就得死。不,现在

就穿上石头衬衣,因为你干了坏事。③

自由谈:高尚的人,要知道,你们将杀死一个你们唯一应当称赞的人——你们的自家人、对你们怀好意的人、与你们志同道合的人,说句并非无礼的话,还是你们的事业的拥护者,在我这样为你们辛苦之后,你们竟要把我杀死。你们要当心,可别像今日的大多数哲学家那样干,对恩人不知感激,动不动就发怒,冷酷无情。

柏拉图:无耻! 你辱骂了我们,我们还得感激你么? 你真的认为你是在跟奴隶说话吗? 你这样欺侮我们,辱骂我们,还自命为我们的恩人吗?

自由谈:我何时何地欺侮过你们? 我始终尊重哲学,称赞你们,醉心于你们留下的著作。难道我所说的那些话不是从你们那里,而是从别的地方引来的? 我像蜜蜂一样辛勤地采集你们的花

---

① 指琉善曾在他的对话《出售哲学》中出售哲学家。

② 阿伊多纽斯是冥土的主神哈得斯的称号。

③ 《伊利亚特》第 3 卷第 57 行。

朵,供人观赏,他们称赞我,并且知道每一朵花是从什么地方、从什么人那里、怎样采集的,他们口头上称赞我的收集,实际上却是称赞你们和你们的田园,是你们在那里培育出这样绚丽多彩的花朵,只要有人善于挑选,编排,组合,使它们彼此和谐就行了。难道有人会在受了你们的优待之后,反而辱骂使他成名的恩人?除非他生来就是个塔密里斯或欧律托斯,敢于同赋予他诗才的文艺女神们比赛唱歌,或者同授予他箭术的阿波罗比赛射箭。①

7　　　　柏拉图:高贵的朋友,你这番话是修辞花腔,和事实完全相反,而且使你的鲁莽行为显得更加恶毒,因为你既害人,又忘恩负义。你的箭,正如你所说的,是从我们这里得来的,却用来射我们,唯一的目的在于辱骂我们全体的人。我们的田园向你开放,我们让你摘取花朵,怀里满抱而归,你却这样报答我们。为此,你更是该死。

8　　　　自由谈:你们看,你们一听就生气,也不顾正当的解释。我可不相信忿怒的情感会触动柏拉图或克吕西波或亚里士多德或你们中间其他的人;我曾认为只有你们和这种情感是不沾边的。无论如何,可钦佩的人啊,不要未经审问和判决就把我处死。你们有一个原则:不靠暴力和权势来解决公民之间的纠纷,而是采取诉讼的方式,宣读诉状,也听取答辩。因此,让我们选出一位庭长,然后由你们全体的人或由你们选出的代表提出控告,再由我对你们的控告进行答辩。此后,如果我被宣判有罪,法庭对我下了这个判决,

_____

①　塔密里斯是神话中的歌手菲兰蒙和仙女阿耳癸俄珀的儿子,是个歌手,他自夸能胜过文艺女神们,比赛失败后被她们弄瞎了眼睛。欧律托斯是俄卡利亚城的巴塞勒斯,他曾和赫剌克勒斯比赛箭术,遭到失败。琉善却说他同阿波罗比赛。关于文艺女神们,参看第 22 页注⑧。

我当然接受应得的惩罚,你们也就不必使用暴力了。但是,如果经过审查,发现我清白无辜,陪审员们会宣判我无罪,你们则要把你们的忿怒转移到那些欺骗你们、促使你们反对我的人身上去。

柏拉图:又是你那一套:"骑士上平原!"[①]你想把陪审员们搞糊涂,以便溜之大吉。据说你是个演说家,是个讼棍,是个写诉状的无赖。你愿意谁来当庭长?这人应当是一个你不能贿赂的人——你们这种人往往那样干,——你不能劝诱他偏袒你,投不公正的票。

自由谈:这一点你可以放心。我不想要这种惹人怀疑的、犹豫不决的、把票卖给我的公断人。我和你们一起推哲学本人担任庭长,你们看怎么样?

柏拉图:如果我们当陪审员,谁来起诉?

自由谈:你们是起诉人,同时又是陪审员。这样安排,我一点也不害怕。在正义方面我占有优势,有利于取得这场辩护的胜利。

柏拉图:毕达哥拉斯、苏格拉底,我们怎么办?这人要求审判,这个要求并不是不合理的。

苏格拉底:还有什么别的办法?只好带着哲学到法院去,听听他怎么答辩。未经审判就定罪,不是我们的做法;那是完全违反我们的行业的道德的,是火气大的、主张强权即公理的人的作风。如果我们声称我们热爱公正,却把一个没有机会为自己辩护的人用石头打死,我们将给那些想指责我们的人提供借口。如果这人一

---

① 比喻庭长上法庭。

点水^①不用就死去了,那么关于控告我的阿倪托斯和墨勒托斯^②或那场官司的陪审员们,我们有什么话说呢?

柏拉图:苏格拉底,你的劝告好极了。我们去把哲学找来,让她主审;不管她怎样断案,我们都满意。

11   自由谈:好呀,最聪明的人,这个办法好得多,而且更合法。可是,正如我刚才所说的,你们还是把石头留下来,因为过一会儿,你们将在法庭里用得着它们。

可是到哪儿去找哲学?我不知道她住在哪儿。为了同她交往,我曾转了很久,去找她的住处。后来,我碰见一些披着破小斗篷、蓄着大胡子的人,他们说,他们是从她那里来的。我以为他们知道,便向他们打听。可是他们比我知道得更少,他们不是完全不回答,以免暴露他们的无知,就是指出一个又一个的大门。直到今天,我还没找到她的住处。

12   我多次凭自己的猜测或是在别人的指引下,去到一些大门前面,深信我当时能找到她的住处。我发现那些地方有许多人进进出出,他们表情忧郁,衣着整洁,面带沉思。我也挤在他们中间走进去。于是我看见一个妇女,尽管她衣着非常简朴,不加修饰,却有点不大自然。我立刻就看出,她并不是让她那似乎是蓬松的头发不加美化,也不是纯粹不关心她长袍上的衣褶。显然,她正是用这些作为装饰,利用这种表面的不修边幅来增加她的美丽。也可

----

① 指灌进漏壶的水。古希腊法庭用水来限定原告和被告所占用的时间。

② 阿倪托斯是雅典富豪,为民主派的领袖,他于公元前 399 年带头控告苏格拉底。墨勒托斯是阿倪托斯的追随者。

以看出她敷了白粉和胭脂;她的言谈完全是卖弄风情;她喜欢情人
称赞她美丽;只要有人送礼,她就随手接受;她让比较富有的情人
坐在身边,对于情人中的贫穷者,她却不屑一顾。多少次当她无意
中露出脖子的时候,我看见一些比狗带的皮圈还大的金项链。见
了这些东西,我立刻退了出来,因为我可怜那些显然不是被她牵着
鼻子,而是被她牵着胡子的不幸的人,他们就像伊克西翁那样拥抱
着一个幻影,而不是赫拉①。

　　柏拉图:这一点你说得对:她的大门不显眼,不是人人都知道。　13
然而,不用到她的住处去了。我们将在陶工区等她。她将从学园
回来,为了到画廊去散步②,一会儿就会到这儿来,她每天这样做,
已经成了习惯。正好,她现在朝这儿走来了。你看见那个仪态端
庄、外表整洁、目光温柔、在沉思中缓慢地行走的女人了吗?

　　自由谈:我看见许多人,他们的外表、步态和衣着都很相似。
可是他们当中只能有一个是真正的哲学。

　　柏拉图:你说得对。只要她一开口,她就会显示出她是谁。

　　哲学:柏拉图、克吕西波、亚里士多德以及其他的研究我的学　14
问的头头们,你们来世上做什么? 你们怎么又回到阳世来了? 难
道下界有什么事情使你们感到苦恼? 你们好像在生气。那个被你
们捉住带到这里来的是什么人? 是盗墓者,是杀人犯,还是渎神

_____

　　①　伊克西翁是帖萨利亚境内的拉庇泰人的巴赛勒斯。他为了赖聘礼,杀死了他
的岳父。宙斯把他带到奥林帕斯,为他举行了净罪礼,他反而引诱宙斯的姐姐和妻子
赫拉(赫拉是司婚姻和生育的女神)。宙斯便制造了一个类似赫拉的幻影送给他。宙
斯后来把他绑在一个飞轮上。

　　②　哲学将从柏拉图的学园回来,进双城门(西北门),穿过内陶工区,到画廊去。

的人？

　　柏拉图：是的，哲学，他是个大不敬的渎神的人，因为他敢于辱骂你这位最神圣的人，敢于辱骂我们全体的人——我们这些受业于你而又传道与后世的人。

　　哲学：是不是有人骂了你们，你们就生气了？你们知道，尽管在酒神节我从喜剧那里听到了那么厉害的辱骂，我还是把她当作朋友，没有控告她，也没有去责备她，而是允许她开节日里的公平的、常有的玩笑。我知道那种玩笑没有什么害处；相反，美的东西像炼过的金子一样锻造提纯，会更加闪烁，更加耀眼。我不知你们怎么变得这样暴躁，动不动就生气。你们为什么卡住他的脖子？

　　柏拉图：我们求得这一天的期限，前来找他，使他为了他的所作所为受到应得的惩罚。有消息告诉我们，他当众说了我们什么话。

15　　哲学：所以你们不让他答辩，未经审判就把他杀死，是不是？显然，他有话要说。

　　柏拉图：不是，全都托付给你了；你看怎么好，就怎么了结这件案子。

　　哲学：你有什么话要说？

　　自由谈：是这样，哲学，我的主妇啊，因为只有你才能发现真情。实际上，经过再三恳求，我好容易才把这件案子留给你。

　　柏拉图：该死的东西，你现在管她叫"主妇"吗？可是那天你却使哲学成为最贱的东西，你当着那么多观众把她的各种学说以每件两个俄玻罗斯的价钱出售。

　　哲学：你们注意，他骂的也许不是哲学，而是那些盗用我们的名义干了许多坏事的骗子。

自由谈:只要你愿意听我答辩,你马上就会明白。

哲学:我们到战神山去,最好到卫城去,以便同时鸟瞰全城。亲爱的,你们暂时在画廊里散散步;我断了这件案子就来找你们。 16

自由谈:哲学啊,她们是谁?我看她们的仪态也很端庄。

哲学:这位刚毅的是美德;那位是节制,她旁边是公正。前面是教化,那位颜色暗淡模糊的是真实。

自由谈:我没看见你所指的那一位。

哲学:你没看见那位不修边幅、光着身子、老是往后退、悄悄地溜走的人吗?

自由谈:现在好容易看见了。但是,为什么不把她们带去,使这个集会更加充实,更加完整?至于真实,我真想请她到审判处去当辩护人。

哲学:一定带去。你们也跟着去。审判一桩案子不是件很难的事,何况这案子还牵涉到我们的利益。

真实:你们都去吧;我可不需要去听我早已知道的事情。 17

哲学:真实啊,你参加审判,在每一点上提供情况,是很必要的。

真实:那么我可以把这两个对我很好的小侍女带去吗?

哲学:你愿意带多少就带多少。

真实:自由和直率,跟我们去,以便把这个可怜的人救出来——他是我们的爱戴者,平白无故地处于危险之中。揭发啊,你留在这儿吧。

自由谈:不,主妇啊,如果别人都去的话,让他也去。我要对付的不是一些偶然碰到的畜生,而是一些吹牛的、很难揭发的人,他们总是在寻找退路,所以揭发是必不可少的。

揭发:我是必不可少的;如果把证明也带去,那就更好了。

真实:都跟着去吧,看来对于这桩案子你们都是不可少的。

18　　柏拉图:你看见吗? 哲学啊,他正在拉拢真实来对付我们。

哲学:柏拉图、克吕西波、亚里士多德,难道你们害怕她身为真实,却为了他的缘故而说假话?

柏拉图:不是这样;不过他是个大坏蛋,又是个谄媚者:他会引诱她。

哲学:你们放心。有公正在,不会发生什么不公正的事情。我

19　们上去吧。告诉我,你叫什么名字?

自由谈:我的名字吗? 我叫自由谈,是真话之子,盘问之孙。

哲学:国籍呢?

自由谈:哲学啊,我是叙利亚人,出生在幼发拉底河畔。不过这又有什么关系呢? 我知道我的对手当中有一些和我一样也是外国人,但是就他们的风度和教养说来,他们并不像索罗厄人,或塞浦路斯人,或巴比伦人或斯塔吉拉人①。但是即使有人讲外国话,只要他的意见是正确的、公正的,你对他也应一视同仁。

20　　哲学:你说得对,这不必问。但是你的职业是什么? 这个值得一听。

————————

　　①　克吕西波是小亚细亚东南部索罗厄城的人,参看第85页注①。芝诺是塞浦路斯岛喀提翁城的人,参看第13页注②。波塞多尼俄斯(一说此处暗指的是公元前2世纪的犬儒派哲学家第欧根尼)是巴比伦境内的塞琉喀亚城的人。亚里士多德是马其顿的斯塔吉拉城的人。

自由谈:我恨吹牛的人,恨骗子,恨撒谎者,恨傲慢的人,恨各种各样的坏蛋,你知道这种人多得很。

哲学:赫剌克勒斯啊,你所从事的是个充满了恨的行业!

自由谈:你说得对。你看,我的确惹得许多人嫌恶,并且为此处于危险之中。

不过我也精通另一种与此完全相反的行业,我是说以爱为出发点的行业:我爱真、爱美、爱直率,爱一切与爱有关联的事物。但是只有很少的人值得我用这个行业的眼光去看待他们,而应该用相反的行业的眼光去看待的、更可恨的人,却有五万之多。因此我可能由于闲置不用而把前一行业荒疏了,但是我对后一行业却十分精通。

哲学:不应该那样,因为,人们说,能做这一件,就能做那一件,所以不可把这两种行业区别开来,它们看起来是两种,其实是一种。

自由谈:哲学啊,下面这个道理你知道得更清楚。我有这样一个特点,我憎恨恶人,称赞并热爱好人。

哲学:瞧! 已经到了我们要到的地方了,我们就在城邦的守护女神①的前殿审判吧。女祭司,给我们安排长凳。现在我们向女神敬礼。

自由谈:城邦的守护女神啊,快来帮助我对付那些吹牛的人,你该记得,你每天都听到他们发出虚伪的誓言。你立在这个瞭望

———————

①　"守护女神"指雅典娜。雅典娜是宙斯的女儿。

的高处①,只有你才能看见他们的所作所为。现在是你向他们报复的时机。要是你看见他们胜过我,黑票超过半数,你就把你的票加进去,把我救出来。

22　　哲学:好了! 我们已经为你们坐好了,准备听取讼辞。你们选定一个你们认为是最善于起诉的人,进行控诉,提出证据,因为不可能大家同时发言。至于你,自由谈,将在此后进行答辩。

　　柏拉图:我们中间谁最适于应付这场官司?

　　克吕西波:你,柏拉图。惊人的崇高思想、无限优美的阿提卡腔调、魅力、说服力、智力、精确性、论证方面的及时的引人入胜——这一切你都充分具备。因此,快接受这个发言任务,代表大家讲一些适宜的话。现在要记住你的一切成就,把你攻击高尔吉亚或波罗斯或普洛狄科斯或希庇阿斯②的论点集中起来;这家伙比他们更精明。因此你还得加上一点装傻③,接二连三地提出巧妙的问话,如果你认为合适的话,就把这句话塞进去:"要是这家伙不受惩罚,在天空驾驶飞车的伟大的宙斯会大发雷霆。"④

23　　柏拉图:不,让我们挑选一个更凶狠的人——这个第欧根尼,

----

　　① 卫城西北部有雅典娜的巨像。

　　② 高尔吉亚(公元前 483? 一前 376?)是西西里岛勒翁提诺城的人,是个演说家和智者,曾在柏拉图的对话《高尔吉亚篇》中受到柏拉图的攻击。波罗斯是西西里岛阿克剌伽斯城的人,是个智者,为高尔吉亚的弟子。普洛狄科斯是爱琴海上刻俄斯岛的人,是个智者。希庇阿斯是伯罗奔尼撒西北部厄利斯地区的人,是个智者,曾在柏拉图的对话《大希庇阿斯篇》中受到柏拉图的攻击。

　　③ 指苏格拉底式的装傻。参看《冥间的对话》第 20 篇第 5 节。

　　④ 见柏拉图的对话《斐多篇》246E。

或是安提斯泰尼,或是克剌忒斯①,或是你本人,克吕西波啊!因为现时需要的不是文章的优美与才华,而是辩论和诉讼的本领。这个自由谈可是个演说家。

第欧根尼:由我来控告他,我认为完全不需要长篇大论。况且我所受的侮辱比你们大,那天他以两个俄玻罗斯的价钱就把我卖了。

柏拉图:哲学啊,第欧根尼将代表我们发言。要记住,高贵的朋友,在控诉的时候,你不仅是代表你自己说话,还须关心我们的共同事业。如果我们的学说彼此间有什么分歧,你不要去追究,不要说谁比较正确。总之,要为哲学的缘故感到愤慨,因为她在自由谈的"对话"中受到了欺侮,遭到了辱骂。暂且把我们的学说上的分歧搁在一边,要为我们的共同之点而奋斗。要注意,你是我们唯一的代表,我们的学说是最值得尊重呢,还是像这家伙所说的,不过如此,这一切全靠你了。

第欧根尼:请放心,我们决不会败诉。我将替大家发言。即使 24哲学为他的言辞所感动——因为她生来是温柔宽厚的,——决定宣判他无罪,我也不会没有办法,我会向他表明,我们手拿木棒,不会白费力气。

哲学:无论如何不要那样;最好还是动口,比动木棒要好。不要耽搁!水已经灌进漏壶了,陪审员们正在注视着你。

---

① 克剌忒斯(公元前 365?—前 285?)是忒拜人,是昔尼克派哲学家,为第欧根尼的弟子。

自由谈：哲学啊，让其余的人①入座，和你们一起投票，让第欧根尼充当唯一的起诉人。

哲学：你不怕他们给你投判罪的票吗？

自由谈：不怕；我要以多数票取胜。

哲学：太好了。请大家入座。你，第欧根尼，起诉吧！

25　第欧根尼：我们在世时是什么样的人，哲学啊，你知道得非常清楚，不必我多说。涉及我本人的事情暂且不去谈它，但谁不知道这里的毕达哥拉斯、柏拉图、亚里士多德、克吕西波以及其他的哲学家给人生带来了多少美好的东西？因此我将控诉这个罪该万死的自由谈怎样侮辱我们，尽管我们是这样好的人。

据说他是个演说家，但是，他放弃了法庭以及可以从这里获得的名誉，而把他从修辞学上得来的技巧和力量全部用来对付我们，他不断地辱骂我们，把我们叫作骗子、拐子，唆使群众讥笑我们，藐视我们，好像我们是一文不值的人。更有甚者，他还使我们，也使你，哲学啊，在众人面前成为可恨的人物，他把你的学说叫作闲谈和废话，把你传授给我们的最严肃的哲理拿来取笑，以博取观众的掌声和喝彩，却使我们受到侮辱。多数人的天性是这样的：他们喜欢那些爱开玩笑和谩骂的人，特别是在那些似乎是最庄严的东西被嘲弄的时候，正像从前他们喜欢阿里斯托芬和欧波利斯为了玩笑把苏格拉底弄到剧场上去，对他大加讽刺②。

---

①　指被邀请来的哲学家。

②　阿里斯托芬（公元前 450？—前 385？）和欧波利斯（公元前 446？—前 411）是雅典旧喜剧作家。阿里斯托芬曾在《云》里讽刺苏格拉底。欧波利斯曾讽刺苏格拉底，说他是个空谈者，事事精通，袋内空空，不知怎样谋生。

可是他们只敢讽刺一个人，而且是在酒神节里进行的，那时候是允许这样做的，因为开玩笑被认为是节日活动的一部分，

　　　那位喜欢玩笑的天神，同样很开心。①

这家伙经过长期的思索和准备，把诽谤的言辞写成厚厚的一卷，然后把最优秀的人物弄到一起，大声辱骂柏拉图、毕达哥拉斯、这里的亚里士多德、那里的克吕西波，还辱骂我和所有的人，这既不是节日所许可的，也不是由于他受了我们的伤害。如果他是进行自卫，而不是发动进攻，倒还可以原谅。

　　最令人气愤的是，哲学啊，他是隐蔽在你的名义下这样做的，他还引诱我们的家奴"对话"，把他当作对付我们的助手和喉舌。此外，他还劝得我们的同伴墨尼波斯帮助他写了很多讽刺文章②；唯独墨尼波斯没有出席，也没有和我们一起提出控诉，他背叛了我们的共同事业。

　　这家伙犯了这些罪行，应该受到惩罚。他曾当着那么多目击者讽刺最庄严的哲理，难道他现在还有什么话说？如果那些人亲眼看见这家伙受到惩罚，对他们说来这倒是一件有益的事，这样，就不会再有别的人藐视哲学了。沉默无言与忍受侮辱不等于克制，很可能被认为是懦弱和愚蠢的表现。谁能忍受这家伙的最后表演？他把我们当作奴隶带到市场上，指派一个叫卖者，这样把我们卖了，据说有的卖了高价，有的卖了一个阿提卡谟那，而我呢，这

---

①　出处不明。"天神"指酒神狄俄倪索斯。
②　墨尼波斯首先写讽刺文章。此处指琉善袭用过墨尼波斯的著作。参看第1页注①。

个坏透了的东西以两个俄玻罗斯的价钱就把我卖了;在场的人都
笑了。

为此,我们感到愤慨,来到这里要求你为我们报仇雪恨,因为
我们遭受了最大的侮辱。

28　　柏拉图:好呀,第欧根尼! 你已经很好地替我们大家说出了你
应该说的话。

哲学:停止喝彩! 为答辩人灌水! 自由谈,现在轮到你发言,
水正在为你往下漏。不要耽搁!

29　　自由谈:哲学啊,第欧根尼并没有把他对我的控诉完全讲出
来,我不知道他为什么把他的遭遇的大部分甚至是比较严重的部
分略去了。我并不想否认我讲过那些话,也不想进行认真的答辩。
凡是他略而不言的,或是我从前没有讲过的,现在我想把它们都摆
出来。这样,你可以看出我把谁卖了,把谁骂了,把谁叫作吹牛的
人和骗子。只是请你注意,关于他们我讲的话是否属实。如果我
的答辩中有辱骂的言辞或尖刻的语句,我认为你不应该责备我这
个揭露者,而应该正当地责备他们,事情是他们做出来的。

我一发现演说家必须具备的可憎的品质,如欺骗、撒谎、鲁莽、
喧嚣、推搡,以及其他的千百种恶德,我立刻避而远之——这是很
自然的,——前来追求你的高尚的思想,哲学啊,希望在未来的日
子里能避开惊涛骇浪,驶向平静的港口,在你的保护下度过余生。

30　　我一见你的哲理,就对你——这是必然的——和这些哲学家
表示钦佩,因为他们是美好生活的法则的制定者。他们伸出手来
帮助那些追求美好生活的人,给他们以最良好、最有益的劝告,只
要他们不违反,不偏离,而是目不转睛地注视着你建立的这些法

则,使他们的生活与它们协调、吻合——这一点甚至在我们这代人中间,也只有少数人做得到。

我发现许多人并不爱好哲学,他们只是追求可以从中得到的荣誉,他们在任何人都能轻易地模仿的普通的、共有的仪表方面,非常像高尚的人,我是指他们的胡子、步态和衣着而言,可是他们在生活和行为方面却和他们的外表相反,他们违背你的作风,败坏这种职业的名誉,为此我感到愤慨。在我看来,这情形就像一个软绵绵的、带女人气的悲剧演员扮演阿基里斯或提修斯①或赫剌克勒斯,他的步态和吼声没有英雄的气概,他不过是在庞大的面具下装腔作势罢了,甚至海伦或波吕克塞娜②也不肯让这样的人太像她们③,更不用说长胜的赫剌克勒斯了,我认为这位英雄很快就会用大头棒打破这家伙的脑袋和面具,因为他把他扮演得这样有女人气,使他蒙受耻辱。

情形就是这样;当我看见你们被那些家伙这样对待的时候,我不能容忍这种扮演所引起的耻辱,他们是猴子,胆敢戴上英雄的面具;他们模仿库米④的驴子:它披上狮子的皮,自以为是狮子,在无知的库米人面前装得异常凶猛,令人惊讶,到后来有个时常见过狮子和驴子的外地人把它揭穿,用棍子打跑了。

可是,哲学啊,最令我吃惊的是,人们看见他们当中有人干坏

31

32

---

①　提修斯是雅典的巴赛勒斯埃勾斯的儿子,是个著名的英雄。

②　海伦是宙斯和勒达的女儿。波吕克塞娜是特洛伊的巴赛勒斯普里阿摩斯的女儿。

③　古希腊戏剧中的女人物是由男演员扮演的。

④　库米是希腊人在意大利最早建立的殖民地,在意大利西南岸,靠近那不勒斯。

事、下流的事或放荡的事，没有一个人不立刻归罪于哲学本身，归罪于克吕西波、柏拉图、毕达哥拉斯或任何一个被这个罪人当作自己的招牌和演说模范的人；由于他过着罪恶的生活，人们便对你们这些早已逝世的人作出令人不快的评价，由于你们已经不再活着，不存在他和你们之间的比较。但是，尽管你们是在遥远的地方，大家却清清楚楚地看见他干可怕的、卑鄙的事，因此你们还是受到缺席的审判，和他一起被宣判有罪，受到同样的诬告。

33　　看见这种现象，我无法忍受，因此揭露他们，把他们和你们区别开来，为此你们本来应当尊重我，却反而把我押到法庭里来。如果我看见一个入了教的人泄露两位女神的秘密仪式①，跳滑稽舞，因而感到愤慨，揭露他，你们会认为我犯了不敬神的罪吗？这是不公正的。甚至评奖人也常常鞭打演员，如果他扮演雅典娜、波塞冬或宙斯扮演得不好，有失神的尊严；这些神无论如何不会因为评奖人叫执鞭者鞭打那个戴上他们的面具、穿上他们的衣服的人而发怒。要是那家伙挨打挨得更厉害，我认为他们会感到高兴。扮演家奴或报信人不成功，是个小小的过失，但是，不能在观众面前表现出宙斯或赫剌克勒斯的尊严——天哪！那是多么可耻啊！

34　　还有，最奇怪的是，他们当中的多数人对于你们的著作非常精通，但是，他们之所以阅读和研究这些作品，只是为了在生活中反其道而行之。他们在自己的书中说，应当鄙视财富和名誉，应当认为只有美的才是好的，应当不动肝火，应当蔑视大人物，以同等的地位和他们交谈；天哪！他们所说的话真好，真聪明，真令人钦佩！

---

　　①　"两位女神"指得墨忒耳和她的女儿珀耳塞福涅，参看第41页注④。

可是他们之所以传授这些教诲,不过是为了要薪金,他们尊崇富人,张着嘴注视金钱;他们比狗易怒,比兔胆怯,比猴子谄媚,比驴子淫乱,比猫爱偷,比鸡好斗。他们成了笑柄,因为他们争吵不休,在富人的门前推推搡搡,他们参加盛大的宴会,在那里发表庸俗的颂辞,不顾体面地大吃大喝,还公开抱怨饮食不够,举着酒杯高谈阔论,声音刺耳,令人生厌,他们喝纯酒过量,烂醉如泥。那些在场的外行人自然会讥笑他们,唾弃哲学,因为她抚养出了这样一群废物。

最可耻的是,他们每个人都说,什么也不需要,而且大声地宣称,只有聪明的人才是富有的人,可是过了一会儿,他就出来乞讨,得不到施舍,他就感到愤慨,像一个人穿上国王的衣袍,戴上高耸的冠冕,拥有王家的一切威仪,却向比他低贱的人行乞。 35

他们在需要施舍的时候,大讲应该共同享受,似乎财富无所谓好坏:"金子和银子是什么东西?无异于海滩上的石头子儿!"但是当一个老伴或当朋友需要帮助,跑来向他们乞讨他们的大量金钱中的一丁点儿时,他所遭遇的却是沉默、困惑、无礼以及对信条的否认;他们的那么多论友谊的话,以及善和美都远走高飞,不知跑到哪里去了,真是言辞有翼,白白地被他们每天用来在学园中对着影子争吵。只要眼前没有金子,银子,他们每个人都是你的朋友,但是只要有人亮出一个俄玻罗斯,和平就会遭到破坏,一切都不可和解、不能商谈,他们的书变成白纸,他们的美德逃之夭夭。狗就是这样的,如果有人扔一块骨头到它们中间,它们立刻就会跳起来,你咬我,我咬你,朝着首先抢到骨头的那只狗狂吠。 36

据说从前有个埃及国王教猴子跳舞,这种动物是最善于模仿人的动作的,它们很快就学会了,于是披上紫色衣服,戴上面具,当众表演。在很长的时间内,这个场面很受人称赞,到后来,有个机灵的旁观者把他衣兜里装着的坚果抛到猴子中间,猴子见了便忘记表演,不再是舞蹈家了,它们变成了原来的猴子,把面具打碎了,把衣服撕破了,彼此为了争夺果实而殴打起来,于是这场精心安排的舞蹈结束了,受到观众的嘲笑。

37　　　这些家伙干的正是这样的勾当,我辱骂的是他们这样的人,我决不会停止揭露和讽刺他们。对于你们以及与你们相似的人——有的是真正热爱哲学、遵守你们的法则的人,——我不至于疯狂到说些诽谤和粗野的话。我有什么可说的呢?你们的生活中哪里有这样的行为呢?可是那些吹牛的人和那些为神所憎恶的人,我认为是可恨的。毕达哥拉斯、柏拉图、克吕西波、亚里士多德,你们有什么话说?他们这种人和你们有什么相干?他们在生活方面表现出和你们有什么相似之处?的确如谚语所说:"有如赫剌克勒斯和猴子。"①或者因为他们有胡子,自命为哲学家,满面愁容,就应该和你们相比?如果他们的表演令人信服,我倒愿意容忍,但是秃鹫模仿夜莺也比他们模仿哲学家快得多。

　　　我为自己辩护所要说的话已经讲完了。真实啊,请你向他们证明我的话是否属实。

38　　　哲学:自由谈,往旁边退;再远一点。我们怎么办?你们认为这人的答辩怎么样?

　　　真实:哲学啊,他答辩的时候,我祈求钻到地下去;他所说的每

----

　　① 意思是:"你们不像他们,有如赫剌克勒斯不像猴子。"

一件事都是非常真实的。我一边听，一边识别出每一个这样干的人，把这些话应用到那些被提起的人身上：这句话是指这个人说的，那句话是指那个人干的。总而言之，他把这些人描述得栩栩如生，就像绘画一样，完全逼真，不仅把他们的身体，甚至把他们的灵魂也描绘得非常细腻。

美德：我美德也面红耳赤。

哲学：你们的意见怎样？

柏拉图：除了撤销对他的控诉，把他登记在我们的朋友和恩人的名册上之外，还有什么别的话可说？我们的遭遇完全和特洛伊人一样，我们也弄到一个悲剧演员来演唱弗利基亚人①的苦难。让他演唱吧，让他扮演这些为众神所憎恶的人吧。

第欧根尼：哲学啊，我也很称赞这人；我现在撤销对他的控诉，把他这个高尚的人当作自己的朋友。

哲学：好呀！自由谈，到前面来！我们撤销了对你的控诉，你 39 以全票获胜，要知道，今后你是我们的人了。

自由谈：我向有翼的女神②敬礼；这还不够，我认为应当把这个仪式弄得更合乎悲剧的精神，这样，才显得更庄严！

> 最庄严的胜利女神，
> 请保佑我的一生，
> 不断地为我加冠。③

---

① 这里提起的"弗利基亚人"，指特洛伊人。

② "向有翼的女神"依改订译出。勒布本作"现在"。"有翼的女神"指胜利女神。

③ 这三行诗重见于欧里庇得斯的悲剧《腓尼基少女》《俄瑞斯忒斯》和《伊菲革涅亚在陶洛人里》的收场处。

美德：现在我们开始喝第二杯酒①。让我们把那些人传来，他们侮辱了我们，应该受到惩罚。自由谈将控告他们每一个人。

哲学：美德啊，你说得对。绪罗癸斯摩斯②，我的孩子，你弯着腰向城下传唤那些哲学家。

40　　绪罗癸斯摩斯：听令！安静！哲学家都到卫城上来，在美德、哲学和公正面前答辩。

自由谈：你看见没有？只有少数人懂得传唤，上来了。他们害怕公正。大多数人围着富人转，没有工夫。如果你想叫他们都来，绪罗癸斯摩斯啊，你得这样传唤——

绪罗癸斯摩斯：不；自由谈，按照你认为最好的办法叫他们吧！

41　　自由谈：这不难。听令！安静！尔等自命为哲学家之人，尔等自认为配此称号之人，其来卫城领赏，每人赐两谟那及一芝麻饼；其亮出大胡子者，尚可获一方干无花果。无须携带节制、正直、自克，此等品质如不可得，则非必须；但须携带五套绪罗癸斯摩斯，无此则无法成为哲人。

> 两锱金子放在当中，谁在争吵中
>
> 超群出众，此项奖品即归谁所有。③

42　　哲学：啊哈！好多人！上行道上尽是人，他们一听见赏赐两谟

---

① 比喻此文进入第二部分。此文的结构和风格模仿阿里斯托芬的喜剧《阿卡奈人》。

② 绪罗癸斯摩斯（Συλλογισμός，Syllogismos）意思是"三段论法"，即"演绎法"。这个字与σύλλογος（syllogos，绪罗戈斯，意思是"召集人"，即"传唤人"）读音相似，因此含有"传唤人"的意思。

③ 戏拟《伊利亚特》第18卷第507—508行。"锱"原文作"塔兰同"，参看第13页注①。

那,就拥挤而来,有的从珀拉斯癸康墙①上来,有的穿过医神的庙地②上来,更多的人从战神山那边过来,有一些人穿过塔罗斯的坟地③上来,有一些人把梯子搭在阿那刻斯庙④上往上爬,真是嗡嗡响,用荷马的话说,像"一群蜜蜂"⑤;这一边许许多多,那一边他们

　　成千成万,多得像春天的叶子和花朵。⑥

"乱哄哄地坐下"⑦,一刹那卫城上满是人,到处是行囊-谄媚,胡子-无耻,棍子-饕餮,绪罗癸斯摩斯-贪婪。那少数响应第一次传唤而来的人不显眼,无标记,混杂在人群中,在同样的衣服之间分辨不出来。

　　自由谈:哲学啊,这是最糟糕的事,你要特别谴责的人没有打上记号和标志。这些骗子往往比真正的哲学家更令人相信。

　　哲学:一会儿就知道了;现在我们接待他们。

　　柏拉图派⑧:我们柏拉图派应当先领。

　　毕达哥拉斯派:不! 我们毕达哥拉斯派应当先领,因为毕达哥拉斯是前辈。

---

　　①　珀拉斯癸康是卫城西北部的古城墙,早已坍塌。"珀拉斯癸康"意思是"珀拉斯戈斯人的",珀拉斯戈斯人是居住在希腊的最早的民族。

　　②　医神的庙地在卫城南边。

　　③　塔罗斯的坟地在卫城东南边。塔罗斯是代达罗斯的侄儿,是被代达罗斯推下岩摔死的。

　　④　阿那刻斯庙意思是"两少爷庙",在卫城北边。"两少爷"指宙斯的儿子卡斯托耳和波吕丢刻斯。

　　⑤　见《伊利亚特》第2卷第89行。

　　⑥　《伊利亚特》第2卷第463行。

　　⑦　见《伊利亚特》第2卷第468行。

　　⑧　指旧学园派。

斯多葛派：胡说！我们斯多葛派高明得多。

散步派①：不！有关金钱的事，我们散步派占先。

伊壁鸠鲁派：把芝麻饼和干无花果发给我们伊壁鸠鲁派，至于谟那，即使要到最后才领取，我们也将等待。

学园派：两锰金子在哪里？我们学园派②将表明我们比其他的人更善于争辩。

斯多葛派：我们斯多葛派在这里，你们就不行。

44　　哲学：不要再争吵了！你们昔尼克派，别再推推搡搡，也别用木棒打人。要知道，叫你们来，是为了别的事情。现在我哲学、美德和真实将判定谁是真正的哲学家。然后，所有被发现是按照我们的法则生活的人，都将被评为最优秀的人，他们从此享受幸福；至于那些骗子和那些与我们不相干的坏人，我们要狠狠地折磨他们，使那些吹牛的人不再追求对他们来说是可望而不可即的东西！怎么回事？你们在逃跑吗？很多人真是从悬崖上跳下去了！卫城

45　已经空了，只有少数人不怕审判，待下来。众侍从，把那个行囊捡起来，那是昔尼克派逃跑时扔下的。让我看看，里面有什么东西，也许是羽扇豆，或是卷轴，或是粗面包。

侍从：不是，这里是金子，还有香油膏、剃头刀、镜子和骰子。

哲学：啊，我的好人！你这些旅行用具是为了苦修苦练吗？你以为借助于这些东西，你就配辱骂大家，教育别人吗？

---

①　指亚里士多德派，参看第 17 页注④。

②　指新学园派，代表人物是阿刻西拉俄斯（约公元前 315？—前 241？）和卡耳涅阿得斯（公元前 213—前 129）。

自由谈：你们看，他们就是这样的人。你们得想个办法使他们不再面目不清，让那些与他们有接触的人能辨别他们当中谁是好人，谁是追求另一种生活的人。

哲学：真实啊，你来想个办法，因为这件事和你有关系，免得假象欺骗你，坏人伪装好人，凭借面目不清逃避你的注意。

真实：如果你认为合适，我们就让自由谈来想个办法，我们已经看出他是个好人，对我们有好感，对你，哲学啊，也特别尊敬。让他带着揭发去同所有自命为哲学家的人谈谈。如果他发现谁是真正名副其实的哲学家，就让他给谁戴上橄榄枝做的荣冠，邀请他到普律塔涅翁大厅①；如果他遇到一个冒充从事哲学研究的可恶的人——这种人多得很，——就让他剥去他的破小斗篷，用剪羊毛的大剪刀紧贴着皮肤剪去他的胡子，在他的额上打上烙印，或者在眉心烙一个印记，烙铁上的图像可以是狐狸或猴子。

哲学：真实啊，你说得对！自由谈，那就采取通常所说的鹰对着太阳这种检验方法，但不是真的用注视阳光的办法来检验，而是把金子、名誉和享乐摆在他们面前，你看见他们当中谁不被这个景象所吸引，就给谁戴上橄榄枝做的荣冠；你看见谁两眼直视，朝金子伸手，就按照决定先剪去他的胡子，然后把他押到烙印室去。

自由谈：哲学啊，就这样办。你立刻就会看见他们当中的大多数将打上狐狸或猴子的印记，戴上荣冠的只是少数。如果你们愿意看，我就给你们弄几个上来。

①　指到普律塔涅翁大厅吃公餐。普律塔涅翁大厅，意思是"主席厅"（参看第15页注⑤），厅里每天设宴款待外邦的使节和有功的公民。

哲学:你说什么? 你能把那些逃走的人弄上来吗?

自由谈:是的,只要女祭司肯把钓鱼人从珀赖欧斯①奉献的钓线和钓钩借我用一下。

女祭司:在那里,去拿吧,连那根鱼竿也拿去,配成一套。

自由谈:女祭司,给我一些干无花果和一点金子。

女祭司:拿去吧!

哲学:这人要干什么? 他把干无花果和金子当作鱼饵挂在钩子,坐在城墙高处,把钓线放到城里去。自由谈啊,你这是干什么? 是不是有心从珀拉斯癸康外面钓一块石头上来?

48　　自由谈:别作声,哲学,等候上钩的! 钓鱼人的神波塞冬啊,亲爱的安菲特里忒②啊,给我们送许多鱼来! 啊,我看见一条大狼鱼,说得确切些,是一条金斑鱼,不,是一条貂鱼。他张着嘴游到钩前。他嗅出了金子的气味;他靠近了,他碰到了,他被捉住了;我们把他扯上来。揭发啊,你也扯! 揭发啊,你帮忙拉线!

揭发:他上来了! 啊,让我看你是什么东西,我的好鱼儿。原来是一条狗鱼③! 赫剌克勒斯啊,好大的牙齿! 怎么回事,我的好人? 你是在石头旁边大吃大嚼,想从那里偷偷地溜走时被捉住的吗? 现在你的鳃被钩住了,这样吊起来示众。让我们把钓钩和鱼饵取出来。哎呀,他吞下去了! 这是你的钓钩,空空如也! 无花果和金子都到肚子里去了!

---

① 珀赖欧斯是雅典的港口。
② 安菲特里忒是海神波塞冬的妻子。
③ 指昔尼克派,参看第 73 页注①。

自由谈:一定叫他吐出来,好用这些鱼饵钓别的鱼。——好了! 第欧根尼,你有什么话说? 你知道这家伙是谁? 他和你有什么关系?

第欧根尼:一点也没有。

自由谈:怎么样? 应该说他值多少钱? 那天我估计他值两个俄玻罗斯。

第欧根尼:你说多了。这东西已经腐烂,肉又粗,吃不得,一文不值。把他头朝下扔下岩去。把钓钩扔下去,把另外一条扯上来。听我说,自由谈,你要当心,免得把钓竿折弯了。

自由谈:你放心,第欧根尼。他们很轻,比白杨鱼还轻。

第欧根尼:是呀,轻极了,还是把他们扯上来。

自由谈:你看! 另一条鳊鱼^①来了,像是剖开过的,是比目鱼一类的,他冲着钓钩张开嘴,他吞下去了,他被捉住了,扯呀! 他是谁?　　49

揭发:他自称为柏拉图派。

自由谈:该死的东西,你也来要金子么? 柏拉图,你有什么话说? 我们怎样处置他?

柏拉图:把他从同一个岩石上扔下去! 放下去钓另一条。

自由谈:往水的深处看,我好像看见一条非常漂亮的鱼来了,

---

① "鳊鱼"原文是 $\dot{υ}πόπλατοs$ (hypoplatos,意思是"有些扁的"),这个字是由 $\dot{υ}πό$ $πλατυs$ (hypoplatys,意思是"有些扁的")变来的。柏拉图的名字 $Πλάτων$ (Platon)与 $\dot{υ}πό$ $πλατυs$ 的后半部分 $πλατύs$ (意思是"扁的")读音相似。　　50

全身五彩①，背上还有金色的条纹②。揭发啊，你看见没有？

揭发：他自称为亚里士多德。

自由谈：他游上前来，又溜走了。他是在仔细思考。他又回来了；他把嘴张开了；他被捉住了。把他扯上来！

亚里士多德：自由谈，关于他的事不要问我。我不知道他是谁。

自由谈：亚里士多德，那么他也将被扔下岩去。看那里！我看见许多鱼在一起，颜色相同，身上带刺，样子很凶，比海胆还难捉。要不要用大围网捉他们？

哲学：可是我们没有网。我们能从那一群里扯上一条就够了。那冲着钓钩游来的，当然是他们中间最胆大的鱼。

揭发：如果你愿意，就把线放下去，但须先用铁皮把线的大部分包起来，免得他吞下金子，把线咬断了。

自由谈：已经放下去了。波塞冬啊，赐我们一条快快上钩的鱼！啊哈！他们在争夺鱼饵；有许多在一起啃无花果，有许多紧靠着金子。好了！有一条很强大的鱼上钩了！啊，让我看，你说你是哪一派？但是，如果我强迫鱼说话，那就太可笑了，因为这些东西是哑巴。揭发啊，告诉我们，谁是他的老师？

揭发：这个克吕西波。

自由谈：明白了；我想这个名字里含有金子③。克吕西波，我

---

①　暗指亚里士多德多才多艺。

②　暗指亚里士多德很富有，参看第 88 页注②。

③　Χρύσιππος（Khrysippos，克吕西波）的名字的前一部分 χρυσ(ós) 是"金子"的意思。

以雅典娜的名义请你告诉我,你认识这些人吗? 是你劝他们这样生活的吗?

克吕西波:自由谈啊,凭宙斯发誓,你的问话含有侮辱的意思,如果你以为那种人和我有什么关系。

自由谈:好呀,克吕西波,你太好了! 他也将跟着其他的鱼头朝下被扔下去,因为他身上带刺,恐怕有人吃了,会刺破喉咙。

哲学:自由谈啊,钓够了,鱼多极了,别叫一条拖走了金子和钓钩,逃跑了,那样一来,你得赔偿女祭司的损失。我们离开这里去散步吧。这是你们从哪儿来,回到哪儿去的时候了,别耽误了规定的期限。自由谈,你和揭发到周围各处去寻找他们,按照我的吩咐给他们戴上荣冠或是打上烙印。

自由谈:就这么办,哲学! 再见,你们这些最好的人! 揭发啊,我们下去完成我们的使命。

揭发:先到哪里去? 到学园去,还是到画廊去? 或是从吕刻昂①开始?

自由谈:都一样。我知道,不论到哪里,我们只需要很少的荣冠,却要看很多的烙铁。

---

① 吕刻昂是亚里士多德讲学的地方,在古雅典城东郊。

冥间的对话^①

1(1)　第欧根尼和波吕丢刻斯^②的对话

1　　第欧根尼：波吕丢刻斯，明天似乎该你还阳，你上去以后，如果在什么地方见到昔尼克派哲学家墨尼波斯（你在科林斯的克刺涅昂^③或在吕刻昂能找到他，他在那里嘲笑那些彼此争论不休的哲学家），请你立即对他说："墨尼波斯，如果你对人间的事情已经嘲笑够了，第欧根尼叫你到他那里去嘲笑更多的事情。在世上，你嘲笑的事情，甚至像'究竟有谁确知身后之事'这样重要的问题，还是疑问，而在冥府你无疑将像他一样笑个不停，特别是当你看见那些财主、总督和僭主变得那么卑贱、那么不显眼的时候，——只有根据他们的呻吟才能认出他们来；他们留恋人世的东西，显得怯懦下贱。"此外，你还告诉他，他来时行囊里多装点羽扇豆，如果他能在

---

　　①　《冥间的对话》共 30 篇，这里选译了 9 篇，每篇前面的两个数字分别表示传统的顺序及勒布本中编排的顺序。

　　②　波吕丢刻斯是宙斯和斯巴达的巴赛勒斯廷达瑞俄斯之妻勒达的儿子，与卡斯托耳是孪生兄弟。卡斯托耳死后，永生的波吕丢刻斯求得宙斯的同意，和卡斯托耳分享永生，一人一天轮流在奥林帕斯和冥间生活。

　　③　克刺涅昂是科林斯城的一个运动场。科林斯位于伯罗奔尼撒东北角。

三岔路口找到献给赫卡忒的饭食或涤罪用的鸡蛋一类的东西,也把它装进去。

波吕丢刻斯:第欧根尼,我一定转达。可是我怎么能准确地知道他的外表是什么样子——

第欧根尼:他上了年纪,秃顶,披一件千洞百孔、四面透风、补得五颜六色的小破斗篷;他总是笑,经常拿那些吹牛的哲学家开玩笑。

波吕丢刻斯:根据这些特征,找到他很容易。

第欧根尼:我也想托你给那些哲学家一点劝告,你看怎么样?

波吕丢刻斯:说吧! 这不是什么难事。

第欧根尼:请转告他们,叫他们不要胡扯,停止关于宇宙万物的争论,停止互相使对方长犄角①,停止制造关于鳄鱼的难题②,停止教人们提出这类无法解答的问题。

波吕丢刻斯:如果我非难他们的智慧,他们会说我无知,没有教养。

第欧根尼:告诉他们,叫他们见鬼去吧!

波吕丢刻斯:第欧根尼,我一定转告他们。

第欧根尼:最亲爱的波吕丢刻斯,告诉那些富翁说:“傻瓜们,你们为什么守在金子旁边?你们为什么自己折磨自己?你们算计利息,积蓄一个又一个的塔兰同,但不久以后,你们只能从中带一个俄玻罗斯到冥间去。”

---

　　① 这是对借用三段论法进行诡辩的嘲讽。曾在古希腊流传的关于犄角的三段论法是这样的:你没有失去的东西,是你保持着的;你没有失去犄角,因此你有犄角。

　　② 参看《出售哲学》第22节。

波吕丢刻斯:这些我也将转告他们。

第欧根尼:告诉那些英俊健壮,像科林斯人墨癸罗斯和角力士达摩克塞诺斯一样的人,在我们这里,无论是金黄色的头发、浅蓝色或黑色的眼睛,还是红润的面颊、结实的筋肉、有力的臂膀,都不复存在,有如俗话所说的,所有这些在我们这里同样是粪土、失去了美容的骷髅。

波吕丢刻斯:向英俊健壮的人转达这些也不难。

4　　第欧根尼:我的斯巴达朋友,告诉那些为数众多、受境遇折磨、抱怨自己匮乏的穷人吧,叫他们不要哭泣,不要悲叹,给他们详细讲讲冥间的平等,他们在这里将会看到,富有的人一点也不比他们好;如果你愿意,替我把你的斯巴达同胞骂一顿,说他们已经变娇嫩了。

波吕丢刻斯:第欧根尼,不要涉及斯巴达人,我不能对他们说。至于你对其他人说的话,我一定转达。

第欧根尼:如果你认为这样好,我们就别管斯巴达人,但你一定要把我的话捎给前面提到的那些人!

3(10)　墨尼波斯、安菲罗科斯^①和
特洛福尼俄斯^②的对话

墨尼波斯:特洛福尼俄斯啊,安菲罗科斯啊,我不明白,你们两 ¹
位既是死者,怎么配享有庙宇,被当作预言者,那些愚蠢的人为什
么把你们想象成神?

安菲罗科斯:如果他们由于自己的愚蠢而这样看待死者,我们
有什么过错呢?

墨尼波斯:假如你们在世的时候不那样愚弄人,假装预知未来
的事,对求问的人发出预言,他们就不会这样看待了。

特洛福尼俄斯:墨尼波斯,这位安菲罗科斯知道他应该怎样为
自己辩护;至于我自己,我乃是半神,谁下到洞里,到我的身边来,
我就对谁发出预言。你似乎从未到过勒巴得亚^③,否则你就不会
如此怀疑了。

墨尼波斯:你说什么?难道我不到勒巴得亚,引人发笑地穿上 ²
麻布衣服,拿着大麦饼,钻过狭窄的洞口,爬到你的山洞里去,我就
不可能知道,你除了耍骗术胜过我们以外,也和我们一样是个死者

---

①　安菲罗科斯是亚尔哥斯的巴赛勒斯安菲阿剌俄斯的儿子。安菲阿剌俄斯曾在
妻子的迫使下,参加攻打忒拜的战争,死在宙斯用雷劈开的地缝里。后来,安菲罗科斯
为父报仇,杀死了自己的母亲。传说安菲罗科斯能预知未来,被认为是西西里境内马
罗斯城的创建人,那里有他的神示所。

②　特洛福尼俄斯是俄耳科墨诺斯(在比奥细亚境内)的巴赛勒斯哈耳库诺斯的儿
子,在勒巴得亚附近被蛇吃掉。后来,在他被吃掉的地方,设立了他的神示所。

③　勒巴得亚在比奥细亚境内。

吗？那么，我以你的预言术的名义请你告诉我，什么是半神？我对此一无所知。

特洛福尼俄斯：半神是人和神的混合体。

墨尼波斯：你是不是说，半神既不是人，又不是神，但同时既是人又是神？那么，你的为神的那一半现在到什么地方去了？

特洛福尼俄斯：墨尼波斯，在比奥细亚颁发预言。

墨尼波斯：我不明白你说的是什么意思，特洛福尼俄斯；但我知道得很清楚，你是一个地地道道的死者。

4(14)　海尔梅斯和卡戎的对话

1   海尔梅斯：艄公，如果你同意，就让我们算算，你现在欠我多少钱，以免再为这件事争吵。

卡戎：我们算算吧，海尔梅斯！最好是结算清楚，这样可以减少点麻烦。

海尔梅斯：受你的委托，我代你买锚，花了五个德拉克马。

卡戎：太贵了。

海尔梅斯：凭哈得斯发誓，我是用五个德拉克马买来的。拴桨用的皮条还花了两个俄玻罗斯。

卡戎：记上五个德拉克马零两个俄玻罗斯。

海尔梅斯：我为你买缝补帆篷用的针，还花了五个俄玻罗斯。

卡戎：把这些也记上。

海尔梅斯：填补小船上缝隙用的蜂蜡、钉子和做转桁索用的小绳子，一共花了两个德拉克马。

卡戎:这些很便宜。

海尔梅斯:如果我们在计算的时候没有漏掉什么,那就是这些了。你说,什么时候还我?

卡戎:现在还不行,海尔梅斯;但是,如果瘟疫或战争把许许多多的人送来,那时收取大量的摆渡费,可能会有结余。

海尔梅斯:难道现在我就坐在这里祈求有最大量的灾难发生, 2 借机收回我放的债?

卡戎:没有别的办法,海尔梅斯。你是看见的,现在到我这里来的人很少,因为这是和平时期。

海尔梅斯:最好是这样,即使你把欠我的债拖下去。但是,卡戎,你知道,古时候到这里来的人都很英勇,大多数身上沾满了血污,带着伤;现在,有的人是被儿子或妻子毒死的,有的人由于奢侈,肚子和腿都浮肿了,全都那么苍白、下贱,一点也不像古时候的人。显然,他们当中的绝大多数是为了金钱而互相暗算,才到这里来的。

卡戎:因为金钱是人们最渴望的东西。

海尔梅斯:这么说,我向你讨债就不显得是造孽了。

11(21)　　克剌忒斯和第欧根尼的对话

克剌忒斯:第欧根尼,你认识富翁摩里科斯吗?他非常富有, 1 生在科林斯,拥有很多条商船,他的表兄弟阿里斯忒阿斯也是个富翁,他常常重复荷马的这句诗:

你举起我，或者我举起你。①

第欧根尼：克剌忒斯，你说这些，是为什么？

克剌忒斯：他们年纪相同，为了继承对方的财产而互相巴结，他们公布了自己的遗嘱：如果摩里科斯先死，阿里斯忒阿斯则为他的全部财产的继承人；同样，如果阿里斯忒阿斯先离开人世，摩里科斯就是他的继承人，遗嘱就是这样写的。他们互相巴结，竞相阿谀。不仅预言者们——无论是借助星辰还是借助梦境来预言未来的迦勒底人②的子孙——，甚至连皮提俄斯自己，都一会儿让阿里斯忒阿斯占优势，一会儿让摩里科斯占优势，天平上的盘子刚刚还向这边倾斜，现在却又向那边倾斜。

2　　第欧根尼：结果怎么样，克剌忒斯？这个值得一听。

克剌忒斯：他们两人在同一天死去了，遗产落到了他们的亲属、从未预料到会发生这种事情的欧诺弥俄斯和特剌绪克勒斯手里；因为表兄弟两人从西库翁驶向喀剌③，中途遇到了侧吹的西北风，翻了船。

3　　第欧根尼：他们干得真漂亮！我们在世的时候，互相之间从来没有这样的念头：我从来没有为了继承安提斯泰尼的手杖——他有一根非常结实的、野橄榄木做的手杖——诅咒他早死，我想，你克剌忒斯也从来没希望在我死后继承我的财产：酒瓮和那只装着两升羽扇豆的行囊。

---

① 《伊利亚特》第 23 卷第 724 行。

② 迦勒底人被认为是靠星象占卜的预言者。

③ 喀剌在科林斯海湾北岸。

克剌忒斯：因为我不需要这些东西，第欧根尼，你也不需要。但是，你从安提斯泰尼那里继承了必需的东西，我又从你那里继承了必需的东西，这些东西比波斯帝国伟大得多，庄严得多。

第欧根尼：你指的是什么？

克剌忒斯：智慧、自主、真诚、坦率、自由。

第欧根尼：凭宙斯发誓，我记得我从安提斯泰尼那里接受了这些财富，而我留给你的比这些还要多。

克剌忒斯：但别人对这样的财富都漠不关心，没有谁由于渴望 4 继承它而巴结我们，所有的人都眼睁睁地盯着黄金。

第欧根尼：当然；即使他们从我们这里接受了这样的财产，他们也没有地方可存放，他们由于生活奢侈，有如发了霉的口袋，已经腐朽了。因此，即使有人给他们装进智慧、坦率或真诚，这东西也会立即漏出来，流失掉，因为底部盛不住，就像达那俄斯的女儿们往穿了孔的瓮里装水①时的情形一样。至于金子，他们却用牙齿、用指甲、用一切手段去保护。

克剌忒斯：所以，即使是在这里，我们也将拥有我们的财富，而他们却只能带着一个俄玻罗斯前来，而且只能带到艄公那里为止。

---

① 达那俄斯是古埃及的巴赛勒斯柏罗斯的儿子。他的五十个侄子向他的五十个女儿求婚，他率领自己的女儿们渡海逃到亚尔哥斯，他的侄子们随即赶来。援助达那俄斯的亚尔哥斯人战败后，达那俄斯假意答应侄子们向他的女儿们求婚，却命令女儿们在新婚之夜把新郎全部杀死。他的四十九个女儿执行了这个命令，死后被判在冥间往无底的瓮中注水。

16(11)　第欧根尼和赫剌克勒斯的对话

1　　第欧根尼:这不是赫剌克勒斯吗? 我凭赫剌克勒斯发誓,他不是别人。弓、大头棒、狮子皮、身材,完全是赫剌克勒斯。他既然是宙斯的儿子,怎么又死了? (向赫剌克勒斯)告诉我,常胜的英雄,你也成了死者吗? 在世上,我曾把你当作神,向你献祭。

　　赫剌克勒斯:你献祭是对的,因为真正的赫剌克勒斯是在天上,和众神在一起,"娶了那双踝优美的赫柏①为妻",我不过是他的幽灵。

　　第欧根尼:这话是什么意思? 是神的幽灵? 半拉成神,半拉死去,这可能吗?

　　赫剌克勒斯:是这样,因为死去的不是他,而是我——他的影像。

2　　第欧根尼:我明白了,他把你作为自己的替身交给了普路托,于是你现在代替他成了死者。

　　赫剌克勒斯:有点像这么回事。

　　第欧根尼:埃阿科斯是很认真的,他怎么没认出你不是赫剌克勒斯,就把一个假赫剌克勒斯当面接收下来了?

　　赫剌克勒斯:因为我非常像他。

　　第欧根尼:说得对,确实非常像,你就是他。然而,你要注意,

――――――――――――

　　①　赫柏是宙斯和赫拉的女儿,为青春女神,她在奥林帕斯山上为众神递送神酒和神食。赫剌克勒斯成神后,赫拉把赫柏嫁给了他。

也许恰恰相反，你是赫剌克勒斯，而他的幽灵却在众神那里娶了赫柏为妻。

赫剌克勒斯：你放肆而又饶舌，如果你不停止挖苦我，我立刻 3 就让你看看，我是什么神的幽灵。

第欧根尼：弓出套了，准备好了。可是，既然我已经死过了，还怕你什么呢？我以你的赫剌克勒斯的名义请你告诉我，当他活在世上的时候，你作为他的幽灵，也是和他在一起吗？或者，在世上你们是一体，死了以后就分开了，他飞到众神那里去，而你，他的幽灵，自然就到冥间来了，是吗？

赫剌克勒斯：对于存心嘲弄别人的人应该不予置答，但是，我还是告诉你：赫剌克勒斯身体里的来自安菲特律翁的那一部分已经死了，这就是我；而来自宙斯的那部分却在天上，和众神在一起。

第欧根尼：我现在知道得非常清楚了，你是说阿尔克墨涅同时 4 生了两个赫剌克勒斯，一个是安菲特律翁的儿子，一个是宙斯的儿子，所以你们是同母异父的孪生兄弟，只不过没人知道罢了。

赫剌克勒斯：傻瓜啊，不是，我们两个是同一个人。

第欧根尼：除非设想像马人①一样，人和神长在一起，否则，两个赫剌克勒斯长在一起就不易理解。

赫剌克勒斯：难道你不认为所有的人都是由灵魂和肉体两部分组成的？难道有什么东西会阻止那来自宙斯的灵魂升天，而我作为会死的肉体则来到死者当中？

————————————

① 马人是希腊神话传说中马身人首的怪物。

5　　　　第欧根尼：安菲特律翁的最高贵的儿子啊，假如你是肉体，你这话倒是说得很好，但现在你却是没有肉体的幽灵。这样，似乎你把赫剌克勒斯搞成了三个。

　　　　赫剌克勒斯：怎么搞成了三个？

　　　　第欧根尼：是这样：一个是在天上，一个是你——他的幽灵，——是在我们这里，还有一个是俄塔山上的肉体，已经变成了灰烬①，这样就变成了三个。你仔细想一想，让谁成为这肉体的父亲，即赫剌克勒斯的第三个父亲。

　　　　赫剌克勒斯：你是个放肆的诡辩者。你到底是谁？

　　　　第欧根尼：锡诺普人第欧根尼的幽灵，但是，我凭宙斯发誓，他本人却不是"与永生的神在一起"②，而是与最优秀的死者在一起，嘲笑荷马和他那一类的空谈。

20（6）　墨尼波斯和埃阿科斯的对话

1　　　　墨尼波斯：埃阿科斯，我以普路托的名义请求你，领我看看冥间的整个情况吧。

　　　　埃阿科斯：墨尼波斯，要看整个情况可不容易，你就了解一些主要的吧。这是刻耳柏洛斯，你是知道的，这是送你过来的艄公，

---

　　①　传说赫剌克勒斯攻打俄卡利亚时得到一个女俘，引起了他妻子得伊阿涅拉的忌妒，得伊阿涅拉便在他献祭时把涂有马人涅索斯的毒血的衣服送给他穿。这件衣服一接触他的身体，就紧紧贴在他身上，燃起了火焰，使他痛苦难当。最后，赫剌克勒斯在帖萨利亚南部俄塔山上投身到由他的朋友菲罗克忒忒斯点燃的火葬堆上自焚。故事见索福克勒斯的悲剧《特剌喀斯少女》。

　　②　见《奥德赛》第11卷第602行。

这是冥湖和火焰河,你在进来的时候已经看到过。

墨尼波斯:这些我都知道,也知道你是守门的,冥间的巴赛勒斯①和复仇女神,我也见过了。你指给我看看那些古人吧,特别是他们中间的著名人物。

埃阿科斯:这是阿伽门农,这是阿基里斯,旁边这个是伊多墨纽斯,那边是俄底修斯,然后是埃阿斯、狄俄墨得斯②和其他希腊英雄。

墨尼波斯:哎呀,荷马啊,你诗歌里的主要人物都倒在地上,不成形体,无法辨认,成了一堆粪土和废物,真是软弱的人啊! 埃阿科斯,这是谁?

埃阿科斯:这是居鲁士,那是克洛索斯,在他那边的是萨达那帕罗斯③,再过去是弥达斯④,那个是薛西斯⑤。

墨尼波斯:(向薛西斯)坏蛋,难道架桥把赫勒斯滂两岸连接起

2

---

① 指哈得斯。巴赛勒斯在此处是"首领"的意思,参看第2页注②。

② 伊多墨纽斯是克里特的巴赛勒斯,为弥诺斯的孙子,曾参加特洛伊战争。俄底修斯是希腊西边爱奥尼亚海中伊塔刻岛的巴赛勒斯,足智多谋,勇敢善战,特洛伊战争结束后到处漂泊,最后回到故土,这段经历成为荷马史诗《奥德赛》的主题。埃阿斯有两个,大埃阿斯是萨拉米的巴赛勒斯,身材高大,力大无比,在特洛伊战争中屡建战功,最后因受欺侮,愤恨自杀身死;小埃阿斯是大埃阿斯的亲密朋友,出色的投枪手,特洛伊战争结束后死于归途。此处大概是指大埃阿斯。狄俄墨得斯是亚冬哥斯的巴赛勒斯,为希腊联军中的著名英雄。

③ 萨达那帕罗斯是亚述的末代国王,以奢侈闻名,死于公元前880年。

④ 弥达斯是弗利基亚国王,阿波罗曾满足他的欲望,凡是他接触的东西都立即变成黄金,他因此成为世上最富有的人。

⑤ 薛西斯是波斯国王(公元前486—前465年在位),曾于公元前480年进攻希腊,最后失败。

来,渴望在山间航行,吓得希腊发抖的就是你吗①? 克洛索斯成了这个样子! 埃阿科斯,让我捆萨达那帕罗斯一个嘴巴。

　　埃阿科斯:不行,你会把他那块女人般的头盖骨打碎的。

　　墨尼波斯:无论如何我得啐这个阴阳人一口。

3　　埃阿科斯:你要我把那些哲学家指给你看吗?

　　墨尼波斯:当然要。

　　埃阿科斯:你看见的第一位是毕达哥拉斯。

　　墨尼波斯:你好,欧福玻斯,或者称你阿波罗,或其他什么你所喜欢的称呼②。

　　毕达哥拉斯:你好,墨尼波斯!

　　墨尼波斯:你的大腿不再是金色的了?

　　毕达哥拉斯:不是了。让我瞧瞧,你的行囊里有什么可吃的?

　　墨尼波斯:好朋友,里面有豆子,不过你吃不得③。

　　毕达哥拉斯:给我一些,死者另有教义,我已经明白了,在这里,豆子和祖先的脑袋这两件东西是不一样的。

4　　埃阿科斯:这是厄塞刻提得斯的儿子梭伦,那是泰勒斯,他们

---

　　① 赫勒斯滂,今称达达尼尔海峡。薛西斯于公元前480年率大军远征希腊之前,曾命人用船只和绳索在赫勒斯滂海峡上架桥,让军队通过。为了避免重陷大流士军队在希腊西北部卡尔喀狄刻半岛附近海上被飓风摧毁的覆辙,他同时派人挖渠,打通卡尔喀狄刻半岛的阿托斯地角,让舰队通过。

　　② 欧福玻斯是特洛伊的英雄。此处讽刺毕达哥拉斯的灵魂轮回论。毕达哥拉斯声称,他的灵魂,也像其他人的灵魂一样,是从别的躯体转移过来的。他以前是欧福玻斯,再以前是阿波罗,意思是他的灵魂来自阿波罗。

　　③ 参看《出售哲学》第6节。

旁边是庇塔科斯和其他的人,你是看见的,他们一共七个①。

墨尼波斯:埃阿科斯,全部幽灵中只有他们无忧无虑,心情舒畅。这个满身灰土、像烤煳了的面团、起着大疱的人是谁?

埃阿科斯:墨尼波斯,他是恩培多克勒,他是在埃特纳被烤得半熟以后来到这里的。

墨尼波斯:穿铜鞋的好朋友,你为什么跳进了火山口呢?

恩培多克勒:墨尼波斯,是由于一种忧郁症。

墨尼波斯:绝对不是那样,而是由于虚荣、自负和极端的愚蠢,是这些东西使你连同那双鞋一起成了灰烬,真是活该!可是,这样并未给你带来任何好处,因为你已经死了。埃阿科斯,苏格拉底在哪儿?

埃阿科斯:他时常同涅斯托耳、帕拉墨得斯②胡扯。

墨尼波斯:我还是想见见他,如果他就在附近。

埃阿科斯:你看见那个秃子吗?

墨尼波斯:他们全是秃子,这是他们的共同点。

埃阿科斯:我指的是那个塌鼻子。

墨尼波斯:这也是他们的共同点,他们都是塌鼻子。

苏格拉底:你找我吗,墨尼波斯?

墨尼波斯:是的,苏格拉底。

———————

① 指传说中的古希腊七哲。泰勒斯是公元前 6 世纪米利都哲学家,他认为一切来源于水。庇塔科斯是累斯博斯岛米提利尼城的哲学家和政治家。

② 涅斯托耳是特洛伊战争中著名的希腊英雄,他勇敢、机智,善于辩论、经验丰富。帕拉墨得斯是优卑亚岛的英雄,传说他创造了字母、数字、钱币等。他曾揭穿俄底修斯企图以装疯逃避参加特洛伊战争,俄底修斯因此对他怀恨在心,最后把他害死。

苏格拉底：雅典有什么新闻？

墨尼波斯：许多年轻人都说他们在从事哲学研究，从他们的仪表和步态来看，他们倒是最优秀的哲学家。

苏格拉底：我见过许多这样的人。

墨尼波斯：我想你也见过阿里斯提波和柏拉图本人来找你的时候是什么样子，他们当中，一个散发着香气，一个学会了向西西里的僭主们献媚①。

苏格拉底：关于我，他们有什么看法？

墨尼波斯：苏格拉底，在这方面你是个幸福的人，他们全都认为你是个值得敬佩的人，什么都知道，不过我想说句实话，你什么都不知道。

苏格拉底：我自己也对他们这么说过，他们却认为这是装傻。

6   墨尼波斯：这些围绕着你的人是谁？

苏格拉底：墨尼波斯，他们是卡耳弥得斯②、淮德洛斯③以及克勒尼阿斯的儿子④。

墨尼波斯：好啊，苏格拉底，你在这儿也在搞你那一行，而且不嫌弃俊俏的人。

苏格拉底：难道有比干这一行更愉快的事吗？ 如果你愿意，你也在我们旁边躺下吧！

---

① 柏拉图曾两次赴西西里岛，通过毕达哥拉斯派的帮助成为叙拉古的僭主狄奥尼修斯一世和狄奥尼修斯二世的上宾，妄图借助他们的力量实现他的理想国。

② 卡耳弥得斯是柏拉图的舅舅，为苏格拉底的弟子。

③ 淮德洛斯是苏格拉底的弟子，是个美少年。

④ 指阿尔西比阿德，他是苏格拉底的弟子和爱友，为伯罗奔尼撒战争期间雅典政治家和将军，曾经背叛雅典，投靠斯巴达；最后逃往波斯。

墨尼波斯：不，我要到克洛索斯和萨达那帕罗斯那里去，待在他们附近。我想，听他们哀号，少不了可笑的东西。

埃阿科斯：我也得走啦，免得有死者趁我们不在跑了。墨尼波斯，其余的下次再看吧。

墨尼波斯：埃阿科斯，你走吧，看到这些已经够了。

24(29)　第欧根尼和毛索罗斯的对话

第欧根尼：加里亚人①啊，是什么东西使你感到自豪，认为你受到的尊敬应该高于我们每个人？　　1

毛索罗斯：锡诺普人啊，是我的王权，我是整个加里亚的国王，统治着一部分吕底亚人，征服了一部分岛屿，攻克了爱奥尼亚大部分地区，一直攻到米利都②。我漂亮、魁梧，作战勇敢，尤其重要的是，我在哈利加纳苏③有一个巨大的纪念物，任何其他死者都没有建筑过这样大、装饰得这样美的陵墓，马和人都非常细致地刻在最好的石头上，这样的杰作甚至在庙宇建筑中也不容易找到。你不认为我应该感到自豪吗？

第欧根尼：你是说你的王权、美貌和坟墓的重量使你感到自豪吗？　　2

---

①　"加里亚人"指毛索罗斯。毛索罗斯在他统治加里亚（参看第 81 页注③）期间（公元前 377—前 353），使加里亚强大起来，他征服了加里亚邻近地区，于公元前 362 年使加里亚摆脱了波斯统治。

②　米利都在小亚细亚西南岸。

③　哈利加纳苏在加里亚西南岸。

毛索罗斯：的确是这些东西使我感到自豪。

第欧根尼：然而，漂亮的毛索罗斯，你提到的力量和形体都已经不存在了，如果我们找人评判形体美，我真说不出，他有什么根据认为你的头盖骨比我的美。事实是，我们两个都是秃子，没有遮盖，我们同样露着牙齿，失去眼睛，变成了塌鼻子。至于你的陵墓和那些昂贵的石头，也许可以摆在那里让哈利加纳苏人在外国人面前炫耀，夸他们有如此巨大的建筑。可是，好朋友，我却看不出你能从中得到什么好处，除非你说，压在这样大的石头底下，你承担着比我们大得多的重量。

3　毛索罗斯：那么你认为这些都是枉然，毛索罗斯和第欧根尼是同等的吗？

第欧根尼：不，最高贵的人，不是同等的。当毛索罗斯忆及他认为足以使他享受幸福的尘世财富时，他将会哭泣，而第欧根尼则将会讥笑他。毛索罗斯将会说，他在哈利加纳苏有他的妻子即他的妹妹阿耳忒弥西亚为他建造的陵墓，而第欧根尼则连他的身体是否有个坟墓都不知道。他从未关心过这件事，但是，他将给最高尚的人留下一个真正的人的生活的传说，最富于奴性的卡里亚人啊，这生活比你的纪念物更崇高，而且是建筑在更坚实的基础上的。

26(8)　墨尼波斯和刻戎①的对话

1　墨尼波斯：刻戎，我听说，你虽然是神，却渴望死。

————————

①　刻戎是个马人，聪明、善良，精通医术、音乐、体操等。

刻戎：墨尼波斯，你听到的是真实的，我虽然能享受永生，但是，正如你所看见的，还是死了。

墨尼波斯：研究是什么原因使你渴望死呢？大多数人都不想死。

刻戎：你是个聪明人，我告诉你吧。享受永生并不愉快。

墨尼波斯：活着，看见阳光，还不愉快吗？

刻戎：不愉快，墨尼波斯。我认为愉快的生活应该是丰富多彩，而不是单调无趣的。我长久活着，享受的是同样的东西：太阳、灯火和食物，四季如常，万物循环，一个接着一个，我被这些现象弄烦腻了，我发现，快乐并不在于经常处于同一种境地，而存在于别的境地之中。

墨尼波斯：你说得对，刻戎。自从你根据自己的选择来到冥间以来，你觉得这里的情况如何？

刻戎：墨尼波斯，并非不愉快。这儿真是人人平等，没有处于阳光之下还是处于黑暗之中的区分，也不像世上那样要忍饥受渴，我们不需要任何吃喝。 ²

墨尼波斯：刻戎，当心点，不要陷于自我矛盾之中，按你的话推理，又会回到谈话的起点。

刻戎：这是什么意思？

墨尼波斯：你对阳世现象的永远类同和重复感到厌倦，而这里的现象也是类同的，这也可能同样使你感到厌倦，于是，你将寻求改变，离开这里，去过另一种生活，不过，我知道，这是不可能实现的。

刻戎：那怎么办呢，墨尼波斯？

墨尼波斯：我想，常言道，明智的人安于现状，他们以现实为满足,从不感到有什么东西是不堪忍受的。

30(24)　弥诺斯①和索斯特剌托斯②的对话

1　　弥诺斯:海尔梅斯,把这个强盗索斯特剌托斯抛进火焰河,让
喀迈拉③把那个盗庙者撕碎,让那个僭主在提堤俄斯④旁边受拉肢
刑,让老鹰啄食他的肝脏,你们这些好人赶快到长乐平原和长乐岛
定居下来,因为你们在世时做事公正。

　　索斯特剌托斯:弥诺斯,请听我一言,也许你会觉得我的话是
对的。

　　弥诺斯:又要叫我听你的? 索斯特剌托斯,你是个坏蛋,是个
杀死那么多人的凶手,难道这一点还没有被揭露出来吗?

　　索斯特剌托斯:是被揭露了,不过请你考虑一下,我受惩罚是
不是公正的。

　　弥诺斯:完全应该,如果承受应得的惩罚是公正的话。

　　索斯特剌托斯:弥诺斯,你还是给我一个回答,我仅向你提一
个简单的问题。

　　弥诺斯:你说吧,只是不要长,我还要审判别的人。

2　　索斯特剌托斯:我生前干那些事情是出于我自己的意愿,还是

---

　　① 弥诺斯是宙斯和欧罗巴的儿子,为克里特岛的巴赛勒斯,死后成为冥土三判官
之一。

　　② 索斯特剌托斯是公元前 4 世纪的一个强盗。

　　③ 喀迈拉是狮头、羊身、蛇尾的怪物。

　　④ 提堤俄斯是个巨怪,为盖娅的儿子,因侮辱了勒托,被罚监禁在塔耳塔洛斯(参
看第 25 页注②),两只老鹰每天啄食他的肝脏。

命运女神要我干的？

　　弥诺斯：当然是命运女神。

　　索斯特剌托斯：那么，我们之中无论是好人还是坏人，都是照她的安排行事？

　　弥诺斯：是的，照克罗托的安排行事，每个人出生时她便给安排了必须完成的事情。

　　索斯特剌托斯：如果有人打死了人，他是为人所迫，不可能反抗那个迫使他干这件事的人，如刽子手和卫士，前者服从审判者，后者服从僭主，你认为谁是死亡的原因？

　　弥诺斯：很清楚，是审判者或僭主，而不是剑，因为剑不过是实现前者即肇事者的愿望的工具。

　　索斯特剌托斯：弥诺斯，谢谢你慷慨地给了我一个例证。如果有人奉主人派遣，送来金子或银子，我们应该对谁表示感谢，或是写上谁是做好事的人呢？

　　弥诺斯：索斯特剌托斯，当然是派遣他的人，因为送东西来的人是仆人。

　　索斯特剌托斯：现在你看出了你做得多么不公正吗？你惩罚我们，其实我们只是克罗托的命令的执行者，你奖赏别人，其实他们只是完成别人的善行。不会有人认为，可以违抗那些强迫执行的命令。[3]

　　弥诺斯：索斯特剌托斯，只要你仔细观察一下，你就会发现，还有许多别的事情也是不合逻辑的。不过，你提出这个问题得到的好处是：我认为你不仅是个强盗，而且是个诡辩者。海尔梅斯，你把他放了，不要再惩罚他。（向索斯特剌托斯）不过你要当心，不要教别的死者也来提类似的问题。

神 的 对 话①

2(6)　厄洛斯②和宙斯的对话

1　　厄洛斯:宙斯,我还是个不懂事的孩子,即使我有什么过错,你也应该原谅我。

　　宙斯:你厄洛斯比伊阿珀托斯③古老得多,还是个孩子么? 难道因为没有胡子和白发,你这个老头子、大坏蛋就认为自己是婴儿吗?

　　厄洛斯:照你说,我是个老头子,可我这个老头子到底使你受了什么严重的伤害,以致你要把我捆起来?

　　宙斯:你自己想想吧,可恶的家伙! 你愚弄我,给我造成的伤

　　　　————————————

　　① 《神的对话》共26篇,这里选译了8篇,每篇前面的两个数字分别表示传统的顺序及勒布本中编排的顺序。

　　② 厄洛斯是希腊神话中最古老的神之一,为混沌和地神盖娅的儿子。在较晚的传说中,他成了司爱与美之女神阿芙罗狄蒂和战神阿瑞斯的儿子。

　　③ 伊阿珀托斯是乌剌诺斯和盖娅的儿子,为宙斯的伯父,普罗米修斯的父亲。

害还小吗？萨堤洛斯①、公牛②、金子③、天鹅④、老鹰⑤，哪一样你没叫我变过！你从来没让哪个女人爱过我；由于你的帮助，我接近女人从来都是不愉快的。我必须欺骗她们，把自己的本来面目隐藏起来；她们爱的只是公牛或天鹅，如果她们看见我的本来面目，她们就会吓死。

厄洛斯：当然啦！她们都是凡人，宙斯，看见你的面貌，她们怎么受得了呢？

宙斯：那么，布然科斯⑤和许阿铿托斯⑥为什么爱上了阿波罗？

厄洛斯：可是达佛涅⑦却躲避了他，虽然他头发很长⑧，也没有胡子。如果你想让别人爱你，你就不要摇动你的盾牌，也不要携带雷电，而是竭力装得和颜悦色，令人喜爱。你让卷发下垂，束上发带，身穿紫色外衣，脚踏金色凉鞋，在箫鼓声中合着拍节走动，那时

---

① 萨堤洛斯是希腊传说中的羊人，长着山羊的犄角、尾巴和腿。宙斯曾化身为萨堤洛斯，去追求忒拜的巴赛勒斯倪克透斯的女儿安提俄珀。

② 宙斯曾化身为公牛，把腓尼基的巴赛勒斯阿革诺耳的女儿欧罗巴驮到克里特岛。

③ 指金雨的故事。亚尔哥斯的巴赛勒斯阿克里西俄斯有个女儿，名叫达娜厄。阿克里西俄斯从神示中得知，他将被外孙杀死。为了逃避这一命运，他造了一座铜塔，把达娜厄幽禁在里面。宙斯化作一阵金雨，从塔顶的天窗落进去，使达娜厄怀孕，生了珀耳修斯。珀耳修斯长大后，在一次竞技比赛中无意间打死了自己的外祖父。

④ 宙斯曾化身为天鹅，飞到斯巴达的巴赛勒斯廷达瑞斯的妻子勒达身边。

⑤ 布然科斯是阿波罗所宠爱的人，阿波罗给了他预言的本领。

⑥ 许阿铿托斯是阿波罗所宠爱的美少年。西风神出于忌妒，在阿波罗教他掷铁饼时，使铁饼向他飞去，将他打死。

⑦ 达佛涅是河神珀涅俄斯的女儿。她拒绝阿波罗的爱，在阿波罗追逐她的时候，她拼命逃跑，并祈求神的帮助。神把她变成了月桂树。

⑧ “头发很长”是年轻的意思。古希腊少年在成年之前不剪发。

你将会看到,追随你的人会比追随狄俄倪索斯的狂女还多。①

宙斯:去你的吧!假如要打扮成这个样子,我宁愿不作令人爱慕的神!

厄洛斯:那你就别追求爱情,宙斯,这是很容易做到的。

宙斯:不,我要追求爱情,然而我要不太费劲就把她们弄到手。在这样的情形下我才放你。

5(8)　宙斯和赫拉的对话

1　　赫拉:自从你抓着这个弗利基亚少年②,把他从伊达山③带到这里以来,宙斯,你对我就冷淡了!

宙斯:赫拉,难道你对这个如此单纯,无能为害的小家伙也吃醋吗?我还以为你只憎恨那些和我有来往的女人。

2　　赫拉:你做那种事也不好,对你来说也很不相宜。你身为众神之主,却扔下我这个合法的妻子,变作金子、萨堤洛斯或公牛,到人世去搞恋爱。好在你把那些女人留在地上,至于这个生长在伊达山的小孩,你却把他抓住,带着他飞上天来了。最高贵的鹰啊,他以当酒童为借口,和我们住在一起,高踞在我之上。难道你就那么缺少酒童?是不是赫柏和赫淮斯托斯拒绝侍候你?你不先在众目睽睽之下吻他一次,就不从他手里接酒杯,这个吻对你来说大概比

---

　　① 酒神狄俄倪索斯曾在希腊各地和地中海一带流浪,流浪中有一群疯狂的女信徒追随在他的左右。

　　② 指伽倪墨得斯,参看第3页注③。

　　③ 伊达山在小亚细亚西北部弗利基亚境内。

神酒还香甜！为了这个吻，你往往不渴也要喝；有时候，你只尝一点，就把杯子递给他，他喝过以后，你又把杯子接过来，从他喝酒时嘴唇接触过的地方喝掉杯中剩下的一点酒，以便在喝酒的时候再吻一次。就在前不久，你身为众神的巴赛勒斯和父亲，却把盾牌和雷都扔在一边，坐下来和他一起掷骰子，虽然你已经有这么一大把胡子了！这一切我都看在眼里，不要以为你瞒得了我。

宙斯：赫拉，在喝神酒的同时吻一下这么俊俏的少年，既享受了吻，又享受了神酒，那有什么可怕呢？只要我让他哪怕吻你一次，你就再不会责备我认为亲吻比神酒还香甜了。

赫拉：你说的这些话跟那些喜爱男童的人说的一样。我不至于发疯到那种程度，让自己的嘴唇去碰这个像女人一样娇嫩的弗利基亚人。

宙斯：最高贵的女神，别骂这个小孩。因为对我来说，这个像女人一样娇嫩的蛮子可亲可爱，胜于——我不想说出来，免得使你更生气。

赫拉：那你就跟他结婚吧，让他代替我好了！不过，我得提醒你，由于这个酒童的缘故，你使我受了侮辱。

宙斯：是的，应该让你的儿子赫淮斯托斯来为我们斟酒，他一瘸一拐，刚放下钳子，从炉边走来，全身到处是火星子烧坏的痕迹；我们应该从他这样的手里接酒杯，并且在饮酒的时候吻吻他！就是你，他的母亲，吻他那满是烟灰的脸，也不那么愉快吧！其实，那样更愉快，难道不是吗？这样的酒童更适合于众神的饮宴，而伽倪墨得斯则应被送回伊达山去，因为他太干净，手指绯红，善于递酒杯，使你特别难受的，要算他的吻比神酒还香甜。

5　　　赫拉：宙斯，现在赫淮斯托斯瘸腿，他的手指头不配拿你的酒杯，他满身烟灰，你一见他就恶心，这一切都是伊达山养育了这个俊俏的长发少年以后的事；这些你从前都没有看到，无论是火星子烧坏的痕迹还是炉子，都没有妨碍你从他手里接酒喝。

　　　宙斯：赫拉，你不过是自己折磨自己，你吃醋只会使我更加喜爱这个孩子。如果你不喜欢从这个年轻的孩子手里接酒杯，那就让你的儿子给你斟酒吧！而你，伽倪墨得斯，只给我递酒杯，并且每回都吻我两次，递给我满杯酒的时候吻一次，然后，从我手里接空杯的时候再吻一次。怎么啦？你哭什么？别害怕；假如有谁使你感到苦恼，他是要痛哭流涕的！

7(11)　赫淮斯托斯和阿波罗的对话

1　　　赫淮斯托斯：阿波罗，你看见玛娅的刚出生的儿子①没有？他多美，对谁都笑，很明显，他将是个好宝贝。

　　　阿波罗：赫淮斯托斯，这婴儿真是个好宝贝吗？干起坏事来，他比伊阿珀托斯老练得多！

　　　赫淮斯托斯：他刚出生不久，能干什么坏事？

　　　阿波罗：你去问波塞冬吧，那小孩偷了他的三股叉；或者，你去问阿瑞斯②吧，那小孩偷偷地把他的剑从鞘里抽走了。我用不着说自己，他解除了我的武装，把我的弓和箭都偷走了。

---

①　指海尔梅斯，参看第 17 页注⑦。
②　阿瑞斯是宙斯和赫拉的儿子，为战神。

赫淮斯托斯:这一切都是这个站都站不起来、还躺在襁褓里的 2
新生婴儿干的吗?

阿波罗:只要他到你那里去一次,赫淮斯托斯,你就会明白。

赫淮斯托斯:他已经来过了。

阿波罗:怎么样? 你的工具都在,什么也没丢吗?

赫淮斯托斯:都在,阿波罗。

阿波罗:你还是仔细看看!

赫淮斯托斯:哎呀,我的钳子不见了!

阿波罗:你将在那婴儿的襁褓里发现它。

赫淮斯托斯:他的手真巧! 难道他在娘肚子里就学会偷窃
了吗?

阿波罗:你还没听到,他说起话来已经很流利了。他还想伺候 3
我们。昨天他向厄洛斯挑战,我还没看清他是如何使的绊脚,他一
下就把厄洛斯摔倒了。后来,当大家都夸奖他,阿芙罗狄蒂向他祝
贺胜利,抱起他的时候,他就偷了她的腰带;他趁宙斯发笑时,偷了
他的权杖;如果不是宙斯的雷太重,有那么多火,他也会把它偷
走的。

赫淮斯托斯:据你说,这孩子多机伶啊!

阿波罗:不仅如此,他已经是个乐师了!

赫淮斯托斯:你有什么根据这样说呢?

阿波罗:他在什么地方找到了一只死乌龟,用龟壳做了件乐 4
器:他装上两根边柱,用横木把它们连接起来,然后安上弦轴,放好
弦马,拉上七根弦,赫淮斯托斯啊,他弹得非常熟练,非常和谐,就
是我这个弹竖琴弹了很久的神也羡慕他。玛娅还说,他晚上也不

待在天上,由于好奇,他一直下到冥土去,显然是想从那里也偷点什么。他还有翅膀,又做了一根魔杖,用来引导亡灵,把死者带到冥土去。

赫淮斯托斯:那是我给他玩的。

阿波罗:他却这样报答你,你的钳子——

赫淮斯托斯:谢谢你提醒了我。如果像你说的那样,在他的褪裸里能找到我的钳子,我这就去把它拿回来。

9(12)　波塞冬和海尔梅斯的对话

1　　波塞冬:海尔梅斯,现在能见宙斯吗?

海尔梅斯:不能,波塞冬。

波塞冬:你还是向他通报一声吧!

海尔梅斯:我跟你说,别找麻烦!现在不是时候,你不可能马上见到他。

波塞冬:他是和赫拉在一起吗?

海尔梅斯:不,完全是另外一回事。

波塞冬:我明白了,是伽倪墨得斯在里面。

海尔梅斯:也不对;他自己不舒服。

波塞冬:他怎么会不舒服,海尔梅斯?你说的是件吓人的事。

海尔梅斯:我都不好意思告诉你是怎么回事。

波塞冬:我是你的伯父,你对我不应该不好意思。

海尔梅斯:他刚生小孩,波塞冬!

波塞冬:去你的!他还能生小孩?那谁是孩子的父亲呢?难

道他瞒过了我们,他是男又是女吗? 不过,他的肚子一点也不显得大呀!

海尔梅斯:你说得对;胎儿不是在肚子里孕育的。

波塞冬:我明白了,他又像生雅典娜一样,从脑袋里生产了①。看来,他有一个多产的脑袋。

海尔梅斯:不对,这一次,塞墨勒的胎儿是孕育在他的大腿里的。

波塞冬:他真高贵啊! 从头到脚,他全身各处都能怀孕。塞墨勒是谁?

海尔梅斯:她是个忒拜女人,是卡德摩斯②的女儿。宙斯和她发生关系,她就怀了孕。

波塞冬:海尔梅斯,难道现在他是替塞墨勒生产吗?

海尔梅斯:正是这样,尽管你觉得奇怪。事情是这样的:赫拉——你知道她好吃醋——偷偷地跑到塞墨勒那里,劝她要求宙斯带着雷电到她那里去。宙斯同意了,便带着雷电到她那里去。结果,屋顶着了火,塞墨勒被烧死了。宙斯命令我去把塞墨勒的肚子剖开,为他取出那个只有七个月、还没有足月的胎儿;我做完了这件事,宙斯就把自己的大腿切开,把胎儿放在里面,使他在那里成熟;现在已经是第三个月,宙斯把他生下来了。由于生产的阵

---

① 宙斯的妻子智慧女神墨提斯怀孕时,宙斯害怕她生下一个比他自己更强大的儿女,就把她一口吞下去。后来,宙斯感到头部疼痛,就叫匠神赫淮斯托斯把他的头劈开,雅典娜便全身披挂着从宙斯的脑袋里跳了出来。

② 卡德摩斯是腓尼基的巴赛勒斯阿革诺耳的儿子,与欧罗巴是兄妹。宙斯化身为公牛把欧罗巴驮走后,卡德摩斯奉父命出外寻找,他到了希腊,在比奥细亚建造了忒拜,并成为忒拜的巴赛勒斯。

痛,他感到不舒服。

波塞冬:现在那婴儿在什么地方?

海尔梅斯:我把他带到倪萨山①交给山林仙女们哺养去了。他的名字叫狄俄倪索斯。

波塞冬:那么说,我弟弟既是这个狄俄倪索斯的母亲,同时又是他的父亲啦?

海尔梅斯:好像是这样。现在我要去打水给他洗伤,我要做应该为产妇做的一切事情。

13(15)　宙斯、阿克勒庇俄斯
和赫剌克勒斯的对话

1　　宙斯:阿克勒庇俄斯啊,赫剌克勒斯啊,你们别再像凡人一样争吵了。在众神的宴会上,这既不相宜,也不成体统。

赫剌克勒斯:宙斯,难道你愿意让这个药剂师的地位排在我的上手吗?

阿克勒庇俄斯:当然,因为我比你强。

赫剌克勒斯:为什么,遭雷轰的家伙?是不是因为你做了不该做的事情,宙斯曾用雷电把你烧死,现在他可怜你,又让你获得了永生吗?

阿克勒庇俄斯:赫剌克勒斯,你是不是忘了自己在俄塔山上被烧死的情景,因而责骂我被火烧死?

————————

①　倪萨是传说中的山,一说在色雷斯,一说在尼罗河边。

赫剌克勒斯：这并不是说，我们的生活是相同相似的。我是宙斯的儿子，立了那么多功劳：清洗世界，制服野兽，惩罚强人；你却是个草药医生、江湖骗子，给病人开药方什么的，你也许还有点用，但你从来没有做过任何一件勇敢的事情。

阿克勒庇俄斯：你为什么不讲我医好了你的烧伤？不久以前，你刚来到天上的时候，身上有一半烧坏了，那是在两种情况下被烧伤的：首先被那件衬衣烧伤，后来被火烧伤。我即使没有做过别的事情，但我也没有像你那样当奴隶，在吕底亚穿着紫色衣服梳羊毛，也没有被翁法勒的金色凉鞋打过①，更没有发疯病，把自己的孩子和老婆杀死②。

赫剌克勒斯：如果你不停止骂我，你立刻就会知道，你的永生是不会给你带来多大益处的：我将把你举起来，把你头朝下从天上扔下去，使你的头颅撞得粉碎，连派昂③也没法给你治好！

宙斯：听我说，你们不要吵了，不要打搅我们的宴会！否则我将把你们两个从筵席上赶出去。然而赫剌克勒斯啊，阿克勒庇俄斯死得比你早些，他的地位排在你的上手也是合情合理的。

---

①　翁法勒是吕底亚的女巴赛勒斯。赫剌克勒斯因为在疯狂中杀死了自己的朋友，被罚在她家当三年奴隶。

②　赫拉出于忌妒，使赫剌克勒斯在疯狂中杀死了自己的妻子梅加腊和三个儿子。

③　派昂是阿波罗的称号，意思是"医治者"。

21(1) 阿瑞斯和海尔梅斯的对话

1   阿瑞斯:海尔梅斯,你听见过宙斯怎样威胁我们吗？那是多么傲慢、多么粗鲁啊！他说:"如果我愿意,我将从天上放下一条链子,你们大家都吊在那上面,使劲把我往下拉,结果将是白费力气,你们不会把我拉下去;可是,如果我想往上拉,不仅是你们,就是连同土地和大海,我都能一起拉上来,把你们吊在空中。"①他还说了些什么话,你都听到了。我不否认,他比我们当中的任何一位都更强大有力,但是,我不相信,他是这样胜过我们:即使把土地和大海都加上,我们也不比他重。

2   海尔梅斯:别说了,阿瑞斯！说这些话不是没有危险的,我们不要由于这些蠢话而遭殃。

阿瑞斯:你以为我这些话不是只对你一个说,还会对大家说吗？我知道,你会不做声的。当我听到他的威胁时,有件事使我感到最可笑不过,在你面前怎么也憋不住。我想起在不久以前,当波塞冬、赫拉和雅典娜起来造反,打算把他捉住捆起来的时候②,他非常害怕,虽然他们只有三个。假如不是忒提斯可怜他,邀请百手巨怪布里阿瑞俄斯③来助战,他连同雷电一起,早就被捆起来了。想起这件事,我觉得他的这些漂亮的话实在太可笑了。

———————————

① 故事见《伊利亚特》第 8 卷第 17—27 行。
② 故事见《伊利亚特》第 1 卷第 399—406 行。
③ 布里阿瑞俄斯是天神乌剌诺斯和地神盖娅的儿子。

海尔梅斯:住嘴！我警告你。这些话无论是你说还是我听,都不是没有危险的。

24(4)　　海尔梅斯和玛娅的对话

海尔梅斯:妈妈,难道还有哪一位天神比我更不幸? 1

玛娅:不要说这些,海尔梅斯!

海尔梅斯:为什么不能说? 唯独我有这么多事情,这样劳累,为这么多任务而分心。天一亮,我就得起来,打扫餐厅,铺好卧榻,整理一切;然后到宙斯那里去,为他送信,整日价天上地下地奔跑。刚刚回来,还满身是尘土,又得去给他们端送神食;在这个新弄到的酒童①没来之前,我还得斟神酒。然而,最糟糕的是,众神当中只有我一个夜里不得安睡,这时我得为普路托引渡阴魂,充当死人的护送者,出席冥土的法庭。白天的事好像还不够我干似的,我得到摔跤学校去,在公民大会上充当传令官,训练演说者,还得安排分配给我的、死人的一切事务。勒达的孩子们②还一天在天上,一 2天在冥土,我却每天要做天上和冥土的事。阿尔克墨涅和塞墨勒的孩子们③,虽然也是不幸的女人所生,却能无忧无虑地大吃大喝,而我,身为阿特拉斯的女儿玛娅的儿子,却要侍候他们。现在,

①　指伽倪墨得斯。

②　指波吕丢刻斯和卡斯托耳。参看第 122 页注②。

③　指赫剌克勒斯和狄俄倪索斯。关于阿尔克墨涅,参看第 2 页注②。关于塞墨勒,参看第 22 页注②。

我刚刚从西顿①,打卡德摩斯的女儿②那里回来——是宙斯派我去看看那个女孩子在干什么,——还来不及喘口气,宙斯又派我到亚尔哥斯去看达娜厄。他说:"从那里顺路到比奥细亚去看看安提俄珀。"总之,累得我精疲力尽。如有可能,我倒乐意被卖掉,就像世上那些苦于劳役的奴隶被卖掉一样。

玛娅:别说这些了,孩子! 你还年轻,应该为你父亲做各种各样的事情。现在,你赶快遵照命令到亚尔哥斯去,然后到比奥细亚去,以免耽误了时间,挨他的打,因为正在搞恋爱的都爱发脾气。

25(24)　宙斯和赫利俄斯③的对话

1　　宙斯:坏透了的提坦,你干了些什么事? 由于你把车子托付给一个愚蠢的孩子④,地上的一切都毁掉了! 因为那孩子驾车离地面太近,一些地方烧坏了;又因为他把火拖得太远,另一些地方冻坏了。总之,没有什么东西不被他搅得乱七八糟。假如不是我看见发生了这些事情,用雷电把他击落,那么,人类就不会残存下来了。你给我们派了一个多漂亮的驾驭者!

赫利俄斯:宙斯,我错了,但是,请不要生我的气,是这孩子一

---

① 西顿是腓尼基城市,在地中海东岸。

② 这里指的是欧罗巴,但欧罗巴并不是卡德摩斯的女儿,参看第 144 页注②及第 149 页注②。

③ 赫利俄斯是提坦神许珀里翁的儿子,为希腊神话中最初的太阳神。每天早晨,他驾车从东方由环绕大地的长河俄刻阿诺斯中升起,傍晚至西方,然后由俄刻阿诺斯河重又回到东方。

④ 指法厄同。法厄同是赫利俄斯和克吕墨涅的儿子。

再请求,我才被他说服的。我哪里想到会发生这么大的灾难呢?

宙斯:难道你不知道这件工作需要做得多么准确,只要稍微离开轨道,一切都会毁掉吗? 难道你还不了解马的烈性,必须用力勒住缰绳吗? 只要稍微放松,它们立刻就会挣脱缰绳。那些马摆脱了他的控制,时而向左跑,时而向右跑,时而倒退,时而向上或向下。总之,它们想往哪儿跑就往哪儿跑,那小孩却不知道应该如何对付它们。

赫利俄斯:这一切我都预料到了,因此,很长时间我一直拒绝,不让他驾驭。但是,这次他哭着向我请求,他的母亲克吕墨涅也和他一起请求,我就扶他上了车,教他应该怎样站立,应该放松马,让它们上升到什么高度,然后再下降;应该如何紧紧地勒住缰绳,控制马的烈性;我还向他说明,如果不照直走,会有多大的危险。但是他——因为还是个孩子——站在那样大的火旁边,俯视下面,深邃无底,自然就害怕了。那些马感觉到不是我站在车上,它们看不起那个年轻人,就离开了轨道,造成了这可怕的灾难;他于是——我想是由于害怕摔下来——扔了缰绳,抓住栏杆①。但是,他已经受到了惩罚;宙斯,这悲伤也够我受了。

宙斯:你胆敢做出这样的事,还说这就够你受了吗? 这次我还是原谅你。以后,如果你再犯类似的错误或者派这样的后继者代替自己,那你立刻就会明白,我的雷比你的火热多少! 现在,让这孩子的姐妹们把他安葬在厄里达诺斯②岸边他从车上摔下时降落

---

①　指车子前面部分的栏杆(驾驭者从后面上车)。

②　厄里达诺斯是传说中的河流,河口有琥珀岛。

的地方,让她们为他流出会变成琥珀的眼泪,让她们自己由于悲痛而变成黑杨。辕杆已经折断,有个车轮也碎了,你去把车子修好,套上马再驾驭吧! 但是必须记住这一切!

被盘问的宙斯

昔尼斯科斯：宙斯，我决不向你祈求财富、黄金或王权，使你感¹到烦恼。那些东西是大多数人最渴望的，而你却从不轻易给予的。我注意到，你往往把那种祈求当作耳边风。我只想求你一件事，而且是一件轻而易举的事。

宙斯：什么事，昔尼斯科斯？如果像你所说的，你的请求很有节制，你就不会遭到拒绝。

昔尼斯科斯：回答我一个不难的问题。

宙斯：你的请求确实很小，容易满足；你随意问吧！

昔尼斯科斯：宙斯，是这么回事：显然，你读过荷马和赫西俄德的诗，那么请你告诉我，那些吟咏定数女神和命运女神们的诗句是真实的吗？一个人出生时，她们给他注定的事情是不可避免的吗？

宙斯：全是真实的。没有什么事不是命运女神安排的，所有发生的事情都以她们的线坠儿为转移，每件事从开始就有安排好的结局，换个样子是不行的。

昔尼斯科斯：那么，当同一个荷马在史诗的另一个地方说，²

　　　你别抢在命运前面，走进冥府，①

---

① 《伊利亚特》第 20 卷第 336 行。

或者说类似的话时,我们可以断言他是在胡说吗?

宙斯:完全可以。在命运女神们的安排之外,什么事情也不会发生,没有什么事能超越她们所捻的线。当诗人从文艺女神们那儿获得灵感时,他们所歌唱的都是真理;而当他们被女神们抛弃,靠自己吟诗时,他们就出差错,他们的说法就会和以前的相反。这是可以理解的,他们也是人,在先前借他们的嘴吟唱的女神们离去以后,他们便不知道真理了。

昔尼斯科斯:就算这样。再回答我另一个问题:命运女神只有三个——克罗托、拉刻西斯,我想,还有阿特洛波斯,——对不对?

宙斯:完全正确。

3　昔尼斯科斯:那么,常常被提到的定数女神和时运女神①又是谁?她们每一个都能做什么?她们的权能是和那些命运女神一样呢,还是超越了命运女神?至少我听到所有的人都说,没有什么比时运女神和定数女神更强大。

宙斯:昔尼斯科斯,不是什么事情都该你知道。你为什么问起关于命运女神们的事情来了?

4　昔尼斯科斯:你先告诉我,宙斯,是否命运女神们也管着你们,是否你们也必须系在她们的线上?

宙斯:是的,昔尼斯科斯。你笑什么?

昔尼斯科斯:我想起了荷马的诗句②,这些诗句描述了你在众

---

①　时运女神是宙斯的女儿,形象是一个站在圆球上的年轻女子,一手持舵,一手持象征丰裕的羊角。

②　指《伊利亚特》第8卷第17—27行。

神的会议上讲的话，当时你威胁他们说，你能把一切吊在一根金链条上面：你说你把这根链条从天上放下来，如果众神愿意，他们可以一起吊在上面，使劲往下拉，也不能把你拉下来；而你愿意的时候，却可以轻而易举地把所有的神

连同土地和大海一齐拉上去。①

从前我听到这些诗句，觉得你的力量是惊人的，我吓得发抖；现在我看出来了，你自己，连同你那根链条和那些威胁，正如你刚才所说的，都是系在一条细线上的。我认为克罗托更可以夸口，因为她能把你提起来吊在线坠儿上，就像钓鱼人把小鱼吊在钓竿上一样。

宙斯：我不明白，你提这些问题想干什么。

昔尼斯科斯：宙斯，是这么回事；我以命运女神们和定数女神的名义请求你，在你听我把实情坦率地说出来的时候，别粗暴无礼，大发雷霆。如果事情是这样，如果是命运女神们控制着一切，一旦她们作出了决定，谁也不能改动一点，那么，我们凡人为什么还要给你们上供，设百牛祭，祈求你们赐福？如果我们靠祈求既不能消灾弭难，又不能得到神的赏赐，我看不出这种殷勤会有什么好处。

宙斯：我知道，你这些巧妙的问题是从哪里来的，——是从那些该诅咒的智者那里来的，他们说，我们不关心凡人；他们对神不敬，提出了这类的问题，还阻止别人献祭和祈祷，认为这是白费；他们说，我们不但不关心你们中间发生的事情，而且对世间的事情也完全无能为力。可是，他们说这种话是不会不受惩罚的。

---

① 《伊利亚特》第 8 卷第 24 行。

昔尼斯科斯：不，宙斯，凭克罗托的线坠儿发誓，我问你这些问题不是由于受了他们的鼓动，我们的谈话本身不知怎么就得出了这个结论：献祭是多余的。如果你高兴的话，我再简短地问你个问题，你回答时不要犹疑，尽可能稳妥一点。

宙斯：如果你有时间在这些问题上胡扯的话，你就问吧！

7　　昔尼斯科斯：你认为一切都是命运女神们促成的吗？

宙斯：我认为是这样。

昔尼斯科斯：你们不能改变和取消注定的事吗？

宙斯：绝对不能。

昔尼斯科斯：那么，你是要我由此做出结论呢，还是认为即使我不说，也已经清楚了？

宙斯：已经清楚了。但献祭的人并不是为了得到好处才献祭的，他们这样做不是为了报偿，好像要从我们这里得到什么好处，而是因为他们崇敬更优越的东西。

昔尼斯科斯：如果你承认献祭不是为了求得一点好处，而是出于那些对更优越的东西表示崇敬的人的某种善意，这也就足够了。倘若这里有一个智者在场，他会问你，既然神和人一样是奴隶，都屈从于共同的女主人们——命运女神们，你根据什么说神比人更优越？以神的永生为根据——似乎神由于永生而显得完美——是不够的；正因为永生才更糟：如果说死还能使人得到自由，那你们的不幸就没有止境，你们所受的奴役是永恒的，你们总是被命运女神的长线牵着转。

8　　宙斯：但是，昔尼斯科斯，这种永恒和无限对我们来说是幸福的，因为我们生活在应有尽有的福泽之中。

　　昔尼斯科斯:宙斯,并不是所有的神都如此,你们的处境各有不同,你们中间也有很多不幸。你是幸福的,因为你是巴赛勒斯,你能把土地和大海拉起来,就像把井绳提起来一样。赫淮斯托斯却是个瘸子,一个手艺人——铁匠。普罗米修斯曾被钉起来①。关于你的父亲,我又能说什么呢? 他至今还被囚禁在塔耳塔洛斯②。人们说,你们也坠入情网,也受伤,有时甚至成为凡人的奴隶,例如,你的哥哥在拉俄墨冬家里当奴隶③,阿波罗在阿德墨托斯家里当奴隶④。这些我认为并不是很大的幸福。显然,你们中间有一些是幸福的,命好,另外一些则相反。恕我直说,你们也像我们一样被抢劫,你们被盗庙者掳掠一空,转瞬间就从巨富变成穷光蛋;你们中间许多用金银制成的已经被熔化了,很明显,命中注定他们要如此。

　　宙斯:你不小心点么? 昔尼斯科斯,你说这些话太无礼了,有一天你也许会后悔的。

---

　　① 普罗米修斯是伊阿珀托斯和克吕墨涅的儿子,由于把火带给人类,受到宙斯的惩罚,被钉在高加索的峭岩上。

　　② "父亲"指克洛诺斯。克洛诺斯是天神乌剌诺斯和地神盖娅的儿子。他用镰刀阉割了乌剌诺斯,取代了他的职权。他和自己的姐姐瑞亚结合,生了波塞冬、哈得斯、赫拉等。由于害怕自己的子女仿效自己,他们一出生,他就把他们吞到肚子里去。他的最小的儿子宙斯出生后,被瑞亚用石头偷换了。宙斯长大之后,强迫克洛诺斯把他吞到肚里去的子女都吐了出来,并把他打入塔耳塔洛斯(参看第25页注②)。

　　③ "哥哥"指波塞冬。波塞冬曾和赫拉等一起反对宙斯,失败后被罚在特洛伊的巴赛勒斯拉俄墨冬家里当奴隶,为拉俄墨冬修筑特洛伊的城墙。

　　④ 阿波罗的儿子阿克勒庇俄斯曾使人死而复生,因此被宙斯用雷电烧死。作为报复,阿波罗杀死了为宙斯制造雷电的独眼巨怪,因此受到惩罚,为斐赖(在帖撒利亚境内)的巴赛勒斯阿德墨托斯放牧七年,并且和波塞冬一起,为拉俄墨冬修筑特洛伊的城墙。

　　昔尼斯科斯：宙斯，把你的威胁收起来吧！你知道，除了命运女神在你之先注定的事情以外，在我这里什么也不会发生；就我所见，盗庙者并没有都受到惩罚，绝大多数都从你们跟前溜走了，我想，他们没有注定要被捉住。

　　宙斯：你就是那些用推理否定天命的人中间的一个，我不是这样说过吗？

　　昔尼斯科斯：宙斯，你非常害怕他们，我不知道这是为什么；我所说的一切，你都怀疑是他们教我的。

10　　我乐于再问你一件事——除了你，我还能从谁那里了解到真理呢？——你们的天命女神是谁，是一位命运女神呢，还是一位似乎是在命运女神们之上的、连她们也要受她管束的女神？

　　宙斯：我早已对你说过了，不是什么事情都该你知道。起初，你说你只提一个问题，可是你却和我争辩起来，没完没了。我看得出，你谈话的主旨是要表明，我们并不主宰人间的事情。

　　昔尼斯科斯：这不是我的用意，倒是你刚才说过，每一件事都是命运女神们促成的；是不是你后悔了，要把刚才说过的话收回去？你们是不是要排挤定数女神，夺取她的职权？

11　　宙斯：绝不；但命运女神是借我们的手去促成每一件事的。

　　昔尼斯科斯：我懂了；你是说众神乃是命运女神们的助手和听差。即使如此，她们也是主宰者，而你们则不过是她们的工具和用具罢了。

　　宙斯：你这话是什么意思？

　　昔尼斯科斯：我认为，你们就像木匠的斧头和手钻一样，它们在工艺上有帮助，但谁也不会说它们就是匠人，谁也不会说船是斧头和手钻的作品，它乃是造船工匠的作品；同样，世间万事的促成者是定数女神，你们则不过是命运女神们的斧头和手钻罢了；人们自然应该向定数女神献祭，求她赐福，可是他们却转向你们，用游行和献祭向你们表示敬意；甚至这样向定数女神表示崇敬也没有必要。我想，命运女神们自己也不能改变或扭转就每件事最初作出的决定，因为如果有人把线坠儿捻向相反的方向，破坏克罗托的产品，阿特洛波斯是不会容忍的。

宙斯：昔尼斯科斯，你甚至认为命运女神们也不值得人们崇敬 12
吗？看来你存心要搅乱一切。别的理由不谈，只因为我们颁发预言，把命运女神们的每个决定都预先讲出来，我们就应该受到崇敬。

昔尼斯科斯：一般地讲，宙斯，对那些完全无法防范的人来说，预知未来并无益处；难道你能说，预知自己将死于枪尖下的人，只要把自己关起来，便可以避免死亡吗？这是不可能的。因为命运女神会引他出外狩猎，把他置于枪尖之下。阿德剌斯托斯把标枪投向野猪，没有投中，却把克洛索斯的儿子杀死了①，好像标枪是按照命运女神们的严厉命令飞向那年轻人的。 13

---

① 阿德剌斯托斯是弗利基亚国王戈耳狄俄斯的儿子，他因为无意中杀死自己的兄弟，逃到吕底亚，由克洛索斯为他举行了净罪礼。克洛索斯从梦中得知，他的儿子阿堤斯将被铁制的武器刺死，他因此采取了种种防范措施。后来，阿堤斯执意要去帮助密细亚人猎取为害人畜的野猪，克洛索斯便派阿德剌斯托斯陪同他前去，以便保护他。阿德剌斯托斯却在投枪刺杀野猪时，误伤了阿堤斯。

拉伊俄斯①得到的神示简直可笑：

　　不要违反神的意志播下种子；

　　你若生了孩儿，他将把你杀死。②

对于必将发生的事情给人以劝诫，我看是多此一举。就这样，在预言发出之后，拉伊俄斯播下了种子，他的儿子杀死了他。因此我看不出你们凭什么为自己的预言要求报酬。

14

你们惯于对很多人发布含糊其辞、模棱两可的预言，你们根本不解释清楚，那渡过哈吕斯河的人将要毁掉的是自己的王国，还是居鲁士的王国，因为这个预言③能有两种解释。这些我就不谈了。

宙斯：昔尼斯科斯，阿波罗有某种理由对克洛索斯发怒，因为克洛索斯把羊肉和乌龟肉煮在一起来考验他。

昔尼斯科斯：阿波罗身为天神，不该发怒；另外，我认为这个吕底亚人的受骗也是早就注定了的。一般地说，不能清楚地理解未来，这也是定数女神注定的，就连你们的预言也是她的职权的一部分。

15

宙斯：你什么也不给我们留下，难道我们徒然是神，事实上却像手钻和斧头一样，既不能主宰事情，又不配享受献祭？我觉得，你有足够的理由轻视我，尽管我有雷待放——这个你是看见的，——我却容忍你把我们这样奚落一遍。

---

①　拉伊俄斯是忒拜的巴赛勒斯，为俄狄浦斯的父亲。他从阿波罗那里得知，他将被自己的儿子杀死，因此命令把刚出生的儿子扔到荒野里让走兽吃掉。俄狄浦斯被人救活，长大后无意中把拉伊俄斯杀死。

②　欧里庇得斯的悲剧《腓尼基少女》第18—19行。

③　指吕底亚国王克洛索斯出征波斯帝国前从德尔斐得到的神示(参看《演悲剧的宙斯》第20节)。

昔尼斯科斯：放吧，宙斯！如果我命中注定要捱雷轰，我丝毫不为这一击责怪你，而是责怪克罗托，是她借你的手伤害我，我认为雷本身不是我受伤的原因。此外，我想问你们——你和定数女神——一个问题，你也代替她回答我，因为是你在威胁我的时候提醒了我。为什么你有时候放过了盗庙者和强盗，放过那么多傲慢的人、暴徒和伪誓者，却常常用雷轰击一棵橡树、一块石头或一只没有任何过错的船只的桅杆，有时甚至轰击一个虔敬的行人？你为什么不说话，宙斯？难道这也不该我知道？

宙斯：不该你知道，昔尼斯科斯！你是个好管闲事的人，我不知道，你从哪儿带来了这些想法。

昔尼斯科斯：这么说，我就不能问你们——你、天命女神和定数女神——这样的问题：为什么从前正直的福喀昂①，在他之前还有阿里斯忒得斯②，在极度的贫困中由于缺少必需品而死去，卡利阿斯③和阿尔西比阿德这两个无节制的年轻人，还有粗鲁的墨狄阿斯④和埃癸那人卡洛普斯⑤——一个淫荡的人，他用饥饿害死了自己的母亲——却非常富有？还有，为什么苏格拉底被投入监牢，而墨勒托斯却没有？为什么萨达那帕罗斯，一个完全像女人的人，做了国王，而戈刻斯⑥，一个有德行的人，因为对他的所作所为表示

16

---

① 福喀昂是公元前 4 世纪雅典的政治家，曾被送交法庭审判，后来被驱逐。

② 阿里斯忒得斯是公元前 5 世纪的雅典政治家，生活非常贫困，后来被驱逐。他和福喀昂曾被认为是廉洁的典范。

③ 卡利阿斯是公元前 5 世纪雅典富豪，曾被控接受波斯的贿赂。

④ 墨狄阿斯是公元前 4 世纪雅典富豪。

⑤ 关于卡洛普斯，别无记载。埃癸那是个岛屿，在阿提卡南边。

⑥ 关于戈刻斯，别无记载。

17　不满，就被他钉起来？提起当今的事，我不能一件一件地向你们细说，坏蛋、贪得无厌的人享福，正直的人却到处漂泊，为贫穷和疾病所苦恼，被千百种灾难所折磨。

　　宙斯：昔尼斯科斯，难道你不知道，下流无耻的人死后会遭受什么样的惩罚，正直的人则将享受多么幸福的生活？

　　昔尼斯科斯：你是在跟我讲哈得斯、提堤俄斯和坦塔罗斯。只有在我死了以后，我才能确切地知道是否有这类事情；而现在，不管还有多少时间，我都想过幸福的生活，宁可在死后有十六只老鹰啄食我的肝脏，也不愿在这里像坦塔罗斯一样忍受干渴，然后到长乐岛去，和英雄们一起躺在厄吕西翁平原上，那时候再去解渴。

18　　宙斯：你说什么？你不相信冥府有惩罚和奖励，有审判庭，在那里每个人的一生都要受到审查吗？

　　昔尼斯科斯：我听说有个弥诺斯，一个克里特人，审理下界的这类事情；请替他回答我一个问题，因为据说他是你的儿子。

　　宙斯：昔尼斯科斯，你要问什么事？

　　昔尼斯科斯：他主要惩罚什么人？

　　宙斯：当然是坏人，如杀人犯、盗庙者。

　　昔尼斯科斯：他又把什么人送到英雄们那里去？

　　宙斯：好人、虔敬的人、生活上有德行的人。

　　普尼斯科斯：为什么，宙斯？

　　宙斯：因为后一种人应受奖励，前一种人该遭惩罚。

　　昔尼斯科斯：如果有人无意中做了什么可怕的事，弥诺斯也将认为这个人该遭惩罚吗？

　　宙斯：绝对不会！

昔尼斯科斯：如果有人不自觉地做了点好事，弥诺斯不认为这个人应受奖励吗？

宙斯：当然不会。

昔尼斯科斯：既然如此，宙斯，任何一个人他都不应该奖励或惩罚。

宙斯：为什么不应该？

昔尼斯科斯：因为人们无论做什么，都不是出于自己的意愿，而是被某种不可抗拒的必然所驱使，如果前边我们一致同意的结论，即命运女神乃是万事的起因，是正确的话。如果有人杀了人，元凶应是命运女神；如果有人犯了盗庙罪，他不过是奉命而行。因此，如果弥诺斯要想公正地判决，他应该惩罚定数女神，而不应惩罚西绪福斯①，他应该惩罚命运女神，而不应惩罚坦塔罗斯。他们服从命令犯了什么罪？

宙斯：你既提出这类的问题，再也不配得到任何回答。你是个冒失鬼，又是个诡辩者。我马上走开，把你留在这里。 19

昔尼斯科斯：我还要问一个问题，命运女神们在哪里生活？她们只有三个，怎么能详尽地照料这么多事情？既然她们有这么多事情，我觉得她们过的是劳累和不幸的生活；看来，在她们出生的时候，定数女神对她们并不太仁慈。如果让我选择，我不会拿自己的生活去同她们交换，我宁愿更贫穷地生活，也不愿坐在那里，捻

_____

① 西绪福斯是科林斯的巴赛勒斯，他由于泄露了宙斯的秘密，死后被罚在冥间往山顶推一块大石头，接近山顶的时候，石头就滚回山脚去，他于是重新开始推；如此反复不停。

那充满这么多麻烦的线坠儿,注视着每一件事。宙斯,如果这些问题你不容易回答,我也将满足于你已经回答的那些问题,因为它们已经足以阐明关于定数女神和天命女神的问题,其余的可能是我不该听到的。

论　献　祭

我不知道有谁会这样忧愁和悲伤，以致看见了那些无知的人在献祭时、在节日里，在向神致敬的游行中所表现出的愚蠢行为，知道了他们祈求和祷告的东西以及他们关于神的想法而不发笑。但我认为，在发笑之前自己应当搞清楚，该称他们为神的敬仰者呢，还是相反，该称他们为仇视神的神经错乱的人，因为他们把神看得如此低下和卑贱：神依赖于人，喜欢献媚者，怨恨忽视他们的人。

据说，埃托利亚事件①——卡吕冬人的灾难，那么多人的凶死，墨勒阿格洛斯的毁灭，——是由于阿耳忒弥斯在作怪，因为俄纽斯没有邀请她去享受献祭，她怀恨在心。祭礼中的差错使她这么深受委屈！我似乎看到了，当其他的神去出席俄纽斯的祭礼时，只有她孤孤单单地留在天庭，为错过这样一个节日而愤愤不平，牢骚满腹。

---

① 据希腊神话传说，在希腊西部埃托利亚地方，卡吕冬人的巴赛勒斯俄纽斯，在收获开始的时候，忘了向狩猎女神阿耳忒弥斯献祭；女神发怒了，派了一头凶恶的野猪去践踏卡吕冬人的田园。俄纽斯的儿子墨勒阿格洛斯把希腊各地的英雄请去围猎这头野猪。野猪被击毙后，阿耳忒弥斯又挑起了占有野猪皮的争吵，在争吵中，墨勒阿格洛斯杀死了自己的两个舅舅，他本人在他的母亲的诅咒中死去，他的母亲也在悲痛中自杀身死。

2　　　此外,有人会说,埃塞俄比亚人将会非常幸福和快乐,如果宙斯记起他们对他所表示的好意——连续十二天设宴招待他和那些伴随他的神①。

　　　所以,众神做任何事情似乎都不是不要报酬的,他们把种种福利出售给人们。如果运气好,用一头牛犊可以从他们那里买到健康,花四头牛可以变富,用百牛祭可以买得巴赛勒斯的职权,从伊利翁平安地回到皮罗斯要九头牛②,从奥利斯渡海去伊利翁,要以巴赛勒斯的女儿为代价③。赫卡柏曾以十二头牛和一件袍子为代价,到雅典娜那里去买城邦的安全④。可以想象,在众神那里还有很多值一只公鸡⑤、一个花环或一撮乳香的商品。

3　　　我想,克律塞斯作为一个祭司,一个通晓神道的老人,也知道这一点,所以当他两手空空地离开阿伽门农的时候,他便和阿波罗打起官司来,似乎他早已把恩惠贷给了阿波罗,要求他偿还,只差没有辱骂他。克律塞斯说:"最亲爱的阿波罗,我经常用花环装饰

---

①　荷马在《伊利亚特》第 1 卷第 423—425 行中提到这个传说时说:

　　　　宙斯昨天已去长河畔,众神伴随,

　　　　到驰名的埃塞俄比亚人那里赴宴,

　　　　十二天后,他将返回奥林帕斯山。

②　指皮罗斯(位于伯罗奔尼撒西海岸)的巴赛勒斯涅斯托耳于特洛伊战争结束后,回到家乡时的献祭。参看《奥德赛》第 3 卷第 7—8 行。

③　传说希腊人远征特洛伊之初,由于阿耳忒弥斯作怪,在海上刮起逆风,船队无法从希腊东海岸的奥利斯起航,迈锡尼的巴赛勒斯、希腊联军统帅阿伽门农便把自己的女儿伊菲革涅亚拿来祭阿耳忒弥斯。

④　赫卡柏是特洛伊的巴赛勒斯普里阿摩斯的妻子。希腊联军兵临城下时,她把一件珍贵的袍子献给了雅典娜,并许愿说,如果女神保佑特洛伊,她将杀十二头满周岁的牛献祭。故事见《伊利亚特》第 6 卷第 293—310 行。

⑤　古希腊人用公鸡向医神阿克勒庇俄斯献祭。

你那先前没有花环的庙宇,我在祭坛上为你焚烧过那么多牛腿和羊腿,可是我遭遇了这么大的不幸,你却不闻不问,毫不顾及自己的恩人。"他就用这样一段话使阿波罗感到羞愧,阿波罗因此拿起弓来,停留在港口上空,把瘟疫之箭射向阿开俄斯人,射向他们的骡子和狗[1]。

　　既然我已经提到了阿波罗,我想说一点哲人们所谈论的关于他的事,但不是他在爱情上遭受的挫折,既不是许铿托斯的凶死,也不是达佛涅的鄙视,而是他因为杀死独眼巨怪受到审判、被驱逐出天庭,贬到尘世,饱尝人间的苦难:他曾受雇于帖撒利亚的阿德墨托斯和弗利基亚的拉俄墨冬,在拉俄墨冬家里,阿波罗并不孤单,而是和波塞冬在一起。他们俩迫于穷困,只好和泥制砖,建筑城墙;他们甚至没有从那个弗利基亚人那里得到全部工钱,据说那个人欠了他们三十多个特洛伊德拉克马。

　　诗人们一本正经地叙述的不正是涉及这些神的故事,涉及赫淮斯托斯、普罗米修斯、克洛诺斯、瑞亚[2]和几乎涉及宙斯全家的更神圣的故事吗?在史诗的开头,他们吁请文艺女神们助唱,似乎是在文艺女神们赋予他们灵感以后,他们开始唱道:克洛诺斯阉割

4

5

---

　　[1]　克律塞斯是阿波罗的祭司,他的女儿被围攻特洛伊的希腊人掳去,成了阿伽门农的女奴。在阿伽门农拒绝了他的赎款以后,他便请求阿波罗惩罚希腊人。阿波罗使瘟疫降到希腊人中间,直到阿伽门农把克律塞斯的女儿送还为止。故事见《伊利亚特》第1卷第11—51行。阿开俄斯人是居住在伯罗奔尼撒北部的一个希腊民族。这个名称用在这里,泛指希腊人。

　　[2]　瑞亚是克洛诺斯的姐姐和妻子,为宙斯、哈得斯、波塞冬的母亲。

了自己的父亲乌剌诺斯①,取代了他的统治,并且像后来的亚尔哥斯人堤厄斯忒斯那样②,吞食了自己的子女;宙斯被瑞亚用石头偷换出来,遗弃在克里特岛上,由母山羊哺养,就像忒勒福斯由母鹿哺育③,波斯人老居鲁士由母狗哺育④一样;后来,宙斯又把自己的父亲推翻,把他投进监牢,自己掌了权;宙斯和很多别的女子同居,最后按照波斯人和亚述人的习俗,娶了自己的姐姐为妻;他多情,不断追求爱情的欢娱,很容易地使他的子女充满了天庭,其中一些是他和同样受尊敬的女神们所生,另外一些则是尘世妇女给他生养的私生子;这位尊贵的神一会儿变成金子,一会儿又变成牛、天鹅或老鹰,总之,他比普洛透斯还要善变⑤;只有雅典娜是在他的脑子中孕育、从他的脑袋中诞生的;至于那个不足月的狄俄倪索斯,据说当他的母亲被火焰吞没时,宙斯把他从母体内抢出来,放到自己的大腿里孕育成熟,到分娩的阵痛来临时,才把他取

----

　　① 乌剌诺斯是希腊神话中最古老的神之一,为天空的化身。他和他的母亲地神盖娅结合,生了克洛诺斯等提坦神。

　　② 堤厄斯忒斯是迈锡尼的巴赛勒斯阿特柔斯的弟弟。他被阿特柔斯驱逐出境后,害死了阿特柔斯的儿子普勒忒涅斯。后来,阿特柔斯假装同他和解,举行盛宴欢迎他回到迈锡尼。堤厄斯忒斯席间吃的是他自己的两个儿子的肉。

　　③ 忒勒福斯是雅典娜的女祭司奥革的儿子。奥革的父亲曾得到预言,说外孙的诞生将给他带来不幸。奥革生了忒勒福斯以后,由于害怕自己的父亲,便把婴儿藏在雅典娜的神庙里。雅典娜让瘟疫流行,致使奥革的父亲下令把婴儿丢弃在路上。后来,忒勒福斯由狩猎女神阿耳忒弥斯的鹿哺养成人。

　　④ 老居鲁士指居鲁士一世,参看第54页注③。传说他的外祖父阿斯堤阿革斯预知外孙会成为亚细亚的统治者,居鲁士一生下来,他就派人去杀他。居鲁士由牧人救活,喝的是狗奶。

　　⑤ 普洛透斯是水神,能说预言,善于变换形体。故事见《奥德赛》第4卷第418行及第454—459行。

出来①。

关于赫拉，诗人们所歌唱的大致相似。赫拉没有和她的丈夫 6
接触，不孕而生了赫淮斯托斯②。赫淮斯托斯不太走运，是个卑贱
的铁匠，整天烟熏火燎，像看炉子的人一样，全身到处是火星子烧
坏的痕迹，两条腿也不一般长，自从被宙斯从天上扔下来，他就摔
成了瘸子，要不是利姆诺斯③人干得漂亮，在他坠落的时候把他接
住，我们的赫淮斯托斯可能像阿斯堤阿那克斯从城楼上摔下来一
样④，早已摔死了。

无论如何，赫淮斯托斯的这些遭遇总还可以忍受。谁又不知
道普罗米修斯由于过分喜爱人类而遭受的苦难？宙斯下令把他押
送到西徐亚，钉在高加索的峭壁上，还派一只老鹰到他身边，每天
啄食他的肝脏。

普罗米修斯所受的就是这样的惩罚。同样，应该说一说，瑞亚 7
如何下流无耻，干一些骇人听闻的事。她是个上了年纪的老太婆，
又是众神之母，却把一个年轻人当成自己的情人，充满了醋意，还
要带着再不能有什么用处的阿提斯在狮子上到处飞驰⑤。因此，

---

① 参看《神的对话》第 9 篇。

② 这是后来的传说。参看第 47 页注③。

③ 利姆诺斯是爱琴海北部的岛屿。

④ 阿斯堤阿那克斯是特洛伊的英雄赫克托耳的儿子，特洛伊失陷后，被希腊人从
城墙上扔下去摔死。

⑤ 瑞亚，此处指弗利基亚的丰产女神库柏勒。对库柏勒的崇拜传到希腊以后，库
柏勒与希腊神话中的瑞亚混同起来。传说库柏勒爱上了年轻的牧人阿提斯，阿提斯答
应忠于她，后来却爱上了一个仙女。库柏勒出于忌妒，杀死了这个仙女，阿提斯也在悲
痛中阉割了自己。狮子被认为是库柏勒的圣兽。

谁还能责备阿芙罗狄蒂淫荡①或责备塞勒涅经常中途降落去会恩底弥昂呢?

8　　　　让我们放下这些故事,上升到天空,沿着荷马和赫西俄德的路线,像诗人一样地飞翔,看看上边的一切是如何安排的。我们听见荷马说过,外部世界是铜的②。我们越过边缘,把头稍微抬向高空,完全置身于苍穹之上,光线就更加明亮,太阳就更加皎洁,星星就更加晶莹,永远是白昼,是个黄金的世界。向里走,前边的房子住着时令女神,她们看管着天门;然后是伊里斯③和海尔梅斯的住所,他们是宙斯的侍者和信使;接下去是赫淮斯托斯的铁匠铺,里边摆满了各式各样的产品;那后面是众神的住室和宙斯的宫殿。赫淮斯托斯把所有这些都建筑得非常壮丽。

9　　　　"众神坐于宙斯之旁"④——我想应该一本正经地叙述天上的事情,——凝视大地,俯身环顾四周,看有没有火光从某处腾空而起,或是"随烟雾缭绕"⑤的、焚烧祭肉的馨香飞扬。如果有人献祭,所有的神都贪婪地对着烟雾饱餐一顿,像苍蝇一样吸吮洒在祭坛上的鲜血;如果在家里吃,他们的吃喝就是神食和神酒。古时候,曾有凡人,如伊克西翁和坦塔罗斯,与众神同餐共饮。但由于他们傲慢无礼,多嘴饶舌,直到现在他们还在遭受惩罚。对凡人来

---

①　传说宙斯把阿芙罗狄蒂嫁给丑陋的赫淮斯托斯以后,她爱上了战神阿瑞斯,并给他生了几个儿女,小爱神厄洛斯就是其中的一个。她还和凡人安喀塞斯相爱,生了埃涅阿斯。

②　参看《伊利亚特》第5卷第504行:"马蹄扬起灰尘,直冲铜似的天。"

③　伊里斯是众神的使者,为彩虹的化身。

④　见《伊利亚特》第4卷第1行。

⑤　见《伊利亚特》第1卷第317行。

说,天庭也变成了秘密,再不可涉足。

神的生活就是如此。于是,人们随声附和,并热心于相应的宗教仪式。开始,人们给每一位神划出树林,贡献山岳,提供飞禽,分配植物。后来,人们把神按部落分开,对他们表示崇拜,宣称神是他们自己的同胞。德尔斐人和提洛①人宣称阿波罗是自己的同胞,雅典人宣称雅典娜是自己的同胞(名字证明了相应的亲族关系),亚尔哥斯人宣称赫拉是自己的同胞,弥格多尼亚②人宣称瑞亚是自己的同胞,佩福斯③人宣称阿芙罗狄蒂是自己的同胞。克里特人不仅说宙斯是在他们那里出生和养大的,甚至还指出他的坟墓④;这么长的时间,我们都被蒙在鼓里,以为宙斯正在鸣雷布雨,或做其他事情,而他却早已消失了,死去了,被克里特人埋葬了。

后来,为了使神能有栖身之处,人们又建造了庙宇,并且把普刺西忒勒斯⑤、波力克利特⑥或菲迪亚斯请来,为神雕像⑦。我不知道,他们在什么地方看见过神,竟制造出了大胡子的宙斯、永远年轻的阿波罗、刚长胡子的海尔梅斯、深色头发的波塞冬和目光炯炯的雅典娜。但是,那些走到庙里去的人却认为,他们看见的既不是

10

11

① 提洛是爱琴海南部的一个小岛,为阿波罗的出生地。

② 弥格多尼亚人住在小亚细亚西北部弗利基亚境内。

③ 佩福斯是塞浦路斯岛西南岸的古城。

④ 传说宙斯是象征自然界的死而复苏的神,他的坟墓位于克里特岛克诺索斯附近。

⑤ 普刺西忒勒斯是公元前 4 世纪下半叶著名的希腊雕刻家。

⑥ 波力克利特是公元前 5 世纪下半叶著名的希腊雕刻家。

⑦ 菲迪亚斯雕刻的宙斯像立在奥林匹亚。关于菲迪亚斯,参看第 19 页注①。

印度出产的象牙，也不是色雷斯开采出来的黄金，而是克洛诺斯和瑞亚的儿子①本身。他被菲迪亚斯弄到人世来，是要他眺望庇萨的荒原，在整整四年里，如果有什么人在奥林匹克运动会上顺便祭他一祭，他也就感到心满意足了。

12　　　人们设置了祭坛、神示所和净水缸，前去献祭。农夫献上耕牛，牧人献上小绵羊，放山羊的献上山羊，有的人又献上乳香或麦饼，而穷人则只能吻一吻自己的右手，求神息怒。献祭的人——现在回头来说他们——给牺牲戴上花环，很早之前还仔细查看过它是不是完美无瑕，以防杀死什么不合用的牺牲。然后，他们把它牵到祭坛跟前，在神的眼前把正在哀号的牺牲杀死。自然，他们虔诚地沉默着，用轻轻的笛声为献祭伴奏。谁不知道众神看到这一切会感到喜悦？

13　　　虽说有规定，不允许双手不洁净的人接近净水缸，祭司本人却满身是血，站在那里，像独眼巨怪那样②，把献祭的牺牲肢解，掏出它的内脏，扯出它的心，把鲜血洒在祭坛周围。难道他是在做什么渎神的事吗？最后，他点上火，把没剥皮的山羊和带毛的绵羊拿来，放到火上；焚烧祭肉的神圣的馨香向上升起，逐渐在天空中消散。

　　　西徐亚人拒绝所有这一类的献祭，认为这些太寒酸，而把人本

---

①　指宙斯。
②　指独眼巨怪波吕斐摩斯把俄底修斯的伙伴弄来吃，参看第 36 页注①。

身献给阿耳忒弥斯，以此博取这位女神的欢心①。

这些以及亚述人、弗利基亚人和吕底亚人的所作所为，似乎还 14
算是正常的。但如果你到了埃及，那时候啊！那时候你将会看到
很多确实只有天庭才配有的壮观，羊脸的宙斯②，最高贵的、狗一
样的海尔梅斯③，全身都像山羊的潘④，以及变成白鹤⑤、鳄鱼⑥和
猴子的神。

　　　　　你若想知晓此中原委，明了究竟，⑦
你就听听各种各样的哲人、录事和剃光头的预言者的描述：——首
先，按照格言所说，"教外人，把门关上！"——在战争和癸伽斯造反
的前夕，众神吓得要死，逃到埃及，在那里躲避自己的敌人；于是，
其中一位吓得化身为山羊，另一位化身为绵羊，其余的变为走兽或
飞禽。因此，直到现在，众神还保持着那个时候的形象。实际上，
这些一万多年以前的记载还保存在他们的神殿中。 15

在埃及人那里，献祭也是这样的，只不过他们对牺牲表示悲

---

　　①　"西徐亚人"，此处指陶洛人（参看第 12 页注⑨）。陶洛人居住在黑海北部西徐
亚半岛（现称克里米亚）上，传说他们曾用活人给阿耳忒弥斯献祭，故事见欧里庇得斯
的悲剧《伊菲革涅亚在陶洛人里》。

　　②　指与宙斯等同的埃及神阿蒙。阿蒙为人形而有羊角，被古埃及人尊为"众神之
首"。古希腊人认为他就是宙斯。

　　③　指阿努比斯，参看第 6 页注③。

　　④　通常把埃及司丰产的神米恩与海尔梅斯的儿子牧神潘混同。这里指埃及三角
洲门得斯城的神，它没有人的躯干，从头到脚都成了山羊。

　　⑤　"白鹤"指埃及神透特。透特被古埃及人尊为上天的使者，传说他教人们算术、
几何、天文等知识，发明文字。他有时被描绘成白鹤，有时又被描绘成狒狒或其他动
物。古希腊人往往把透特与海尔梅斯混同。

　　⑥　指埃及神苏科斯。苏科斯的形状是鳄鱼或鳄头人身。

　　⑦　《伊利亚特》第 6 卷第 150 行。

痛,站在被杀死的牺牲周围,捶胸痛哭。有些人则只把牺牲的喉咙
割断,然后把它埋葬。

如果他们的最伟大的神阿庇斯死去,难道有谁会这样看重自
己的头发——即使是一头尼索斯的紫红色的头发①,以致不把它
剃去,用光头来表示自己的悲伤?阿庇斯是来自牛群的神,是选出
来代替前一个阿庇斯的,因而它比普通的牛漂亮得多,雄壮得多。

我认为,很多人的这种行为和信仰,不需要有人去指责,而需
要有个赫拉克利特或德谟克利特,前者嘲笑他们的无知,后者悲叹
他们的愚蠢。

---

① 尼索斯是梅加腊的巴赛勒斯,他有一头紫红色的头发,是他的生命的象征。克
里特的巴赛勒斯弥诺斯诱使尼索斯的女儿斯库拉弄掉了他的头发,将他杀死。

普罗米修斯

海尔梅斯：赫淮斯托斯，这就是高加索，这个倒霉的提坦应该 被钉起来的地点。如果什么地方没有白雪覆盖，我们立刻就在那里找一块合适的岩石，以便把锁链钉得牢一些，同时让所有的人从四周都能看到这个被缚着的家伙。

赫淮斯托斯：海尔梅斯，我们找找看，既不能把他钉在低处，太接近地面，以免他塑造的人类来帮助他，又不能把他钉在顶端——那样一来，下边的人将看不清楚。咱们把他钉在当中，钉在这面峭壁上什么地方，让他的两只手从这块岩石伸向对面那块岩石，你看怎么样？

海尔梅斯：你说得对！这些岩石很陡，四面都无法攀登，几乎是垂直的，这峭壁脚下立足的地方是那么窄，踮着脚都很难站立，总之，这里可以成为一个再合适不过的十字架。普罗米修斯，别磨蹭啦，走上去，好让我们把你钉在这座山上。

普罗米修斯：赫淮斯托斯啊，海尔梅斯啊，你们可怜可怜我这 个无辜的受难者吧！

海尔梅斯：普罗米修斯，你是要我们违反命令，马上被钉起来，作为你的替身呢，还是你认为高加索不足以容纳另外两个被钉者？喂，把右手抬起来！赫淮斯托斯，你把它捆起来钉上，用锤使劲砸！

（向普罗米修斯）把另一只手伸出来！（向赫淮斯托斯）把它也牢牢地捆上！好啦。（向普罗米修斯）很快将有老鹰扑下来，啄食你的肝脏，使你得到你那美好的、别出心裁的创造①的全部报酬。

3　　普罗米修斯：克洛诺斯啊，伊阿珀托斯啊，还有你，我的母亲啊！尽管我没有做过一丁点儿坏事，我这个不幸者却遭受了什么样的灾难啊！

　　海尔梅斯：普罗米修斯，你没有做过一丁点儿坏事吗？首先，委托你分肉，你分得不公平，弄虚作假，把最好的部分留给自己，却拿"用发亮的肥肉掩盖起来的"②骨头欺骗宙斯，凭宙斯发誓，我记得赫西俄德曾经这样说过。其次，你塑造了人——最邪恶的动物，尤其是女人。另外，你还偷了火，那是众神的最珍贵的财富，你却把它给了人类。你做了这么多坏事，还说你没有一丁点儿过错就被绑起来了么？

4　　普罗米修斯：海尔梅斯，你为这些事情指责我，就像诗人所说的那样，是"怪罪无辜的人"③。如果正义还存在的话，根据这些事情，我可以罚我在普律塔涅翁大厅吃公餐④。因此，如果你有空，我将乐于就这些指控为自己辩护，以证明宙斯对我的事情作了不公正的判决。你能言善辩，你来为他辩护，证明他把我钉在黑海关前，高加索山上，成了供所有西徐亚人观赏的最悲惨的场面，是作了公正的判决。

---

①　指普罗米修斯造人的事。
②　见赫西俄德的《神谱》第541行。
③　见《伊利亚特》第13卷第775行。
④　暗指苏格拉底在被判死刑后给自己提出的"惩罚"。参看第117页注①。

海尔梅斯:普罗米修斯,你申诉迟了,已经没有必要;然而,你还是说吧!在老鹰没有扑下来关照你的肝脏之前,我们反正只能待在这里。能用这点空闲听听诡辩倒也不错,你是个最善于辞令的大坏蛋。

普罗米修斯:海尔梅斯,你先说!尽可能严辞控告,不要漏掉 5 你父亲①的任何一个正当论点。而你,赫淮斯托斯,我让你当陪审员。

赫淮斯托斯:凭宙斯发誓,不行! 你要知道,既然你把火偷走,给我留下了一个冰冷的炉子,我就不是你的陪审员,而是你的控告者。

普罗米修斯:那么,你们俩把控告分开,你先说关于偷火的事,然后海尔梅斯控告我分肉和造人的事;你们都是巧匠,应该善于辩论。

赫淮斯托斯:海尔梅斯将代替我发言;我不擅长法庭上的辩论,而且总是离不开我的炉子;他却是个演说家,干的主要是这种事情。

普罗米修斯:什么时候我都不能设想,海尔梅斯会愿意谈有关偷盗的事情,在这种事情上谴责我——他的一个同行②。然而,玛娅的儿子啊,如果你答应这件事,现在就是你进行控告的时候了。

海尔梅斯:当然,普罗米修斯,关于你的所作所为,需要长篇的 6 发言,充分的准备,只说你的主要罪行——例如,当宙斯委托你分

---

① 指宙斯。

② 海尔梅斯是窃贼的庇护神。参看《神的对话》第 7 篇。

肉的时候,你把最好的部分留给了自己,使巴赛勒斯受了骗,你塑造了根本不该塑造的人类,你还从我们这里盗火,把它带给了他们,——只说这些是不够的。好朋友,你好像还不了解,你干了这么多坏事,宙斯对你还是多么仁慈。因此,如果你矢口否认做了这些事,那我就要做长篇的发言,尽可能充分地揭露真相,彻底反驳你;如果你承认这样分了肉,创造了人,盗窃了火,我的控告就已经足够了,我不做更长的发言,否则就是废话。

7　　普罗米修斯:你所说的是不是废话,稍后我们将会看到。既然你说控辞已经足够了,那我就竭力对这些控告进行反驳。先请听分肉的事情。凭乌剌诺斯发誓,即使现在说起这件事,我都替宙斯感到害羞。如果他这样吹毛求疵,满腹牢骚,只因为在自己的份额中找到一小块骨头,就下令把我这样古老的神押到这里钉起来,既不念及我对他的帮助①,也不想想他恼怒的原因是多么微小,只因为自己没得到较好的一份,他就恼怒、愤恨,这是多么孩子气!海

8　尔梅斯,即使有这类饮宴间的哄骗,我想也不该记在心里;如果同席者中间有什么过失,也应该把它当作玩笑,在饮宴中把怒气平息下来。将怨恨积攒到日后,记仇怀怒,这对神来说不体面,更不是巴赛勒斯应有的气派。如果谁从饮宴中取消了这种雅兴,如哄骗、玩笑、挖苦和嘲弄等等,剩下的就只有狂饮、暴食和沉默——郁闷的、毫无乐趣的、于饮宴最不相宜的事情。因此,我怎么也没料到,如果有谁在分肉的时候开个玩笑,想试试挑选者能否辨认出较好

---

①　一些提坦曾反对以宙斯为首的众神的权力,向宙斯开战,在这场战争中,普罗米修斯曾站在宙斯一边,帮过他的忙。

的一份,第二天宙斯还会记起这件事,更没料到他还会为此而这样怀恨,认为自己受了十分可怕的侮辱。

海尔梅斯,假定情况更严重一点,不是较差的一份分给了宙斯,而是根本取消了他的份额,那又将怎么样呢?为了这件事,他就可以像俗话所说的那样,把天和地混淆起来,想出锁链、楔子和整个高加索,派遣老鹰来啄食我的肝脏么?你要小心,以免这件事暴露了愤恨者自己心胸狭小,思想卑鄙,易于恼怒。如果为了一小块肉就这样震怒,当他失去整整一头牛的时候,他将会做出什么事情来呢? 9

凡人对待这种事情却宽厚得多!他们似乎比神更易于恼怒,然而,如果炖肉的时候,厨师把手放到肉锅里去,蘸一点汤尝尝,或者弄一小块烤肉吞下去,他们当中的任何人都不会把厨师钉在十字架上,而是谅解他;如果他们恼怒得厉害,就揍厨师几拳,或打他几个嘴巴,但厨师中没有谁会由于这种事情被钉起来。 10

关于小块肉的事情就说这些。就这种事情为自己辩护,我都感到羞耻;就这种事情提出控告,他应该感到羞耻得多。现在谈我塑造人的事。海尔梅斯,这控告有两种意义,我不知道你在哪种意义上控告我,是人类完全不应该出现,最好是把他们当作泥土放在那里呢,还是应该塑造,但应该把他们造成另外的而不是现在的这种样子?我将从两方面来谈。首先,我将竭力表明,人被送到世上来,对神没有一点危害;相反,我将竭力表明,这对神来说还是有益的,比大地继续荒无人烟要好得多。 11

古时候——因为从那时说起,更容易搞清楚,我在有关人类的事情上做了新的安排和改变,是不是犯了罪,——只有神的、天上 12

的种族,大地却是一片荒芜,杂乱无章,整个布满了浓密的森林和
野生的植物,就是没有神的祭坛或庙宇——怎么会有呢?——也
没有雕像或诸如此类的东西。现在这些东西为数甚多,到处可见,
并且受到极大的关注和崇敬。我总是首先为共同的利益着想,关
心如何改善神的境遇,如何赋予其他一切事物以秩序和美,我因此
想到,拿少许泥土制造某种动物,将他们塑成与我们相似的形状,
该有多好啊! 因为,在我看来,没有对立物作为必要的比较,以证
明神更幸福一些,神就还缺少点什么;当然,这种对立物应当是会
死的,但最富于创造力和悟性,能认识美好的事物。于是,用诗人
的话来说,我"给泥土掺上水"①,使它变得非常柔软,把它塑造成
人,我还邀请了雅典娜在这件事情上帮助我②。这就是我对众神
所犯的大罪!

　　你看,我用泥土制造了生物,并使先前不动的东西动起来,因
此受到这么严厉的惩罚! 从那时以后,由于大地上出现了会死的
动物,似乎神就降了格;现在宙斯对我这样愤恨,似乎是因为凡人
的出现,神就变得逊色了。难道他害怕凡人会造他的反,像癸伽斯
们一样向众神开战?

　　然而,很明显,海尔梅斯,你们并没有由于我和我的创造物而
蒙受任何损害;只要你能指出极微小的一点,那我就不再言语,承
认遭受你们的惩罚是公正的。如果你看一看整个大地,你就会发
现,我的创造物是有益于神的:大地再不是那么单调、那么丑陋,那

13

14

---

①　见赫西俄德的《农作与时日》第 61 行。

②　雅典娜使普罗米修斯用泥土塑造出来的人有了气息。

上面点缀着城市、农田和栽培的植物,海上有船航行,岛屿有人居住,到处是神坛和祭祀,庙宇和盛会:

> 条条街道和人间的市场
>
> 尽是宙斯。

假若我只为自己创造了这样的财富,那也许是我贪婪。可是我已经把它们当作公共的财产交给了你们。处处可以看见宙斯、阿波罗、赫拉和你海尔梅斯的庙宇,而普罗米修斯的庙宇却哪儿也没有。你看,我何曾只顾自己的利益,而舍弃和损害公共的利益?

　　再说,海尔梅斯,你想一想,如果你掌握的财富,无论是上天赐予的还是自己制造的,没有得到证实,既没有人看见,也没有人赞赏,你是否照样感到愉快和高兴? 我为什么问这样的问题呢? 因为,假如没有人生存,万物的美便得不到证实,我们将占有的财富既然没有人赞赏,那么,它在我们手里也就同样失去了价值,因为我们没有可以用来和它比较的较次的东西。如果我们看不见那些享受不到我们所享受的幸福的人,我们就认识不到我们是何等幸福。只有和小相比,大才能显现其为大。我从事这种公共事业,本应受到尊重,你们却把我钉起来,对我的设计给了这样的报答! 15

　　但是,你会说,他们中间有坏人,这些人贪淫好色,挑起战争,娶自己的姐妹为妻,暗算自己的父亲。在我们中间这类事情不是也大量地存在吗? 然而,似乎乌剌诺斯和盖娅并未因生我们①而受到谁的责难。你可能还会说,我们关心凡人,就不可避免地要有许多麻烦。那么,由于同样的缘故,让牧人为了有畜群而烦 16

---

① 参看第 173 页注①及第 18 页注①。

恼吧！因为他必须关心畜群。其实，这虽然是辛苦的，但也是愉快的；操心可以消磨时间，也并非毫无乐趣。否则，假如没有为人们操心的事，我们还做什么呢？那我们就会闲起来，喝神酒，吃神食，无所事事。最使我憋气的是，你们责怪我制造了人，特别是制造了女人，然而，你们却爱上了她们，时而变成公牛，时而变成萨堤洛斯或天鹅，不断地下凡，你们还认为她们所生的孩子是神。

17

你们可能会说，塑造人是应该的，但应该把他们塑造成另外的形状，而不是和我们相似。我还能拿出什么比我所知道的最美好的式样更好的式样呢？是不是应该把人造成没有悟性的、和走兽相似的凶猛的动物？如果人不是现在这个样子，他们怎么能向神献祭或者给我们别的崇敬？但是，当他们为你们设百牛祭的时候，你们并没有拒绝，尽管你们当时必须渡过俄刻阿诺斯，"到驰名的埃塞俄比亚人那里赴宴"；可是，你们却把你们所享受的崇敬和献祭的造因者钉了起来。

18

关于人就说这些。如果你同意，我现在就转到火和受到责难的盗火的事情上去。你在众神面前回答一个问题，不要迟疑：是否自从人类中间有了火以来，我们就失去了它？你不能这样说。我认为，这种财富的本性是这样的：如果别人从它那里取走一点，它一点也不会减少，因为某物由它点燃以后，它自己并不熄灭。禁止把不会给你们造成任何损失的东西分给需要的人，这纯粹是吝啬。你们既然是神，就应该以慈悲为怀，成为"赐福者"①，从各种各样的吝啬中摆脱出来。即使我把火全部偷走，带到地上来，一点不

---

① 见《奥德赛》第 8 卷第 325 行。

留,也不会给你们造成多大的损害,因为你们既没有冷得发抖,又不煮你们的神食,更不需要制造出来的光亮。另一方面,人类为了 19 许多目的,特别是为了献祭,却必须用火,以便使焚烧祭品的馨香充满街道,使乳香冒烟,腿骨在祭坛上焚烧。我看你们非常喜欢献祭的烟雾,当焚烧祭品的馨香"随烟雾缭绕"升到天庭的时候,你们认为那是最惬意的享受。因此,你们的责难与你们的欲望是截然相反的。奇怪的是,你们并没有禁止太阳照耀人间,虽然它也是火,而且更神圣、更灼热。难道你们也责怪它浪费你们的财富?

我说完了。海尔梅斯啊,赫淮斯托斯啊,如果你们认为什么地方说得不对,你们就加以纠正,进行反驳,我将再次答辩。

海尔梅斯:普罗米修斯,和你这样杰出的诡辩家较量可不容 20 易。然而,宙斯没有听到你这一番话,算你走运。否则,我看他就会派十六只老鹰把你的内脏扯出来。在似乎是为自己辩护的时候,你却这样巧妙地控告了他。使我吃惊的是,你身为预言者,却没有预见到自己会为此受到惩罚。

普罗米修斯:海尔梅斯,我早就预见到了这一点,同时我也知道,我将被释放,隔不了多久,有人,也就是你的弟弟①,将从忒拜来,射死你所说的将要飞到我这里来的老鹰。

海尔梅斯:普罗米修斯,但愿如此,但愿我将看到你获释,与我们同席饮宴,只是你不要再分肉了。

普罗米修斯:放心吧! 我将与你们同席饮宴,宙斯将把我释 21 放,报答我给他的巨大帮助。

---

① 指赫剌克勒斯。海尔梅斯和赫剌克勒斯都是宙斯的儿子。

海尔梅斯:什么帮助? 你不要迟疑,把它说出来!

普罗米修斯:海尔梅斯,你知道忒提斯吗? 但我不应该说出来,最好是保守秘密①,使它成为与我所受的惩罚相交换的代价和赎金。

海尔梅斯:提坦,如果这样更好,你就保守秘密吧! 赫淮斯托斯,我们走吧,老鹰已经靠近了。普罗米修斯,你坚定地忍着吧! 但愿你所说的忒拜射手现在就出现在你面前,使你摆脱这只猛禽的折磨。

---

① 普罗米修斯预知未来,他知道宙斯如果和忒提斯结合,将生下一个比宙斯更强大的儿女,把宙斯推翻。但是他现在对此保守秘密。

演悲剧的宙斯

海尔梅斯：

　　宙斯，你为何独言自语苦思量，

　　脸色苍白独徘徊，枯槁似哲人，

　　请不要对奴仆的一孔之见太鄙弃，

　　相信我吧，让我帮你拿主张。

雅典娜：

　　至高无上的宙斯啊，我们的父亲，

　　明眼女神特里托革涅亚①恳求你，

　　告诉我们吧，不要独自闷心里，

　　是什么计谋苦恼着你的内心和灵魂，

　　你为何脸色苍白，长吁又短叹？

宙斯：

　　从未听到过如此可怕的言辞，

　　从未看见过如此可怕的灾难，

　　我的遭遇用十几行诗诉不完。②

---

① 特里托革涅亚是雅典娜的称号。
② 欧里庇得斯的悲剧《俄瑞斯忒斯》第1—3行。

雅典娜：

　　阿波罗啊！这是什么开场白？

宙斯：

　　你们这些大地上的孽类，

　　还有你，普罗米修斯，你们害了我。

雅典娜：

　　是怎么回事，对你的族人合唱队①诉说吧。

宙斯：

　　轰鸣呼啸的雷电，你能发挥什么作用啊！

　　赫拉：宙斯，息怒吧，我既不会演唱喜剧，也不会像他们那样吟诵史诗，连欧里庇得斯的精神也还没有全部吸收，因而不可能同你配合演悲剧。你以为我不知道你现在为什么这样痛苦吗？

　　宙斯：你不知道，要不你早就放声大哭了。

　　赫拉：我知道，强烈的欲念是你痛苦的根源。我已经习惯不哭了，因为在这种事情上你经常委屈我。你大概又找到了达娜厄、塞墨勒或欧罗巴，正在受着欲念的折磨，又想变成公牛、萨堤洛斯或是金雨，穿过房顶，淌向恋人的胸怀。叹息，落泪，面色苍白，这些不是什么别的，正是恋情的象征。

　　宙斯：如果你以为我们面临的是搞恋爱或者诸如此类的儿戏，那你就太天真了。

　　赫拉：如果不是这些，又是什么事情折磨你宙斯呢？

　　宙斯：赫拉啊，神的事情陷入了极大的困境，正如俗话所说，处

―――――――――

①　以悲剧的合唱队为喻。

于千钧一发之际:我们是继续在人间受到崇敬并获得祭品呢,还是完全不受人注意,被当成微不足道的东西?

赫拉:是大地又生出了什么巨怪,还是提坦们挣断镣铐,打败了守卫,又向我们举起了武器①?

宙斯:这方面倒不用担心,地下的情况对神没有危险。

赫拉:那么,究竟是什么别的更可怕的事情呢? 我真不明白,如果不是那些事情使你焦虑不安,那还有什么事情能使你在我们面前充当波罗斯或阿里托得摩斯②,而不是宙斯呢?

宙斯:赫拉,昨天,斯多葛派的提摩克勒斯和伊壁鸠鲁派的达弥斯③当着许多有名望的人的面,进行了一场关于天命的争论,我不知道事情是怎样开始的,就是这件事使我很不安。达弥斯断言,神不存在,也不照看或安排一切发生的事情,而高尚的提摩克勒斯则企图支持我们。不久,聚集了许多人,争论没有完。双方商定改天再继续探讨,就散开了。现在人们都在焦急地等待着,看他们谁占上风,谁的话更符合真理。你们看出风险了吧? 我们的事情陷入了困境,这要由一个人来决定。现在有两种可能:或者我们徒有虚名,被人抛弃,或者仍像以前一样受到崇敬,如果提摩克勒斯在辩论中获胜。

赫拉:这件事真可怕,所以,宙斯,你演悲剧不是没有道理的。

宙斯:情况如此窘迫,你却以为我所说的是什么达娜厄或安提

---

① 提坦们曾反对奥林帕斯的众神,失败后被宙斯监禁在塔耳塔洛斯。参看第18页注①及第25页注②。

② 波罗斯和阿里托得摩斯是公元前4世纪悲剧演员。

③ 提摩克勒斯和达弥斯都是虚构的人物。

俄珀。海尔梅斯,赫拉,雅典娜,我们怎么办呢? 你们也一起想想对策吧!

海尔梅斯:我认为应该召集众神开会,把问题交大家共同讨论。

赫拉:我同意他的意见。

雅典娜:我的意见正好相反,父亲,不要让这件事惊动天庭,也不要表现出这件事使你如此发窘。你就自己拿主张:让提摩克勒斯在争论中获胜,让达弥斯遭受嘲笑,从而退出争论。

海尔梅斯:既然哲学家将公开进行争论,宙斯,事情就掩盖不了,而且,这是关系到众神命运的大事,如果你不和大家商量,你将会显得独裁。

6　宙斯:你的意见是对的。你现在就给我传令,叫大家到这里来。

海尔梅斯:注意啦,众神,都来参加神的大会,别耽搁,全都来,来吧,有重大事情要商量。

宙斯:海尔梅斯,召集大家讨论这样重大的事情,你就这样不加修饰、毫无诗意地传令?

海尔梅斯:宙斯,那你认为怎样才合适呢?

宙斯:我认为怎样才合适? 告诉你,传令要有节奏,声音要洪亮,要富有诗意,这样他们才更乐意前来。

海尔梅斯:是。不过,宙斯,那是史诗诗人或吟唱史诗的艺人的事情,我却一点诗才也没有,节奏过长或不足会使传令减色,诗句不和谐会招惹众神耻笑。我发现,甚至阿波罗的某些神示也遭到耻笑,尽管那些神示常常是如此晦涩,以致听者根本无暇推敲节奏。

宙斯:海尔梅斯,那你把荷马经常用来召集我们的诗句掺到你的传令里,那些诗句你自然还记得。

海尔梅斯:不一定完全准确、熟练,试试看吧。

> 诸位女神……①诸位男神,
>
> 诸位女仙、河神,除去俄刻阿诺斯,
>
> 切勿迟延,都到宙斯宫中来集会,
>
> 不管你们是在享用丰盛的百牛祭,
>
> 也不管你们是中级神,低级神,
>
> 还是祭坛冷落的无名神!②

宙斯:好呀,海尔梅斯,你的传令非常好,他们已经来啦。现在你就接待他们,让他们各自按照自己的身价就座,也就是看他们是用何种材料制成的,制作技术如何,前排是金铸的,挨着他们是银铸的,然后是象牙雕的,再后是青铜铸的或大理石刻的。在他们中间,凡是属于菲迪亚斯、阿尔卡墨涅斯、密戎、欧佛剌诺耳③或是其他与他们相似的艺术家的作品,应给予尊重,让那些制作粗糙、手工拙劣的作品默默地挤在一边,给会议充数罢了。

海尔梅斯:是,让他们按应有的顺序就座。不过,有个问题需要搞清楚,如果有哪位神是金铸的,而且有好多塔兰同重,但制作

---

① 此处抄本残缺。

② 这里把《伊利亚特》第8卷第7行、第20卷第7—8行、第9卷第535行等处的诗句缀合在一起。

③ 阿尔卡墨涅斯和密戎是公元前5世纪希腊著名雕刻家。欧佛剌诺耳是公元前4世纪希腊著名雕刻家。

粗糙,没有艺术性,不合比例,那么是把他安排在密戎和波力克利特的青铜作品前面,或菲迪亚斯和阿尔卡墨涅斯的大理石作品前面呢,还是应该对艺术更尊重一些?

宙斯:理应如此,不过,还是应该对黄金更尊重些。

海尔梅斯:我明白了,你是要我根据财富多寡和价值大小,而不是根据出身贵贱来安排座次。那么,你们这些金铸的,到前排来。宙斯,这样一来,似乎只有异族神能坐在前排,你瞧那些希腊神,外形优美、动人、漂亮、富有艺术性,但他们不是石头的,便是青铜的,他们中间最值钱的是象牙雕,只能闪烁少许光华,那是表面装饰的金子发亮,里边的材料却是木头,成群结队的老鼠在那里做窝。这个本狄斯,那个阿努比斯,还有阿提斯,弥特剌斯①,墨恩②,全身是金,还很重,应该受到尊重。

波塞冬:这样说来,海尔梅斯,把这个狗脸的埃及神安置在我波塞冬前面也是合理的吗?

海尔梅斯:是的,震撼大地的神,当时科林斯人没有黄金,所以吕西波斯③把你做成青铜的,显得很清贫,而那个埃及神却比你富裕得多,整整超过你几个金矿,因此,如果把你排到后边,你得忍耐,并且,如果这个金鼻子神受到的尊重在你之上,你也用不着生气。

阿芙罗狄蒂:那么,海尔梅斯,把我安在前排吧,我是黄金的。

----

① 弥特剌斯是波斯的太阳神。
② 墨恩是弗利基亚的神。
③ 吕西波斯是公元前 4 世纪下半叶希腊著名雕刻家。

海尔梅斯：我看不是吧，阿芙罗狄蒂，如果我不是害烂眼病看错的话，你无疑是用从彭忒利孔山①采来的白大理石刻成的，然后，按照普剌西忒勒斯的想象，你便成了阿芙罗狄蒂，由他送给了克尼多斯②人。

阿芙罗狄蒂：那我给你提供一个最可靠的证人——荷马，他在史诗里到处把我称作"黄金的阿芙罗狄蒂"。

海尔梅斯：他也说阿波罗是拥有很多黄金的，非常富有的，可是你看，他现在就坐在小农③中间，强盗抢去了他的桂冠，夺走了他的弦柱，你还没有同雇工④坐在一起开会，也该满足了吧。

科罗索斯⑤：我是太阳神，又这么魁伟，谁敢来同我相争？如果罗得人不是想把我做得特别高大，他们用那笔钱可以铸十六座金神，因此，比较起来，我更贵重。况且，他们铸造这么巨大的神像，技术非常高超，手工又很精细。

海尔梅斯：现在又该怎么办呢，宙斯？这个问题我也难以裁决，按材料，他是青铜的，若计算铸造的铜值多少塔兰同，他超过那些每年收入五百斗的人⑥。

宙斯：他为什么来羞辱别的神比他小，扰乱会议座次？（对科罗索斯）罗得人中的显贵，即使你应该比金像受到更大的尊敬，但

11

---

① 彭忒利孔山在雅典北边。

② 克尼多斯是小亚细亚西南部海角上的城市。

③ 公元前 6 世纪初，梭伦进行改革，把雅典公民按财产多寡分为四个等级。这里指的是第三等级，即每年收入 200 斗谷物（参看第 21 页注⑤），能自备耕牛的农民。

④ 指第四等级无地的贫苦农民。

⑤ "科罗索斯"意思是"巨像"，指阿波罗的巨像，参看第 9 页注①。

⑥ 指第一等级公民。

是,如果不是要大家都站着,让你一个人坐下,用半个屁股占去整个普倪克斯山冈①,你又怎么能坐第一排呢?所以,你最好还是站着出席会议吧,稍微向会场倾倾腰。

12　海尔梅斯:你看,这又是一个难题,他们俩都是青铜的,有同等的艺术性,全是吕西波斯的作品,尤其重要的是,他们出身一样高贵,都是宙斯的儿子,他们是狄俄倪索斯和赫剌克勒斯,究竟谁该坐在前面呢?你也瞧见,他们俩正在争吵呢。

宙斯:海尔梅斯,我们把时间都耽搁了,早就该开会了,现在就让他们随便就座,谁想坐在哪儿就坐在哪儿,这些问题下一次会议再讨论,那时我会知道,应该怎样给他们安排座次。

13　海尔梅斯:赫剌克勒斯呀,他们又像往常一样闹嚷嚷的:"分发呀!神酒在哪儿?神食不够呀!哪儿有百牛祭?牺牲是大家的呀!"

宙斯:海尔梅斯,命令他们安静下来,把废话撇到一边去,好知道为什么把他们召集到这儿来。

海尔梅斯:他们并非全都懂希腊话,宙斯,我不会那么多种语言,不能使西徐亚人、波斯人、色雷斯人、凯尔特人②都明白我传达的命令,我想最好还是打手势叫他们安静下来。

宙斯:就照你的意见办。

14　海尔梅斯:好啊,他们在你面前变得比诡辩派还缄默。是发表演说的时候了。你看见吗?他们早就望着你,等你说话呢。

---

① 普倪克斯山冈在雅典卫城西边,为召开公民大会的地方。

② 指高卢人。

宙斯:可是,海尔梅斯,你是我的儿子,我不怕告诉你我现在的内心感受。你是知道的,我在这类会议上通常总是非常自信、夸夸其谈的。

海尔梅斯:这我知道;我听你演说时总是提心吊胆,特别是在你威胁我们,说要放下那条金链子,把土地和大海,连同众神从基础上拉起来的时候。

宙斯:可是现在,孩子,我搞不清楚,是由于面临的灾难太大,还是由于出席者太多——你也看见,会场上有那么多神,——我感到思绪混乱,心里害怕,舌头打结,最荒诞的是,我把整个演说词的开场白给忘了,那是我为了使演说的开头部分在他们面前显得完美无疵而事先准备好的。

海尔梅斯:全都坏在你手里了,宙斯,他们对你的沉默感到困惑,他们猜想会听到什么大不幸的消息,因为你是如此迟疑不决。

宙斯:海尔梅斯,你希望我背诵一段荷马的序诗吗?

海尔梅斯:哪一段?

宙斯:

　　　　请听我说,全体男神和女神。①

海尔梅斯:算了吧,你这模拟式的开始就使我们烦腻了。如果你愿意的话,你就抛开这些讨厌的诗句,采用狄摩西尼反对腓力②的演说,把它稍微改编一下就行了,许多演说家现在都是这么

①　《伊利亚特》第8卷第5行。
②　狄摩西尼(公元前384—前332年)是希腊著名演说家、政治家,雅典大奴隶主阶级反马其顿派的代表人物,曾多次发表演说,反对马其顿王腓力(公元前359—前336年在位)向巴尔干半岛南部扩张势力,把希腊诸城邦置于他的统治之下。

干的。

宙斯:你说得对,一个简短而粗糙的演说对于摆脱困境是合适的。

15　海尔梅斯:那就开始吧。

宙斯:众神啊,我想,你们会不惜耗费巨额钱财,只要能把一个问题搞清楚,就是为什么现在把大家召集拢来。既然如此,你们就该乐意听我讲演。众神啊,目前的时机向我们疾呼,要我们牢牢把握当前事态,但是我们对此却似乎完全掉以轻心①。我想——啊,狄摩西尼在抛弃我——清楚地告诉你们,是什么事情使我不安,召开这次大会。

昨天,正如诸位所知,姆涅西忒俄斯船主为自己的船只得救而献祭,那条船差一点在卡斐柔斯海角②毁掉。我们在珀赖欧斯饮宴,姆涅西忒俄斯邀请我们全体去享受祭品。接受奠酒之后,我们各自散开了,我——因为时间还不太晚——走到城里,在陶工区作傍晚散步,心里思忖着姆涅西忒俄斯的小气行为,他宴请十六位神,却只献上一只公鸡,还是老的,而且害着伤风,外加四小颗霉透了的乳香,一接触炭火,马上就燃完了,鼻子尖儿连一点烟气都没有嗅着,可是,当他的船遇上暗礁,抛向崖石时,他许的却是百牛祭啊!

16　我这么想着,不觉走到画廊,看见那里聚集了一大群人,有些人在画廊里边,有不少人就在露天里,有几个坐在凳子上的人在那

---

① 戏拟狄摩西尼的第 1 篇《俄林托斯演说辞》第 1 节。

② 卡斐柔斯海角在优卑亚岛东南角上。

里使劲喊叫。我明白了，他们是哲学家，正在进行争论，我决定停下来听听他们说些什么。我用浓云把自己裹住，照他们的样子打扮起来，拉长了胡子，完全像个哲学家。我用肘推开众人，挤了进去，谁也没有认出我来。这时，我发现伊壁鸠鲁派的达弥斯，一个狡猾的人，正在同斯多葛派的提摩克勒斯，一个高尚的人，进行着非常激烈的争论。提摩克勒斯已经汗流浃背，叫喊得声嘶力竭，而达弥斯的尖酸嘲讽却还在继续激怒他。

他们的整个争论是涉及我们的，那个该死的达弥斯断言，我们 17
并不主宰人们的命运，并不监察人间发生的事情，他没有别的意思，就是说，我们根本不存在，他的话显然是这个意思。有些人赞同他的观点。另外有个人，即提摩克勒斯，则站在我们一边为我们战斗，他很激动，用尽各种方法支持我们：称赞我们的关怀，详细述说我们怎样按部就班地指导一切，安排一切。他也博得了一些人的赞同，不过他已经精疲力尽，声音嘶哑，大多数人则仰望着达弥斯。我意识到情况严重，便命令黑夜降临，驱散了争论。他们约定第二天再来把问题辩论清楚，就散开了。这时我便和许多人并肩同行，听听他们在回家路上说些什么，一些人赞赏达弥斯的看法，非常同意他的观点，也有一些人认为，预先谴责对方是不合适的，应该等一等，看提摩克勒斯明天将说些什么。

众神啊，这就是我把你们找来的原因，而且是并非无关紧要的 18
原因，只要你们考虑到，我们的整个尊严、荣誉和收入都依赖于世人，如果他们被说服了，认为我们或者根本不存在，或者即使存在，也不主宰他们的命运，那时，我们从大地上将得不到祭品、礼物和崇敬，徒然坐在天庭挨饿，也不会再有节日、盛典、竞赛、祭祀、夜宴和游行。情况如此严重，我认为大家应该想个挽救的办法，让提摩克勒斯获胜，使人们认为他的话更接近真理，而达弥斯则将受到听众的讥笑。如果我们不支持提摩克勒斯，我不大相信他能靠自己的力量获胜。海尔梅斯，你按照法律传令，让大家站起来发表意见。

海尔梅斯：注意啦，安静点，别吵啦，哪一位成年的、有发言权的神想发言？怎么回事？没有谁站起来。你们都沉默不语，是不是被刚才告诉你们的严重事件吓呆了？

摩摩斯：

19
愿你们全都变成水和泥。①

至于我，宙斯，如果允许我坦率地发表意见，我有许多话要说。

宙斯：摩摩斯，你就大胆地说吧，很清楚，你坦率直言，全是为了大家的利益。

摩摩斯：众神啊，正如俗话所说，请听我肺腑之言。我完全预料到，我们的事情总有一天会陷于困境，会有许多这样的诡辩家出现在我们面前，他们的狂妄是由我们促成的。我以忒弥斯②的名义起誓，如果他们——无论是伊壁鸠鲁本人，或是他的门徒，或是他的学说的继承人——对我们有这样的想法，我们不应该对他们发怒。如果他们看见生活如此混乱，他们当中的好人不受照顾，反而死于贫穷、疾病和奴役，那些恶棍、卑鄙之徒却享受无上的尊荣，占有巨额财富，支配比他们优秀的人，盗庙者不受惩罚，不被揭露，

———————————
① 《伊利亚特》第7卷第99行。
② 忒弥斯是司法律、正义、秩序的女神。

那些毫无过错的人有时却被钉在十字架上,或者被鞭打致死,你们
谁还能要求他们作别的思考呢?

看见这些情况,他们自然会认为我们根本不存在,特别是当他 20
们听到这样的神示时,神示说:谁越过了哈吕斯河,谁将摧毁一个
伟大的王国①。但神示没有说明,这个王国是指自己的,还是敌人
的。又如:

　　　神圣的萨拉米啊,你将把妇女的孩子杀死。②

我想,波斯人和希腊人都是妇女的孩子。那些人还从行吟诗人那
里听说,我们也恋爱,受伤,遭受镣铐,沦落为奴,互相争吵,为千百
种事情所纠缠,虽然我们自认为是幸福的,永生的。因此,他们讥
笑我们,认为我们的事业无足轻重,难道不应该吗? 可是,当那些
还没有完全丧失理智的人揭露这些事情,否认我们的意志的时候,
我们却感到恼怒。其实,我们应该感到高兴,因为虽然我们有这么
多过失,还是有一些人向我们献祭。

现在,宙斯,既然出席这次会议的是我们神自己,没有任何凡 21
人,只有赫剌克勒斯、狄俄倪索斯、伽倪墨得斯和阿克勒庇俄斯算
是例外,但他们也已入了名册,那么,请你如实回答我,你什么时候
对地上的事情表示过半点儿关心,分清谁是坏人,谁是好人? 当
然,你不可能回答这个问题。如果不是提修斯在他从特洛曾去雅

────────────────

　　①　这是吕底亚国王克洛索斯从德尔斐神示所得到的神示。克洛索斯得知德尔斐
神示所的神示是最可靠的(参看第 56 页注②),于是派人去求神示,询问是否可出兵攻
打波斯。他得到这里提到的这个神示,大喜过望,以为自己可以一举摧毁波斯王国。
但结果适得其反,他越过哈吕斯河之后,败在波斯国王居鲁士手里,本人被俘,王国被
摧毁。后来德尔斐发出神示辩解说,那道神示并没有指明将被摧毁的是哪一个王国。

　　②　这是萨拉米海战(公元前 480 年)之前雅典人求得的德尔斐神示。

典的途中,顺道杀死了那些恶徒,那么,你和你的意志对斯刻戎、庇
堤俄坎忒斯、刻耳库昂和其他靠伤害过路人而享福的人①又有什
么妨碍呢? 或者,假如不是欧律斯透斯这个正直、有远见的人出于
仁爱之心,探知各地的情况,派遣他的精力充沛、甘冒风险的奴仆
出去,那么,宙斯,你是不大会注意那条有名的水蛇、斯廷法罗斯湖
的怪鸟、色雷斯的马以及那些马人的傲慢和酒醉后的粗野行
为的②。

22　　　如果应该说实话,我们不过是坐在这里凝目而视,察看是否有
人献祭,是否有人在祭坛上焚烧牺牲,至于其他事情,全是放任自
流,任凭时运安排。因此,我们现在的遭遇是很自然的,并且还会
继续下去,当人们把头渐渐抬起,发现给我们献祭,为我们举行游
行于己毫无益处的时候。你很快就会发现,伊壁鸠鲁派、墨特洛多
洛斯③派、达弥斯派将嘲弄我们,而为我们辩护的人将被他们战

---

　　① 斯刻戎坐在路旁,伸开两腿要过路人给他洗脚,当过路人弯着腰给他洗脚时,
他便一脚把那人踢下海去。庇堤俄坎忒斯扼守一条地峡,凡有人经过,他便把两棵相
对生长的松树扳下来,把俘虏绑上树梢,然后把树放开,把那人撕成两半。刻耳库昂经
常埋伏在路旁袭击过路人,强迫过路人和他角力,乘机把他们杀死。提修斯出生在伯
罗奔尼撒东北部的特洛曾,长大后赴雅典寻父,途中把这些恶徒清除了。参看第 110
页注①。
　　② 这里指的是赫剌克勒斯历险除害的十二件功劳中的几件事情。"水蛇"指亚尔
哥斯的勒耳纳沼泽的危害人类的九头水蛇,赫剌克勒斯奉命把它杀死了。斯廷法罗斯
湖在伯罗奔尼撒北部,湖的四周栖息着一群怪鸟,这些鸟有铁翼、铁嘴、铁爪,到处危害
人畜,赫剌克勒斯射杀其中的一部分,其余逃散。"色雷斯的马"指战神阿瑞斯的儿
子狄俄墨得斯喂的一群凶猛的马,狄俄墨得斯用活人喂养它们,赫剌克勒斯捉住狄俄
墨得斯,把他喂了马,这群马吃了他的肉,立即变驯服了。赫剌克勒斯曾在寻找大野猪
的途中遇到一群嗜酒的马人,把它们杀了,但同时却误伤了自己的老师刻戎。
　　③ 墨特洛多洛斯(公元前 330? —前 277?)是小亚细亚西北角兰普萨科斯城的人
(一说是雅典人),为伊壁鸠鲁派哲学家。

胜,被驳得哑口无言。制止并纠正这种状况应该是你们的职责,因为是你们把事情弄到这步田地的。如果神不再受到崇敬,对我摩摩斯来说也算不上什么大危险,因为在你们很走运、享受献祭的时候,我就不在被崇敬之列。

　　宙斯:众神,让他胡说八道吧,他总是这样粗野,吹毛求疵。正 23
如可钦佩的狄摩西尼所说的,非难、谴责、怪罪很容易,谁都可以做到,而提出改善状况的建议却得靠真正聪明的谋士,我深信,即使他默不作声,你们大家也能做到这一点。

　　波塞冬:至于我,你们知道,是水下的神,在海里管理自己范围 24
内的事情,尽自己所能救助浮游者,护送船只航行,平息暴风雨,但是,这里发生的事情也引起我的关注,我的看法是,应该在达弥斯参加争论之前,用雷电或别的方法把他干掉,免得他在争论中占上风,因为,宙斯,据你说,他是个善于说服人的人。同时,我们这样做也是杀一儆百,如果有人敢这样议论我们,我们就惩罚他们。

　　宙斯:波塞冬,你是在开玩笑呢,还是完全忘记了,这种事情一 25
点也不取决于我们? 每个人的命运是由命运女神们决定的,这个人该用雷电击毙,那个人该用剑砍死,第三个人该死于热病或肺痨。如果事情由我随意决定,你想,我能允许盗庙者在不久之前割下我的每绺重六谟那①的两绺卷发,没有受到雷电的轰击,便从庇萨跑掉吗? 或者你自己能眼看着俄瑞俄斯②的渔人从革赖斯托

---

　　①　谟那在此处为重量单位,1谟那合437克。60谟那合1塔兰同。参看第32页注⑤及第13页注①。
　　②　俄瑞俄斯城在优卑亚岛北部。

斯①偷走你的三股叉吗？并且，那样也会表现出我们被这件事伤害，恼怒异常，我们对达弥斯的辩论非常害怕，没有等他同提摩克勒斯较量，就把他干掉了。如果那样，除了表明我们是在对手没有参加的情况下取得胜利之外，还能表明别的什么呢？

波塞冬：我却认为我想出了一条通向胜利的捷径。

宙斯：算了吧，波塞冬，你的这个主意同金枪鱼一样愚笨，事先把对手干掉，对手没有被击败便死了，而问题却还是有争议的，尚未解决的。

波塞冬：那你们想个更高明的主意吧，如果你们认为我的主意同金枪鱼差不多。

26　　阿波罗：如果法律也允许我们这些年轻的、没有长胡子的神在会议上发言，我也许能说几句于讨论有益的话。

摩摩斯：问题如此重大，因此，阿波罗，没有年龄限制，大家都可以发言。如果面临这样的危险，还寻根究底地讨论法定权利这种琐事，那就未免太迂腐了。你完全有发言权，你早就不属于厄斐玻斯②，而是列入了十二大神③名册，只差一点没有进入克洛诺斯议事会④。不要在我们面前装孩子气，还是大胆说出你的意见吧，不要因为没有胡子便羞于在会议上发言，何况你还有一个长着漂

---

① 革赖斯托斯城在优卑亚岛南部。

② 厄斐玻斯(ἔφηβος, ephebos)指年满十八岁的青年，一个雅典人达到这一年龄，便成为全权公民。

③ 十二大神指希腊神话中的十二位主要的神，他们是：宙斯、波塞冬、哈得斯、赫拉、得墨忒耳、赫斯提亚，以及雅典娜、阿芙罗狄蒂、阿波罗、阿耳忒弥斯、赫淮斯托斯、阿瑞斯。

④ 克洛诺斯议事会是古老的议事会。参看第161页注②。

亮大胡子的儿子阿克勒庇俄斯呢。此外，特别是现在，你更应该显露自己的智慧，只要你坐在赫利孔山①和文艺女神们讨论哲学问题不是白费了时间。

阿波罗：可是，摩摩斯，这种允许的权力不属于你，而属于宙斯，如果他叫我发言，我将立即发表一篇演说，它不会没有艺术味道，不会有愧于我在赫利孔山的练习。

宙斯：你说吧，孩子，我允许了。

阿波罗：这个提摩克勒斯是个正直、虔诚的人，他已经非常深 27 刻地掌握了斯多葛学说，他给许多青年传授哲理，并由此获得了不少报酬，当他同他的门徒私下讨论问题时，他是个很有说服力的人，但是，当他在大庭广众面前演说时，他却特别胆怯，发音不准，蛮语混杂，结结巴巴，惊慌失措，形象可笑，当他想显得从容不迫的时候尤其如此。正如那些比较了解斯多葛派学说的人所说的那样，此人理解力强，思想细密，但在阐述和分析问题时却论证无力，从而把事情弄糟。他把一切都搅在一起，说不清楚想说明的问题，他提出的问题像谜语，对问题的解答更令人费解。人们不理解他，从而讥笑他。我认为叙述应该清楚，尤其应该让听众理解。

摩摩斯：阿波罗，你这些话说得完全对，你称赞说话清楚的人，28 虽然这一点你自己也不尽能做到，你在发出神示时总是拐弯抹角、含混不清，谨慎地把对问题的回答放在两可之间，因而听者需要另一个皮提俄斯进行解释。不过，你在目前这件事情上究竟能想出什么主意呢？你能用什么方法医治提摩克勒斯在辩论中的软弱无

---

① 赫利孔山在比奥细亚境内。

力呢？

29　　　　阿波罗：摩摩斯，如果可能的话，给他一个得力的辩护人，这个人将很好地说出他想说的和他所提示的一切。

　　　摩摩斯：你说出这样的话才真像个嘴上没有长胡子的、上学还需要老仆人护送的孩子：在哲学家的集会上，由辩护人向到会者解释提摩克勒斯的意见，达弥斯自己出面，而这个人则使用解释者，他咬着耳朵轻轻地提示自己的意见，然后解释者进行讲演，也许解释者自己还不理解他所听到的东西，这怎能不惹听众发笑呢？还
30　　是让我们想个别的办法吧。喂，可钦佩的朋友，你曾经说过，你是预言者，并借此获得了不少报酬，甚至有一次还得到了金锭，你为什么不及时向我们显示显示你的本领，预言一下，哪一个诡辩者将在争论中获胜？作为预言者，你自然知道这场争论的结果。

　　　阿波罗：摩摩斯，没有三脚台，也没有香气或是卡斯塔利亚那样的能赋予预言灵感的泉水，我们怎么能发出预言①呢？

　　　摩摩斯：看见吗？你已经陷入了困境，你想逃避检验。

　　　宙斯：孩子，你就说吧，不要给这个诽谤者提供攻击、嘲笑你的预言的借口，好像那些预言是建筑在三脚台、水和乳香上，没有这些，你就丧失了技能。

　　　阿波罗：父亲，最好是在德尔斐或科罗丰②做这种事情，因为在那里，需要的东西通常都很现成。不过，尽管我现在两手空空，

---

　　①　德尔斐阿波罗神庙的神示是这样发布的：女祭司坐在三脚台上，吸着从石缝中冒出的气体（据后人猜测，可能是硫黄气），在昏迷状态中说出一些不连贯的语句，再由男祭司根据需要编成诗句，算作神示。

　　②　科罗丰城在小亚细亚西海岸中部，那里有阿波罗的神示所。

没有那些东西,对于他们两人谁胜谁负的问题,我还是测试一下,如果我的诗句不合节奏,你得原谅。

摩摩斯:尽管说吧,阿波罗,只要清楚,用不着辩护人或解释者就行。不过,现在不是在吕底亚把羊肉同乌龟肉炖在一起,不,你知道现在讨论的是什么样的问题。

宙斯:你将说些什么,孩子?预言前的一刹那是很可怖的:脸色改变,眼珠打转,毛发竖立,动作忙乱,一句话,一切都处于慌乱、恐怖和焦虑之中。

阿波罗:

> 请听预言者阿波罗的宣示吧,　　　　31
> 关于一场令人胆寒的争吵,
> 絮叨言辞当武器,忽低忽高,
> 激烈战斗不间断,狂呼尖叫,
> 这边那边,震动尖尖的耕犁柄。
> 当弯爪的秃鹫捕捉飞蝗的时候,
> 唤雨的乌鸦发出最后一声嘎嘎。
> 驴子踢了它的巧女儿,胜利属骡子。

宙斯:摩摩斯,你为什么哈哈大笑?在目前情况下没有什么好笑的,别再讨人嫌,笑得都喘不过气来了。

摩摩斯:宙斯,听到这样既清楚又明白的神示,怎能不令人发笑呢?

宙斯:那你就给我们解释解释吧,他说的究竟是什么?

摩摩斯:非常明白,不需要忒弥托克勒斯①来给我们解释,他的这个神示清楚地告诉我们,他是个骗子,而你们,天哪,如果听信了他的话,便真是愚蠢的驴子或骡子,甚至连蝗虫的那点智慧也不具备。

32   赫剌克勒斯:父亲,我尽管是个侨民,还是不怕说出自己的想法。当他们聚集起来进行辩论的时候,如果提摩克勒斯占上风,我们就让这场关系到我们的争论继续下去,如果情况逆转,只要你认为合适,我就使劲推倒画廊,把它掷向达弥斯,使这个该死的家伙不能再侮辱我们。

宙斯:赫剌克勒斯呀赫剌克勒斯,你说出了这样的蠢话,真是个比奥细亚人②,由于有了一个恶人,便毁掉那么多好人,还要把那个画廊,连同马拉松、弥尔提阿得斯、库涅革洛斯③一起毁掉。并且,如果你把这些一起毁了,演说家的主要演说题目也就没有了,他们又怎么发表演说呢? 此外,当你还活在人世时,你也许可能干点类似的事情,可是,在你成神以后,我想你已经了解到,这些事情只能由命运女神们安排,而我们则是无能为力的。

赫剌克勒斯:这么说来,当我杀死狮子和水蛇的时候,是命运

---

①   忒弥托克勒斯(公元前 524? —前 459?)是雅典政治家和将军。在雅典人求得关于萨拉米海战的神示(见本篇第 20 节)之后,众说纷纭,莫衷一是。忒弥托克勒斯对神示作出了正确的解释,他认为萨拉米将要杀死的是波斯人,而不是雅典人;如果将要毁灭的是雅典人,则神示不会称萨拉米为"神圣的",而应称为"残酷的"。据说这一解释鼓舞了雅典人的士气,他们加强了海军建设,对抗战做了充分准备,终于在萨拉米海战中击溃了波斯人。参看希罗多德的《历史》第 7 卷第 140—143 节。

②   "比奥细亚人"是蠢人的意思。参看第 58 页注①。

③   这里指画廊上图画中的人物。弥尔提阿得斯是雅典的将军,他在公元前 490 年赢得马拉松战争的胜利,击败了波斯人。库涅革洛斯是这次战役中的英雄。

女神借我的手干的吗？

宙斯：完全对。

赫剌克勒斯：假如现在有人侮辱我，譬如，抢劫我的庙宇，或者推倒我的雕像，除非命运女神们早就有安排，否则，我也不能杀死他？

宙斯：就是不能。

赫剌克勒斯：宙斯，那你听我坦率地说一句。我，正如喜剧诗人所说，

> 是个乡巴佬，洗衣盆就说是洗衣盆。

如果你们的事情陷于这样的境地，我就和此间的尊崇、祭肉的香气以及牺牲的鲜血道别，前往冥土，在那里，即使我只带一张弓，那些被我杀死的野兽的幽灵见了也会发颤的。

宙斯：好啊，正如常言所说，自家人作见证。你这么一说，达弥斯就用不着再费唇舌了。那个匆匆忙忙跑来的人是谁？他是青铜铸造的，线条精细，轮廓美观，发式古雅。海尔梅斯，那是你的兄弟，他是市场神，站在画廊旁边，由于雕刻家每天在他身上拓模，因而他全身沾满了松脂。孩子，你为什么跑到我们这儿来？你是不是从大地上带来了什么新消息？

海尔马戈剌斯[①]：宙斯，有特别重要、十万火急的消息。

宙斯：告诉我，是不是还有什么别的情况没有被我们发现？

海尔马戈剌斯：

> 方才有几个铸造青铜的匠人，

---

① 意思是"海尔梅斯—市场神"。

把松脂涂满了我的前胸和后身，

一副奇异的铠甲挂在我身上，

施展模仿技巧在周身把印拓，

铜像的轮廓全制取，一处不落；

这时只见那人群挪动如潮涌，

另外还有两个拳家诡辩牛皮王，

达弥斯和——

宙斯：高尚的海尔马戈剌斯，停止你的悲剧表演吧，我知道你说的是谁。告诉我，他们是不是早已开始争论了。

海尔马戈剌斯：刚开始不久，他们还仅是远距离谩骂，像用投石器一样互相攻击。

宙斯：众神，除了俯身倾听他们说些什么之外，我们还能有何34 作为？让时令女神把门闩挪开，驱散云彩，打开天庭的大门！啊，聚拢了一大群人在听他们讲演！提摩克勒斯惊慌失措，浑身发颤，我有些提心吊胆，今天整个事情都要坏在他手里。很清楚，他抵挡不住达弥斯。让我们竭力为他祈祷吧，

让我们全体默祷，不要让达弥斯听见。①

35 提摩克勒斯：你说什么，亵渎神明的达弥斯？你说神不存在，也不关心人间的事情吗？

达弥斯：是的。你首先回答我，你是怎么相信神的存在的？

提摩克勒斯：不，不洁净的东西，你回答我。

---

① 戏拟《伊利亚特》第 7 卷第 195 行。大埃阿斯在同赫克托耳决斗之前，要求希腊人为他向宙斯祈祷，他说："你们默祷，不要让特洛伊人听见。"

达弥斯：不，你回答我。

宙斯：到目前为止，我们的那个人比对手强得多，气势汹汹，嗓门儿也高。好，提摩克勒斯，不停地骂，这就是你的力量所在，因为他想在其他方面把你的嘴堵住，把你变成鱼。

提摩克勒斯：凭雅典娜起誓，我不会首先回答你。

达弥斯：那你就提问吧，提摩克勒斯，因为你发了这样的誓言，算你胜利了，只是不要骂人，如果你觉得这样合适的话。

提摩克勒斯：你说得对。你告诉我，该死的东西，你认为神不 ³⁶关心人间的事情吗？

达弥斯：完全不关心。

提摩克勒斯：你说什么？一切事物都不受天命支配吗？

达弥斯：是的。

提摩克勒斯：难道不是有某个神照管着一切事情的安排吗？

达弥斯：不是的。

提摩克勒斯：一切都是随便发生的吗？

达弥斯：是的。

提摩克勒斯：你们这些人对这种胡言乱语竟能听之任之，不用石头砸死这个渎神的家伙？

达弥斯：提摩克勒斯，你为什么挑唆人们反对我？你是什么人？尽管神自己对此还没有发出怨言，你却替他们如此发怒。神听见我的话——假如他们也能听见，——却一点也没有严厉的表示。

提摩克勒斯：他们听见！他们听见！达弥斯，总有一天他们会报复你的。

37　　达弥斯:据你说,他们为那么多事情操劳,掌管宇宙万物,他们什么时候才有工夫来光顾我呢? 这大概也就是他们为什么还没有因伪誓和别的恶行惩罚你的缘故吧! 否则,我也就用不着违约骂你了。我看不出他们能拿出什么更好的证据来证明他们关心我们的事情,除非他们用极端手段把你这个恶人除掉。不过,有一点大家都清楚,他们常常离家外出,越过俄刻阿诺斯,可能是到善良的埃塞俄比亚人那里去,他们惯于经常去那里赴宴,有时还是不速之客。

38　　提摩克勒斯:达弥斯,对于你的这种厚颜无耻,我能说什么呢?

　　达弥斯:提摩克勒斯,有一点我早就想听听你的意见,你是怎么相信神关心人间的事情的?

　　提摩克勒斯:我相信神关心人间事情的根据,首先是事物的秩序,太阳总是按照同一条轨道运行,与此类似的还有月亮的运行、季节的更迭、植物的生长、动物的繁殖,这些动物还被安排得如此精心:他们生活,活动,思想,行走,造屋,制鞋,做其他一切事情,我认为,这些都是由于天命。

　　达弥斯:提摩克勒斯,你所肯定的东西正是需要证明的,因为还不清楚,这些现象是不是出于天命。你说的这些现象我也能例举,但不一定必须认为,这些事情的发生是由于某种事先的安排。可能,这些现象起初是不同的,后来才趋于一致,并遵守同一规律。你把这种必然性称为事物的秩序,并且,当你例举和称赞这些现象,认定这就足以证明每一种现象都是受天命支配时,如果有谁不附和你的意见,你就怒发冲冠。喜剧中说:

　　　　这样不合适,给我说别的。

提摩克勒斯：我认为除此而外，并不需要其他的证明，不过我 [39]
还是说一说。你说，你认为荷马是不是伟大的诗人？

达弥斯：当然是。

提摩克勒斯：那么，正是他提供的证据，使我相信天命存在。

达弥斯：可钦佩的朋友，荷马是个杰出的诗人，大家都同意你
这个看法，但是，在这类问题上，荷马或别的诗人都不是真正的证
人。我认为，他们关心的不是真理，而是让听众着迷，为此，他们的
歌唱富于节奏，他们的叙述富于神话色彩，总之，一切都安排得令
人喜悦。不过，我还是乐意听一听，究竟是荷马的哪些段落最使你 [40]
信服，是关于宙斯的那些段落吗？他在那些段落中说，宙斯的女
儿、哥哥和妻子阴谋把宙斯缚起来，如果不是忒提斯把布里阿瑞俄
斯请来，我们这位高贵的宙斯早就被捉住，戴上镣铐了[①]。宙斯念
及忒提斯的恩情，作为报答，便给阿伽门农送了一个虚假的梦，使
许多阿开俄斯人丧命[②]。你看见了没有？他不能抛出霹雳把阿伽
门农烧死，而是把自己变成一个骗子。或者是在你听到以下的段
落时，特别使你产生了那样的信念：狄俄墨得斯伤了阿芙罗狄蒂，
然后又在雅典娜的鼓动下伤了阿瑞斯，过了不久，男神、女神全都
厮杀起来，乱纷纷地彼此搏斗，雅典娜打败了阿瑞斯，我想这是因
为阿瑞斯早就打累了，并且已经被狄俄墨得斯杀伤的缘故。

　同勒托对阵的是强大的乐于助人的海尔梅斯？[③]

---

　①　参看《神的对话》第 21 篇第 2 节。

　②　宙斯派梦神去怂恿阿伽门农向特洛伊人进攻。结果，阿伽门农吃了败仗。故
事见《伊利亚特》第 2 卷第 1—34 行。"阿开俄斯人"，泛指希腊人。

　③　《伊利亚特》第 20 卷第 72 行。

或者你认为关于阿耳忒弥斯的故事是可信的,她对俄纽斯没有邀请她赴宴深感不满,为此,她放出了一头不可抵御的大野猪到他的土地上。是荷马的这些话把你说服了吗?

41　　宙斯:哎呀,众神啊,人们发出了多大的欢呼,对达弥斯表示赞赏,而我们的人好像陷入了困境,他汗流浃背,慌乱,颤抖,很明显,他想扔掉盾牌,环顾四周,看哪儿可以偷偷地溜掉。

提摩克勒斯:当欧里庇得斯把神引进戏剧,表明他们拯救道德高尚的英雄,毁灭那些像你这样的渎神者的时候,你也不认为他的话是正确的吗?

达弥斯:不过,最高尚的哲学家提摩克勒斯,如果是那些悲剧家的类似的话说服了你,那就必须二者择其一:或者认为波罗斯、阿里托得摩斯和萨堤洛斯①是神,或者认为他们用来增加悲剧效果的面具、厚底靴、贴身衣、外套、长臂手套、假腹以及其他一切都是神的东西,这就未免太可笑了。不过,当欧里庇得斯根据个人想法,说出一些与剧情没有联系的话的时候,你听听他是怎样直言的:

> 你看见,无限大气充九霄,
>
> 用雨露作臂把大地来拥抱?
>
> 尊它为宙斯吧,把它看作神。②

又如:

---

① 萨堤洛斯是个悲剧演员。

② 欧里庇得斯的悲剧残诗。

宙斯,宙斯是谁,只这么听说,别的我不知道。①

还有一些别的类似的段落。

提摩克勒斯:是不是所有信仰神、举行盛会纪念神的人和民族 42
都是受骗呢?

达弥斯:很好,提摩克勒斯,你提醒我关于各个民族信仰神的
问题,在这个问题上谁都可以清楚地看出,关于神并不存在固定的
概念。这里是一片混乱,各个民族信仰各自的神。西徐亚人祭短
剑,色雷斯人祭匝摩尔克西斯②——他是一个由萨摩斯来到他们
中间的逃亡奴隶,弗利基亚人祭月亮,埃塞俄比亚人祭白天,库勒
涅人祭法勒斯③,亚述人祭鸽子,波斯人祭火,埃及人祭水。虽然
水算是埃及人共有的神,但孟菲斯人却尊公牛为自己的神,珀路西
翁人④尊葱头为自己的神;在一些城市里,白鹤或鳄鱼是神,在另
一些城市里,狗头狒狒、猫儿或猴子是神。此外,各个村庄的情形
也不一样,一些人以左肩为神,另一些住在对面村庄的人则以右肩
为神;一些人尊半个头骨为神,另一些人则尊陶杯或陶碗为神,尊
敬的提摩克勒斯,这些不是很可笑吗?

摩摩斯:众神啊,难道我没有说过,这些情况将会显露出来,被
人仔细研究吗?

宙斯:摩摩斯,你说过,而且正确地谴责过,我也将设法纠正这

————————

① 欧里庇得斯的悲剧残诗。

② 匝摩尔克西斯是个革泰人,曾为希腊哲学家毕达哥拉斯的奴隶,后被释放,返
回革泰人中间,传播毕达哥拉斯的学说,死后被尊为神。参看第13页注⑦。

③ 法勒斯是阳物的模拟像,为生命和繁荣的象征。

④ 珀路西翁人居住在尼罗河三角洲。

种现象,只要我们能摆脱目前的危险。

43　提摩克勒斯:你这个憎恨神的人,你说说,那些神示和关于未来的预言是从哪儿来的,如果不是出自神和天命的话?

达弥斯:最可敬的朋友,不要提神示吧,否则,我要问你,你认为哪个神示最值得提及,是皮提俄斯给吕底亚人的那个神示吗?那个神示完全是模棱两可的,具有两副面孔,就像海尔梅斯的脸面一样,无论从哪边看都可以。克洛索斯渡过哈吕斯河,他将毁灭的究竟是哪个王国,是他自己的,还是居鲁士的? 这个该死的撒狄人①为了这个语义双关的诗句,还付出了不少塔兰同。

摩摩斯:众神啊,这个人恰恰触及我最担心的事情。我们那位漂亮的竖琴手②现在到哪儿去了? 你下去就这个指控为自己辩护吧。

宙斯:摩摩斯,你不要用不合时宜的责备来烦扰我们。

44　提摩克勒斯:达弥斯,你这个罪犯,你瞧你干的事情,你是在用自己的议论否定神庙,诋毁祭坛。

达弥斯:不是所有的祭坛,提摩克勒斯,如果它们充满了香料和香气,那又有什么害处呢? 不过我将乐意看到陶洛人中的阿耳忒弥斯的祭坛翻个底朝天,这位处女神曾在那上面享用过美食。

宙斯:为什么要让我们遭受这些难以忍受的灾难呀? 他好像

---

①　指克洛索斯。
②　指阿波罗。

哪个神他都不放过,就像乘着马车信口开河①,

　　不管有错没有错,他都一个个地揪。②

摩摩斯:宙斯,在我们中间你很难找到几个没有错的。这个人好像还要继续往前走,去揪一位主要的神。

提摩克勒斯:你这个同神作对的达弥斯,难道你听不见宙斯鸣　45
雷吗?

达弥斯:怎么会听不见雷声呢,提摩克勒斯? 但是不是宙斯在鸣雷,你是从神那儿来的,应该知道得更清楚。那些从克里特来的人给我们讲述的却是另外一回事,他们说,那里有一座坟,还立着碑,这证明宙斯早已死了,不可能再鸣雷了。

摩摩斯:我早就料到他会提起这件事。宙斯,你怎么脸色苍白,牙齿颤得咯咯响? 你应该勇敢些,蔑视这些小人物。

宙斯:摩摩斯,你说什么? 蔑视他们? 难道你没有看见多少人在听讲演吗? 他们好像已经相信了达弥斯反对我们的话,达弥斯就像牵着他们的耳朵,领他们走。

摩摩斯:可是你,宙斯,只要你什么时候愿意,便可放下一条金链子,把他们全体

　　连同土地和大海一起提起来。③

提摩克勒斯:该死的东西,告诉我,你航过海没有?　46

达弥斯:航过好多次,提摩克勒斯。

---

①　雅典妇女乘车赴厄琉西斯参加宗教仪式,沿途可以随便骂人。参看第41页注④。

②　《伊利亚特》第15卷第137行。

③　《伊利亚特》第8卷第24行。

提摩克勒斯：那么，难道不是风冲击帆篷或水手划桨使你前进的吗？难道不是有个人站在那里掌舵，保证船只的安全吗？

达弥斯：当然。

提摩克勒斯：船只没有人掌舵就不能航行，那么你想，整个世界没有人掌舵，又没有人引航，能行吗？

宙斯：说得好，提摩克勒斯，一个强有力的比喻把问题说清楚了。

47　　达弥斯：但是，最喜爱神的提摩克勒斯，你知道，真正的舵手时刻考虑着船只的利益，一切都事先准备好，然后给水手们下达命令，那些对航行没有用的，在航行中不需要的、无益的、不合时宜的现象，在船上都不存在。可是你的这位舵手，你认为能指挥这条大船的舵手，以及他的助手们，却从未做过任何合理的、恰当的安排，情况是：桅杆索可能被拉向船尾，两根帆索则被拉向船头，锚有时用金子铸造，鹅脖形船艄则是铅的，船的水下部分绘有彩图，水上48　部分则不做修饰。你还会发现，船员中有个懒汉，既没有技术，又胆小怕事，却获得两三倍的报酬；另一个擅长游泳，做事勇敢，能轻巧地爬上桅端，熟悉每一件必须做的事情的人，却被安排在底舱舀水。乘客中的情况也是如此，有一个人本是个无赖，却坐在舵手边的荣誉座位上，受到礼遇，另一个是个淫荡的人，或是杀父的凶手，或是盗庙者，却受到特殊的尊敬，占有船只的上层舱，而许多有教养的人则挤在底舱的角落里，受到比他们坏的人的践踏。现在你试想想苏格拉底、阿里斯忒得斯和福喀昂在这条船上航行的情形吧：他们没有足够的食物，在底舱的污水地板上伸不开腿，而卡利阿斯、墨狄阿斯和萨达那帕罗斯却显得何等高贵豪华，向他们下面的人啐唾沫。

这就是你的那条船上的情形,聪明无比的提摩克勒斯,也正因 49
为如此,所以翻船的事屡见不鲜。如果有一个舵手负责观察,安排
一切,那么,首先,他不会不知道,在航行的人中间谁是好人,谁是
坏人,其次,他会给每个人应得的待遇,把舱面上自己旁边的好位
置分给好人,而把底舱的位置分给坏人,他还会让一些好人和自己
同桌吃饭,请他们当顾问,让尽职的水手管理船艏,或者船舷,或者
其他类似的事情,而对懒惰的人,则用鞭子每天抽他五次脑袋。这
样,最可钦佩的人,你这条用作比喻的船,由于舵手不好,有倾覆的
危险。

摩摩斯:现在对达弥斯来说,事情正顺水顺风,驶向胜利。 50

宙斯:你的比喻很恰当,摩摩斯。提摩克勒斯没有想出一个有
力的论据,他的夸夸其谈全是些一般的、拼凑起来的、容易驳倒的
陈词滥调。

提摩克勒斯:既然在你看来,用船作比喻并不是有力的论证, 51
那么就请听一听可以被人们喻作圣锚①的比喻吧,不管你采用什
么手法,都不能把它弄断。

宙斯:他想说什么呢?

提摩克勒斯:你看我的这个三段论是否合乎逻辑,你是否还能
推翻它:如果有祭坛,就是有神;现在有祭坛;既然有祭坛,也就是
有神。对于这个推论你还能说什么?

达弥斯:先让我笑个够,再来回答你的问题吧!

---

① 船只为遇有特别危险时备用的大锚,称为"圣锚"。

提摩克勒斯：可是你好像笑得没个完，你总得说清楚，我的话为什么使你觉得可笑。

达弥斯：因为你还没有觉察到，你是把你的锚，而且是圣锚，挂在一根细线上，你把神的存在同祭坛的存在联系在一起，想借此造成一个牢靠的抛锚点。既然你承认谈不出比这更神圣的东西，那我们就此分手吧。

52　　提摩克勒斯：你想先走开？那就算你认输了。

达弥斯：是呀，提摩克勒斯，对我们来说，你就像那些受到暴力威胁，逃到祭坛边避难的人。我凭圣锚发誓，我想同你在这些祭坛边订约，今后不再就这个问题争论了。

提摩克勒斯：你想在我面前装糊涂吗，你这个盗墓者、不洁净的东西、该遭唾弃的人、无赖、败类？你这个大馋鬼，无耻之徒，难道我们不知道你父亲是何许人，你母亲如何卖淫，你如何扼死了你的兄弟，你如何淫荡、糟蹋男孩子？不要逃跑，在我揍你一顿之前你别想走。我要用这块陶片割断你这个不洁净的东西的喉咙。

53　　宙斯：众神啊，一个笑着走，另一个跟在后面骂，忍受不了达弥斯对他的嘲弄，好像他要用陶片砸他的脑袋。我们拿他们怎么办呢？

海尔梅斯：我认为喜剧诗人说得非常对：

> 只要否认，就不会受到伤害。①

如果有少数人听信了他的话离开了，难道这也是什么巨大的不幸？还有许多人的意见正相反，如大部分希腊人和所有的异族人。

---

① 古希腊新喜剧诗人米南德（公元前342—前291）的喜剧《公断》的残诗。

宙斯:海尔梅斯,大流士论左皮洛斯的话说得非常好,我宁愿要达弥斯这样一个盟友,胜过拥有千百个巴比伦[①]。

[①]　左皮洛斯是大流士一世(公元前 522—前 485 年在位)的亲信。大流士率军围困巴比伦城一年零七个月,未能攻下。左皮洛斯自我毁容,佯称受到大流士的虐待,逃到巴比伦人那里。巴比伦人信任并重用了他,最后委任他为城防官。这时,左皮洛斯同大流士里应外合,一举攻下了巴比伦。据说大流士曾不止一次说过,他宁愿左皮洛斯不曾这样可怕地毁容,胜过占领二十个巴比伦。故事见希罗多德的《历史》第 3 卷第 153 节以下各节。

神 的 会 议

1   宙斯：诸位，不要嘟哝啦！不要因为有许多不够格的神参加了
我们的会饮而心怀不满，聚到角落里交头接耳，这个会是为他们而
召开的，但愿每个神都把自己的想法公开讲出来，提出控诉。海尔
梅斯，你按照法律传令。

海尔梅斯：注意听！安静点！哪一位成年的、有发言权的神想
发言？今天审议外侨和异邦神的问题。

摩摩斯：如果你允许的话，宙斯，我摩摩斯想发言。

宙斯：公告已经允许了，无须我同意。

2   摩摩斯：那我就说。我们当中有一些神行为怪僻，他们不满足
于自己从凡人变成天神，而是认为，如果他们不能使自己的随从和
奴仆与我们一样受尊敬，他们就没有完成什么伟大而英勇的业绩。
宙斯，请你允许我坦率地谈；别的方式我不会，大家都知道，我的嘴
快，对什么坏事我都憋不住。我要把它们全都揭露出来，想到什么
就公开讲什么，我谁也不怕，也不因有所敬畏而隐瞒自己的意见。
因此，许多神觉得我讨厌，认为我是个天生的诽谤者，甚至称我为
公共的控告者。但是，宙斯，既然你已经允许了，海尔梅斯已经这
样宣布了，你也让我随便谈，那我就毫不隐讳地谈谈。

3   我断言，很多神，尽管他们身上有一半是凡人的成分，却不满

足于自己与我们一起开会，和我们平起平坐地饮宴，还要把他们的奴仆和同伙弄到天上来，塞到众神中间。现在他们和我们分享同等的份额，也得到一份祭品，却不向我们交付外侨税。

宙斯：摩摩斯，别拐弯抹角！指出名字，清楚明确地讲出来！你刚才的话半吞半吐，使很多神乱猜，把你的话互相乱套。一个坦率的神，说话应该毫不犹豫。

摩摩斯：太好了，宙斯，你也激励我坦率！你这样做真正是巴赛勒斯的宽宏大量，因此我将说出具体的名字来。就说这位高贵的狄俄倪索斯吧。他作为半人半神，从母亲一方来说甚至不是希腊人，而是叙利亚—腓尼基混血儿、商人卡德摩斯的外孙①。既然他已经获得永生，他本身如何，我就不说了，甚至关于他的束发带、他的酗酒，或是他的步态，我都不说。我想，大家都知道，他的外表像个娇弱的女人，半疯半癫，从清晨起就散发出强烈的酒气。他还把他那一伙全都弄到我们中间来，领导着他们，同他们生活在一起，把潘、塞勒诺斯和萨堤洛斯这些乡下佬、牧羊人、不安分守己、奇形怪状的人都变成神。他们中间，潘有犄角，腰以下和山羊一样，胡子长长的，几乎和山羊没有什么区别；塞勒诺斯是个秃老头，塌鼻子，经常骑着驴，他是吕底亚人；那些萨堤洛斯耳朵尖尖的，也是秃子，有犄角，他们的犄角和刚刚生下的小山羊的一模一样，他们是弗利基亚人，都有尾巴。你们看看，这位高贵的神为我们创造

①　卡德摩斯的父亲阿革诺耳是腓尼基的巴赛勒斯，腓尼基人曾经在叙利亚居住过，后来才迁移到叙利亚西边的腓尼基地方，所以卡德摩斯被称为"叙利亚—腓尼基混血儿"。

了一些什么样的神？

5　　　如果人们看到这样可笑、这样奇形怪状的神而蔑视我们，难道我们还感到奇怪吗？他把两个女人也带了来，一个是他热恋着的阿里阿德涅——他把她头上的花环也收进天上的星宿①，另一个是农夫伊卡里俄斯的女儿②。这些我将不去说它。最可笑的是，众神啊，他把厄里戈涅的狗也弄到天上来③，以免这个女孩子因为她喜爱的那只温顺的小狗不能和她同住在天庭而发愁。难道你们不认为这是傲慢、胡闹而又可笑？再请你们听听另外一些——

6　　　宙斯：摩摩斯，关于阿克勒庇俄斯，关于赫剌克勒斯，你就不要说了。我已经看出你要把话题往哪儿引。他们一个是医生，能使病人恢复健康，一个就"抵得过很多别的人"④，而赫剌克勒斯则是我的儿子，他吃过不少的苦头才获得永生。你就不要责难他们啦！

　　　摩摩斯：看你的面子，宙斯，我将不谈他们，尽管我能谈很多。但是，他们即使没有别的残疾，却都有火烧的痕迹。涉及你本身，如果可以坦率地谈的话，我能谈很多。

　　　宙斯：既然涉及我，那就更可以谈。难道你也责难我是异

---

①　阿里阿德涅是克里特的巴赛勒斯弥诺斯的女儿，曾帮助雅典的英雄提修斯逃出弥诺斯的迷宫，后来成了狄俄倪索斯的妻子和祭司，狄俄倪索斯把她头上的花环变成了天冕星座。

②　伊卡里俄斯是雅典的农夫。"女儿"指厄里戈涅。伊卡里俄斯得到狄俄倪索斯赠送的一袋酒，给几个牧人喝了。牧人酒醉后，人们以为是伊卡里俄斯毒害了牧人，便杀死了他，把他的尸体埋在一棵树下。

③　厄里戈涅在她的小狗的帮助下，找到了她父亲的坟墓，并吊死在坟前的树上。后来，狄俄倪索斯把伊卡里俄斯和厄里戈涅连同那只狗都变成了星辰，这就是牧夫星座、室女星座和天狗星座。

④　见《伊利亚特》第9卷第514行。

邦神？

摩摩斯：在克里特不仅可以听到这一点，而且关于你还有一些别的传说，人们连你的坟墓都指得出来。但我既不相信他们，也不相信埃癸翁的阿开俄斯人，他们说你是个弃婴①。

我要把我认为特别应该揭露的事情讲出来。宙斯，你是这类违法行为的根子，你是损害我们的会议的起因，因为你变换不同的形状下凡和尘世的女人相会，我们都担心你在变成牛的时候被人捉住，用来献祭；担心你在变成金子的时候被首饰匠加工，以致我们这里只有项圈、手镯或耳环，而没有宙斯。然而，你却使这类半神充斥天庭。我无法用另外的方式表达。下面这种事，谁突然听说都会觉得最可笑不过：赫剌克勒斯注定要成神，而对他发号施令的欧律斯透斯却死了，离家奴赫剌克勒斯的神庙不远，就是他的主人欧律斯透斯的坟墓②；还有，在忒拜，狄俄倪索斯是神，而他的表兄弟彭透斯、阿克泰翁③和勒阿耳科斯④却是所有的人当中最不幸的人。

宙斯，你一旦为这种人敞开大门，并把自己的注意力放在尘世的女人身上，大家便都模仿你，不仅男神，女神也这样——这是最

----

① 古代居住在伯罗奔尼撒北部埃癸翁城的阿开俄斯人曾传说，宙斯就生在他们那里，由山羊哺养大。

② 据阿提卡的传说，欧律斯透斯死后葬在阿提卡境内离伽耳革托斯乡不远的地方。赫剌克勒斯的庙宇也建在那里。

③ 阿克泰翁是忒拜的巴赛勒斯卡德摩斯的外孙，他的母亲奥托诺厄与狄俄倪索斯的母亲塞墨勒是姐妹。一次打猎时，他无意间看见了狩猎女神阿耳忒弥斯在海水中沐浴，女神生了气，把他变成一头鹿，让他自己的猎狗把他扯碎。

④ 勒阿耳科斯的母亲伊诺与狄俄倪索斯的母亲塞墨勒是姐妹。狄俄倪索斯出生后曾由伊诺哺养，赫拉怀恨在心，使勒阿耳科斯死在他父亲手里。

可耻的。谁不知道安喀塞斯①、提托诺斯②、恩底弥昂、伊阿西翁③
和其他的人？我想把这些都略过去，因为揭露起来涉及的面太
宽了。

宙斯：摩摩斯，不许说伽倪墨得斯。如果你辱骂这个孩子的亲
属，惹得他悲伤，我会生气的。

摩摩斯：那么，关于老鹰我就不能说了？它也在天庭中蹲在你
的权杖之上，只差在你的头上搭窝了，似乎它也是神。或者，为了
伽倪墨得斯的缘故，我也将它略过去？

宙斯啊，阿提斯、科律巴斯、萨巴齐俄斯他们是怎样到我们这
里来的？那个米太人弥特剌斯又是怎样来的？他身着米太服装，
头缠头巾，讲的也不是希腊话，别人为他祝酒他都听不懂。因此，
西徐亚人，包括他们中间的革泰人，看见这种事情就跟我们道了永
别，以便他们自己获得永生，想使谁成神就举手通过。这种方法与
匝摩尔克西斯，一个奴隶，被非法地载入神的名册时——我不知道
他是怎样被偷偷地载入神的名册的——所采用的方法完全
一样④。

---

①　安喀塞斯是小亚细亚西北部达达尼亚人的巴赛勒斯，阿芙罗狄蒂和他相爱，生
了特洛伊的英雄、罗马人的始祖埃涅阿斯。

②　提托诺斯是特洛伊的巴赛勒斯拉俄墨冬的儿子，为朝霞女神厄俄斯的情人。
厄俄斯从宙斯那里为他求得了永生，但忘了为他求得永存的青春，他因此成了衰老而
不能死去的人。

③　伊阿西翁是宙斯的儿子，为农神得墨忒耳所钟情的人。后来的传说说他与库
柏勒是夫妇。

④　传说匝摩尔克西斯在山洞里藏了四年，因此被写进了神的名册。故事见希罗
多德的《历史》第 4 卷第 95 节。参看第 215 页注②。

诸位,所有这些都算不了什么。你啊,身着麻布、长一张狗脸 10
的埃及人①,你是谁? 亲爱的,你会汪汪叫,怎么配作一个神? 这
条孟菲斯花斑牛②为什么想要受人崇拜,为什么发布神示,而且有
解释者? 我不好意思谈那些白鹤、猴子、山羊③和别的更可笑的东
西,不知道他们是怎么从埃及混到天庭来的。诸位,看到他们和你
们一样,甚至比你们更受尊崇,你们怎么能忍受? 宙斯啊,他们让
你长了羊犄角,你怎么能忍受?

宙斯:你说的有关埃及人的事情实在可耻。但是,摩摩斯,其 11
中有很多隐秘,你没有参加过秘密仪式,就不要嘲笑。

摩摩斯:是的,我们非常需要秘密仪式,以便知道神是神,狗头
是狗头。

宙斯:我跟你说,把有关埃及人的事情搁到一边去,有时间我
们另外谈。你且谈别的吧!

摩摩斯:宙斯,那就谈特洛福尼俄斯和安菲罗科斯,后者的事 12
情特别使我感到窒息,他是个罪大恶极的弑母者的儿子④,却以高
贵的身份在西里西亚颁发预言,其实是撒了许多谎,为了两个俄玻
罗斯而愚弄人。所以,阿波罗啊,你再也享受不到荣誉了,任何一
块石头,任何一个祭坛,只要给它涂上油、戴上花环,给它一个骗
子——这种人多得很,——它便能颁发预言。在奥林匹亚,竞技者

---

① 指古埃及的神阿努比斯,参看第 6 页注③。
② 指古埃及的牛神阿庇斯。
③ 指古埃及的神阿蒙,参看第 177 页注②。
④ 抄本有错误,"儿子"一词可疑。安菲罗科斯的父亲安菲阿剌俄斯并不是一个
"弑母者"。安菲罗科斯本人才是弑母者,参看第 125 页注①。

波吕达马斯①的雕像能医治寒热病,在萨索斯岛,忒阿革涅斯②的雕像也一样能治病;在伊利翁,人们给赫克托耳③献祭,在对岸的刻耳索涅索斯④,人们给普洛忒西拉俄斯献祭。自从我们变得这样多以来,伪誓和盗庙的事也更多起来。人们蔑视我们,他们做得对。

13　　关于私生子和非法塞到我们中间来的人就说这些。我听到了很多我们中间没有也完全不可能有的陌生的名字,宙斯啊,它们使我笑得前仰后合。常说的美德、天性、命运和时运在什么地方? 这些都是愚蠢的哲学家杜撰出来的、毫无实际内容的、空空洞洞的名字。这些粗制滥造的玩意儿是这样地使没有头脑的人相信,以致没有人再愿意给我们献祭。他们知道,即使献上千万次百牛祭,时运还是照样促成命运早已注定的、每个人生下来就分配好的事情。我乐于向你提个问题,宙斯,你在什么地方看到过美德、天性和命运? 我知道,在那些哲学家的讨论中,你经常能听到这些字眼,除非你是聋子,听不见他们的喊叫。我还有很多话要说,但我即将结束我的发言,因为我看到许多神对我的发言不满,发出嘘声,特别

14　是我的坦率的言辞所触及的那些神。最后,如果你同意,宙斯,我将就这些问题宣读一个已经起草好的决议。

　　宙斯:宣读吧! 你的指控并非全无道理。其中许多事情都应

----

　　① 波吕达马斯是公元前 5 世纪希腊著名的竞技者,在奥林匹亚曾立有吕西波斯为他雕刻的像。

　　② 忒阿革涅斯是公元前 5 世纪初希腊著名的竞技者。萨索斯岛在爱琴海北部。

　　③ 赫克托耳是特洛伊的巴赛勒斯普里阿摩斯的长子,为特洛伊战争中特洛伊军队的统帅。

　　④ 刻耳索涅索斯半岛在爱琴海北部。

该刹住,使它们不致愈演愈烈。

摩摩斯(宣读决议):

祝尔等幸福。初七曾召开法定会议。会议主席团主席宙斯,执行主席波塞冬,总监阿波罗,记录夜神之子摩摩斯,梦神提出建议。

鉴于众多异邦人,不唯希腊人,尚有蛮人,此等人无权与吾侪分享公民权,不识其如何侧身于吾侪之中,被尊为神,充斥天庭,筵宴之上悉是操各种语言、杂乱麇集之人;

神酒神食不足,饮者甚众,杯酒值一谟那;

外来者擅自排挤古老之真神,一反祖辈习俗,求居显要之位,寄希望于世人之尊崇。

议事会与公民大会兹决定:

15

冬至前后于奥林帕斯召开会议,遴选七位全权真神为评议员,三位出自克洛诺斯之古议事会,四位出自十二主神,其中包括宙斯,众评议员依法向斯堤克斯宣誓①,然后就职,由海尔梅斯传令,召集全体自命有权出席会议者,彼等须携带准备宣誓之见证及出生证明前往,尔后准其分别前往接受评议员之审查。评议员或宣布其为神,或遣其返回各自之坟墓与祖茔;如有谁审查不第,为评议员除名,一旦涉足天庭,致遭捉拿,则将其打入塔耳塔洛斯;

众神应各专职守,雅典娜不得再医治疾病,阿克勒庇俄斯不得再颁发神示,阿波罗亦不应再事事独揽,而应作出抉择,或成为预

16

---

① 斯堤克斯是冥间最大的河流,凭斯堤刻斯发誓对人和神都是神圣的。神如果虚伪地凭斯堤克斯发誓,就将沉睡一年,此后九年不能参加神的集会。

言者,或成为歌唱家,或成为医生;

17　　警告哲人,不得编造空洞之名字,胡诌不谙熟之事理;

18　　若有谁据有庙宇或享受献祭,应将其雕像废除,代之以宙斯、赫拉、阿波罗或其余真神之雕像,城邦应为其建造坟墓,树立碑石以代祭坛。

　　若有谁不顾此令,不拟见评议员,将对其进行缺席审判。

　　决议如上。

　　宙斯:摩摩斯,最公平不过!同意的请举手。不,最好让它就
19　此生效!我知道,大多数是不会举手的。现在散会。在海尔梅斯传令的时候,你们就来出席,并且把清楚的物证、确凿的凭据,父母的名字,为什么和怎样变成神的经过,以及所属部落和氏族的名称带来。如有谁不能提供有关证明,即使在世上享有宏大的庙宇,人们认为他是神,评议员们对这些将不予考虑。

佩雷格林之死

琉善祝愿克洛尼乌斯①诸事顺遂。

那个倒霉的佩雷格林——或者像他喜欢称呼自己那样,叫做普洛透斯,——有着和荷马诗中的普洛透斯相同的经历。为了追求荣誉,他变成各种物体,化身为千百种形态,最后在这里化成了火焰;他是这样酷爱荣誉!现在你的最好的人已经像恩培多克勒那样化成了灰烬,不过恩培多克勒是想投身于火山口内,不让人看见,这个高尚的人却一直等到那人山人海的希腊盛会:他架起了一个极大的火葬堆,当着那么多目击者的面跳了进去。在做这件大胆行为的前几天,他还在希腊人面前谈论过这件事。

我好像看见你在大笑这老头子太愚蠢,说得确切些,听到你在大声地说,你当然会这样说:"啊,多么愚蠢!啊,多么爱好荣誉!啊,——!"我好像还听到你发出我们时常对这种人发出的别的感叹。可你说这些话,是在远处,是在安全得多的地方;我却是在那堆火旁边这样说,而且在更早的时候,还当着一大群听众说过这些话,其中一些人被我激怒了,当时有那么多人欣赏这老头子的疯病;但也有别的人讥笑他。我差点像阿克泰翁被猎狗撕死,或者像

1

2

---

① 克洛尼乌斯是个罗马人,据说是柏拉图派哲学家。

他的表兄弟彭透斯被狂女撕死一样，被昔尼克派撕成了碎块。

3　　整个剧情①如下。你当然知道这个剧作家是什么样的人，他一生上演过多少出悲剧，超过了索福克勒斯②和埃斯库罗斯③。我一到厄利斯，穿过健身场④上山去，就听到一个昔尼克派在三岔路口粗声粗气地向美德致庸俗的赞辞，他把所有的人都辱骂了。后来，他的喊叫以对普洛透斯的赞扬告结束，我将尽我所能回忆的把他的话告诉你。对这种腔调，你当然是熟悉的，因为他们喊叫的时候，你经常在他们跟前。

4　　"谁敢说普洛透斯爱好虚荣？"他嚷道，"大地啊！太阳啊！江河啊！大海啊！我们的先人的神赫剌克勒斯啊！这个普洛透斯曾在叙利亚坐牢，为了祖国的缘故放弃五千塔兰同，被放逐出罗马城，他比太阳还明亮，能和奥林匹亚的宙斯媲美。难道由于他决心借火来摆脱生命，有人就认为这是爱好虚荣？难道赫剌克勒斯不是这样摆脱的？难道阿克勒庇俄斯和狄俄倪索斯不是被电火烧死的⑤？难道恩培多克勒不是跳进火山口死去的？"

5　　当忒阿革涅斯——那个大声叫嚷的人叫这个名字——说到这里的时候，我向一个旁观者问道："他谈论火干什么？赫剌克勒斯

---

① 一般版本作"剧情"，勒布本作"事情"。

② 索福克勒斯（公元前 496? —前 406?）是古希腊三大悲剧诗人中的第二人，著有 130 出戏剧，现存 7 出悲剧。

③ 埃斯库罗斯（公元前 525—前 456）是古希腊三大悲剧诗人中的第一人，著有 70 出戏剧，现存 7 出悲剧。

④ 这个健身场是运动员在参加正式比赛前做练习的场所。

⑤ 酒神狄俄倪索斯的母亲塞墨勒是被电火烧死的。参看《神的对话》第 9 篇第 2 节。"和狄俄倪索斯"大概是伪作，因为狄俄倪索斯并不是被电火烧死的。

和恩培多克勒跟普洛透斯有什么关系?"他回答说:"等不了多久,普洛透斯就要在奥林匹克运动会上自焚。"我问道:"怎样自焚? 为什么?"他竭力解释,可是由于那个昔尼克派大声叫嚷,我没法听见别人的话。我只好听那人滔滔不绝地说下去,听他用惊人的夸张语言谈论普洛透斯。他认为不但那个锡诺普人①或他的先师安提斯泰尼不配和他相提并论,甚至苏格拉底也不配;他请了宙斯来和他较量。后来,他决定让他们处于平等地位。他这样结束他的话:"世人只看见两个最好的杰作,这就是奥林匹亚的宙斯和普洛透斯,前一位的创作者和艺术师是菲迪亚斯,后一位的创作者和艺术师是自然力。但现在这个神圣的偶像将乘火离开人间到神那里去,撇下我们无依无靠。"他淌着大汗讲完了这些话,非常可笑地流着眼泪,揪拉着自己的头发,却又不揪扯得太重。后来,他咽咽呜呜地哭起来,一些昔尼克派竭力安慰他,把他弄走了。 6

在他之后,另一个人②不等人散开,立刻就走上去,把酒奠在先前献上的、还在燃烧的祭品上。起先,他笑了很久,很清楚,他是由衷地笑的;然后这样说:"那个该死的忒阿革涅斯以赫拉克利特的眼泪结束了他的最令人生厌的演说,相反,我却要以德谟克利特的笑开始我的讲话。"③他又笑了很久,使我们大多数人都同样地笑了起来。他然后转过脸来说道:"诸位,听到这样可笑的发言,看见老年人为了追求可鄙的小名气几乎当众栽跟头,我们能不笑吗? 7 8

---

①　指第欧根尼。参看第 72 页注③。

②　这人无疑就是琉善自己。参看本篇第 2 节"而且在更早的时候,还当着一大群听众说过这些话"一语。

③　参看《出售哲学》第 13—14 节。

如果你们想知道这个将要自焚的神圣的偶像是什么东西，你们就听我说，我从最初就开始观察他的意图，注视他的生活；我从他的同胞们和那些必然清楚地知道他的底细的人那里了解到一些情况。

9　　"自然力的这个创造物和杰作——波力克利特的典范像①刚刚进入成年，就在阿尔明尼亚②犯了通奸罪，被人捉住，挨了许多鞭打，最后从屋顶上跳下来逃跑了，屁股上塞着一根小萝卜。后来，他诱奸了一个俊俏的小伙子，赔了这个孩子的贫穷的父母三千德拉克马，才没有被带到亚细亚省的总督③面前去。

10　　"我认为可以把这些事以及诸如此类的事搁到一边，因为他当时还是一块没有定型的黏土，我们的神圣的偶像还不完美。至于他是怎样对待他父亲的，倒很值得一听，虽然你们大家都知道这件事，都听说他怎样勒死那个老头子，不容他活过六十岁。事情传开后，他就自行放逐，到处流浪。

11　　"那时候，他在巴勒斯坦同祭司和文牍交往，精通了基督徒的奇异的哲理。结果怎么样呢？他很快就把他们变成了小孩子，因为他自己是先知、兄弟会长、会堂长，他自己就是一切。他们的一些书由他来讲解，由他来注释，他自己还写了很多书。他们对他敬畏如神，把他当作立法者，称他为庇护人，仅次于他们依然崇拜的

----

①　波力克利特最讲究人体的比例，他的作品执矛者被认为是男子体型美的典范。参看第175页注⑥。

②　阿尔明尼亚在小亚细亚东边。

③　指小亚细亚省的罗马总督。本篇中的"亚细亚"，都是指小亚细亚西部。

那个人①，那人正是由于把这种新奇的教义带到人世来而在巴勒斯坦被钉在十字架上的。

　　"当时，普洛透斯为此被捕坐牢，这件事给他带来了不小的名声，促成了他未来的生活、欺诈行为和虚荣心，这些是他所爱好的。他坐牢的时候，基督徒认为这是一种灾难，想方设法营救他。营救不成，他们就从各方面照顾他，不是敷衍了事，而是尽心尽力。从清晨就可以看到年老的寡妇和孤儿在牢房旁边等候，基督徒的执事人甚至向看守行贿，和他一起睡在牢房里。后来，他们带去精美的膳食，朗读他们的圣书，这个最优秀的佩雷格林——他依然叫这个名字——被他们称为'新的苏格拉底'。 12

　　"真的，有人从亚细亚各城市前来营救他，支持他，安慰他，这些人是基督徒用他们的公共基金派来的。当他们有这类公众事务的时候，他们表现出料想不到的快速，在短短的时间内把一切花光。对于佩雷格林，他们也是这样，由于他坐牢，大量金钱从他们那里输送到他的身边，使他得到一笔不小的进款。这些不幸的人一般都相信他们将获得永生，能长久存活，因此他们蔑视死亡，很多人乐于自我牺牲。他们的头一个立法者②使他们相信，自从他们背弃了希腊的神灵，违反了他们的法则，转而崇拜那位被钉在十字架上的哲人，并按照他的法则生活以来，他们彼此是兄弟。没有确切的证明，他们就接受了这样的教义，因而同样地蔑视一切财富，认为它们是共同所有的。因此，如果有任何一个能利用时机的 13

_____

① 指耶稣。
② 指耶稣。

骗子、术士来到他们中间,他就能嘲弄这些芸芸众生,短时期内很快成为富翁。

14　　"但佩雷格林却被叙利亚的总督,一个爱好哲学的人,释放了。这人看出了佩雷格林很愚蠢,看出了他宁可一死以留下名声,因此把他释放了,认为他不应该遭受惩罚①。佩雷格林回到家乡,发现他父亲的凶死案件仍然处在热劲上,许多人威胁要控告他。他的大部分财产在他外出期间已被人抢走,只有田地还保存着,约值十五个塔兰同,因为老头子留下的全部产业只值三十个塔兰同,而不是如那个非常可笑的忒阿革涅斯所说的值五千个塔兰同。甚至帕里翁②全城连同它的五个邻城,包括人丁、牲畜和其他一切资源在内,也卖不了那么多钱。

15　　"当时,控告和指责仍然是灼热的,很可能不久就会有人出来攻击他;民众非常愤慨,为那个惨遭逆子杀害的好老头——那些见过他的人都这样称呼他——感到悲哀。你们且看这个精明的普洛透斯想出个什么办法来应付这一切,躲过危险。他走到帕里翁公民大会上,当时他蓄着长发,披着肮脏的破斗篷,身边挂着一只行囊,手里拿着一根木棒,总而言之,他的装扮很有悲剧的意味。他以这样的姿态出现在民众面前,宣布放弃他的先父留给他的财产,使它全部归公。当民众,那些渴望馈赠的贫穷的人,听到这一点的时候,他们立刻大声嚷道:'好个哲学家! 好个爱国者! 好个与第欧根尼和克剌忒斯相匹敌的人!'他的敌人则哑口无言,如果有人

---

①　指鞭打。按照罗马法令,犯人不论被释放或判刑,都要遭受鞭打。
②　帕里翁城在赫勒斯滂(今称达达尼尔)海峡旁边。

敢提起杀人的事，他立刻就会挨石头。

"于是他再次出外流浪，有基督徒供给他足够的旅费，在他们　16
的保护下，他完全过着非常富裕的生活。在一段时间里，他养得肥
头大耳；后来，因为他干了点违反他们的教规的事——我猜想是有
人发现他吃了一点不许吃的东西①，——他们就不再接待他了。
他没有办法，认为必须打消从前的诺言，要求城邦把他的产业退还
给他。他递上了申请书，希望皇帝下令退还。但由于城邦派代表
去反对，他的事情没有成功。他奉令要遵守他在没有任何压力下
作出的决定。

"此后，他第三次出游，到埃及去访问阿伽托部罗斯②。在那　17
里他接受奇异的训练：把头发剃去一半，用泥浆涂面，当着许多围
观者把他的那话儿拿出来玩，以此表明所谓'无所谓好坏'。他还
用芦秆打别人的屁股，自己的屁股也让别人打，此外，他还搞了许
多别的更胡闹的玩意儿。

"他准备好以后，便从那里乘船赴意大利，一下船就什么人都　18
骂，特别骂皇帝③，他知道这人非常温和，非常有教养，所以他可以
胆大妄为而得平安无事。这个皇帝，正如我们所预料的，不大计较
他的辱骂，认为不值得为了几句话就惩罚一个隐藏在哲学外衣下
面的人，特别是一个以谩骂为职业的人。这家伙的名声反而因此
提高了，至少在普通人中间是提高了，他由于狂妄而引人注目，直

---

①　参看《新约·使徒行传》第 15 章第 29 节："禁吃祭祀偶像的牺牲、血和勒死的
牲畜。"

②　阿伽托部罗斯是昔尼克派哲学家，在埃及亚历山大城讲学。

③　指罗马皇帝安托尼乌斯·庇乌斯(138—161 年在位)。

到后来,城市长官,一个聪明的人,因为他太醉心于这种事情,把他赶走了,说城市不需要这样的哲学家。可是,这却使他有了名声,他作为一个由于直言无隐和过分自由而被放逐的哲学家被所有的人挂在嘴边,他因此与穆索尼乌斯、狄翁、爱比克泰德①,以及其他处于同样境遇的人齐名。

19　　"在这种情形下,他去到希腊,时而辱骂厄利斯人,时而劝希腊人拿起武器反抗罗马人,时而诽谤一个有教养、有地位的人②,那人在许多方面为希腊做过好事,特别是因为他把水引到奥林匹亚,使参加盛会的人解除了口渴的威胁。他恶意地指责那人使希腊人变得娇弱如妇人,而奥林匹克运动会的观众是应该忍受口渴的,是呀,甚至是应该牺牲性命的——他们中间有许多人是会死于先前由于那里的干旱而在稠密的人群中流行的凶恶的疾病的。他喝着引来的水,说出这样的话。

　　"所有的人都向他冲去,几乎用石头把他砸死。当时,这个高
20　贵的人逃到宙斯的祭坛跟前,才得以幸免。在随后的一届奥林匹克运动会上,他却向希腊人发表了一篇他在过去四年间写成的演说,称赞那个把水引到这里的人,并为自己当时的逃避进行辩解。

　　"这时,他受到所有的人的蔑视,不再那样引人注目,因为他这一套已经过时,他再也拿不出什么新鲜货色使遇见的人感到惊奇,对他表示称赞与重视,这些正是他很早就强烈地追求的东西。最

---

　　①　这三个人是斯多葛派哲学家。穆索尼乌斯是被罗马皇帝尼禄(54—68 年在位)放逐的,狄翁和爱比克泰德(55？—135？)是被罗马皇帝多密善(81—96 年在位)放逐的。

　　②　指希罗德·阿提库斯。阿提库斯是公元 2 世纪雅典政治家。

后,他想出了火葬堆这个大胆的设计。他在上一届奥林匹克运动会后立刻对希腊人声明,他将在下一届运动会上自焚。此刻[①],据说他正在做这件惊人的事:挖一个坑,收集柴薪,答应表现他那令人生畏的坚毅精神。 21

　　"我认为他首先应当等待死亡的来临,而不应当逃避生命;如果他决定无论如何也要去死,那也用不着火或某种来自悲剧的设计,他可以从无数的死法中挑选另外一种,以便离开尘世。如果他偏爱火,把它当作与赫剌克勒斯有关的东西,那他为什么不悄悄地挑选一个林木茂盛的山头,带着一个像忒阿革涅斯这样的人做他的菲罗克忒忒斯,到那里去自焚呢?他却要在奥林匹亚,在人山人海的盛会上,几乎是在舞台上烤自己的肉——凭赫剌克勒斯发誓,这是罪有应得,如果杀父的人和不敬神的人应该由于他们的胆大妄为而遭受惩罚的话。这样看来,他似乎做得太晚了,早就该把他扔到法拉里斯铜牛的肚子里去[②],使他受到应得的惩罚,而不是对着火焰张开嘴,一下子死去。许多人告诉我,没有比用火烧更快的死法:只要一张嘴,立刻就死了。

　　"还有,我认为在圣地——甚至在那里埋葬别的死者也是不允许的——烧人,是作为严肃的场面构想出来的。我想你们曾经听 22

---

　　① 佩雷格林批评引水一事是在 153 年,他称赞引水一事是在 157 年,"上一届奥林匹克运动会"是在 161 年,"此刻"是 165 年。

　　② 法拉里斯是西西里岛阿克剌伽斯城的僭主(公元前 570?—前 554? 年在位),非常残暴。有人主动给他制造一个铜牛,可以把人放在里面烧死。他首先把那人放在里面烧死了。琉善曾在《法拉里斯(一)》第 11—12 节讲述过这个故事。

说过，很久以前，有个想出名的人①烧毁了以弗所的阿耳忒弥斯庙，因为他没有别的办法可以达到目的。普洛透斯也在构想某种类似的东西，这样强烈的、追求荣誉的欲望深深地透入了他的心灵。

23　　"他却说，他做这件事是为了有益于人类，教他们藐视死亡，忍受可怕的痛苦。我倒喜欢问问，不是问他而是问你们：你们是否希望作恶的人在这种坚毅方面成为他的门徒，藐视死亡、火烧和类似的可怕的事物？我知道得很清楚，你们是不希望的。那么，普洛透斯又怎能确定，他既要有益于好人，又不使坏人更喜欢冒险，更胆大妄为？

24　　"姑且认为这是可能的；只有那些能从中获得教益的人才能出场观看这个景象。我却要再问你们：你们是否愿意你们的孩子成为这样一个人的仿效者？你们是不会说愿意的。但是，既然连他的门徒都没有一个仿效他，我为什么要提这个问题？有人会特别责备忒阿革涅斯：他在其他方面都仿效那人，却没有跟随他的那位据他说是要到赫剌克勒斯那里去的老师，没有和他同行，虽然他自己是能同他一起一头栽到火里，立刻成为一个非常有福的人的。

　　"仿效不在于有行囊、木棒和破斗篷，这些东西毫无危险，任何人都能轻易地做到。应该仿效最终的和主要的事情，用最绿的无花果树干架个火葬堆，在烟雾中把自己闷死。火不仅属于赫剌克勒斯和阿克勒庇俄斯，而且属于盗庙者和杀人犯，人们可以看见他

①　指赫洛特剌托斯，公元前3世纪中叶的人。以弗所人为了挫败他想出名的企图，不许人提起他的名字。

们被判罪，遭受这种惩罚。所以，最好是死于烟雾，他有自己的特色，它仅仅属于你们这些人。

"此外，即使赫剌克勒斯决心这样做，那不过是由于他有病，因为，正如悲剧所说的，马人的血腐蚀着他。这家伙有什么理由投身到火里去？是呀，他不过是像婆罗门①那样显示他的坚毅精神罢了！忒阿革涅斯认为足以把他和他们相比，似乎在印度人当中不会有愚蠢的人和爱好虚荣的人。就算他是在仿效他们，可他们不是跳到火里去——正如亚历山大的舵手、那个曾看到卡拉诺斯自焚的俄涅西里托斯②所说的，——而是在架火葬堆的时候，紧靠在旁边不动，忍受着火的燎烤，然后走上去，保持着一定的姿势自焚，躺在③那里，一点不转动。

"如果这家伙跳进去，被火吞没烧死，这有什么了不起？如果他在半烧焦的时候跳出来，这也是意料中的事，若不是——如人们所说的那样——他留心把火葬堆架在坑的深处。有人说，他甚至改变了主意，说他做了一个梦，意思是宙斯不许他玷污圣地。这一点他倒可以放心！我愿发誓，如果佩雷格林不得好死，没有一位神会发怒。但他此刻要往后退，已经不容易了，因为他的昔尼克朋友们正在怂恿他，推他到火里去，激励他的决心，他们不会让他退缩。如果他在跳到火里去的时候，把他们拉上两个，那倒是他做的唯一的好事。

25

26

———————————

① 指一般的印度人，不是指作为印度的第一种姓的僧侣阶级。

② 卡拉诺斯是亚历山大大帝军中的印度人，因为患肠病，自焚而死。俄涅西里托斯是个历史家，为昔尼克派哲学家。

③ 琉善在《逃跑者》第 7 节中更正为"坐在"。

27　　　"听说,他不同意再称他为普洛透斯,而改称为福尼克斯①,因为相传福尼克斯,一种印度鸟,到了很老的时候就飞上火葬堆。他甚至编造故事,讲一些神示,当然是很古老的,意思是他注定要成为夜间的守护神,显然他是想要祭坛,盼望给他立金像②。

28　　　"确实,如果在许多愚蠢的人中发现一些人说他们的四日热病③是由他治好的,说他们在晚上遇见夜间的守护神,这也用不着奇怪。我猜想他的该死的门徒们将在他火葬的地点给他建立神示所和内殿,因为他的名字的老祖宗,那个闻名的普洛透斯,宙斯的儿子,就是个预言者。我断言,他们将给他指派一些带皮鞭或烙印或类似的玩意儿的祭司,真的,甚至建立一种崇拜他的夜间仪式,在他火葬的地方举行火炬游行。

29　　　"我有个朋友告诉我,忒阿革涅斯最近说,西彼拉④曾就这件事说过预言。他凭记忆背诵原诗:

　　　　　当普洛透斯、昔尼克派最高贵的哲学家,

　　　　　在雷电之神宙斯的圣地上点起火来,

　　　　　跳到火焰里,升入崇高的奥林帕斯时,

　　　　　我劝告所有吃耕种的地上生长的果实的人,

　　　　　崇拜那位在夜间游荡的、与赫淮斯托斯

---

①　福尼克斯是阿拉伯沙漠中的长生鸟,相传这鸟每五百年由阿拉伯半岛飞往尼罗河三角洲的太阳城,在那里烧死,然后由灰中再生。一译"凤凰"。

②　据说后来帕里翁立有佩雷格林和假预言者亚历山大的像,佩雷格林的像能颁发预言。

③　指四日两发的(三日一发的)疟疾。

④　西彼拉是古代的女预言者。

和赫剌克勒斯并排坐着的最伟大的神灵。

"忒阿革涅斯所说的这些话就是他从西彼拉那里听来的。我 30 却要给他讲巴喀斯①发出的有关这件事的神示。巴喀斯讲得非常好,他是这样讲的:

> 但是当那个有许多名字的昔尼克哲学家
>
> 心里好名若狂,跳到熊熊的火里时,
>
> 所有跟在后面的狐狸狗②应当仿效
>
> 那只离弃尘世的灰狼,和他共厄运。
>
> 如果哪个胆小鬼逃避火神的威力,
>
> 让全体阿开俄斯人用石头把他砸死,
>
> 免得他冷冰冰,说起话来却热气腾腾,
>
> 大放高利贷,行囊里塞满一块块金子,
>
> 在美好的帕特赖③拥有十五个塔兰同的财产。

诸位,你们以为如何?难道巴喀斯是个不如西彼拉的预言者?这正是给普洛透斯的可钦佩的门徒找一个地方,让他们气化——他们这样称呼火化——的时候了。"

那人讲完了这些话,所有的围观者大声嚷道:"让他们现在就 31 火焚,真是该烧!"那人笑着走了下来。

> 叫声并未躲过涅斯托耳的耳朵,④

我是说忒阿革涅斯,他听见吼声,立刻赶来,走上去大喊大叫,讲了

---

① 巴喀斯是古代的预言者。

② 戏指"犬儒"(昔尼克)与狐狸相配而生的杂种。

③ 帕特赖在伯罗奔尼撒西北角上,今称佩特雷。

④ 《伊利亚特》第14卷第1行。关于涅斯托耳,参看第135页注②。

无数的坏话，都是针对那个刚下来的人的——我还不知道那个最好的人叫什么名字。我离开那家伙，让他把肺都气炸了。我前去看运动员，听说裁判员已经到了角力场了。

32　　你已经知道了在厄利斯发生的事情。当我们到达奥林匹亚的时候，后殿①里挤得满满的，对普洛透斯的打算，有人非难，有人称赞，以致许多人动起手来。直到传令员们比赛之后，普洛透斯本人才在无数人的护送之下到来。他就自己的事做了发言，谈起他度过的生活、冒过的风险、他为了哲学的缘故忍受过的苦恼。他的发言很长，但因为围观的人太多，我只听见一点点。后来，由于害怕在这样的混乱中被挤死——我见过许多人遭遇过这样的不幸，——我便离开那里，宣告和那个想死的、在死前宣读了自己的葬礼演说的哲人永别了。

33　　但无论如何我还是听见了这么一点：他说，他想在金色的弓上安一只金梢②，因为一个像赫剌克勒斯那样生活的人应该像赫剌克勒斯那样死去，混入天空。"我希望能有益于人类，"他说，"向他们指出如何蔑视死亡，因此人人都应该为我扮演菲罗克忒忒斯。"有一些比较愚蠢的人啼啼哭哭地嚷道："为希腊人保全你的性命吧！"有一些比较刚强的人却大声地说："执行你的决定吧！"这句话使老头子大为不安，因为他原来希望大家都会抓住他，不把他送到火里去，而是违反他的意愿，保全他的性命。尽管他的肤色已经如

---

① 指奥林匹亚的宙斯庙西头的后殿。

② 在弓的尖端安一只金梢，以便于挂弦。"弓"比喻生命的长度。"金梢"大概是指以自焚而求得的名声。

同死人的一样,那句"执行你的决定吧"却完全出乎意料地使他变得更加惨白,真的,其至使他微微发抖,他于是结束了他的演说。

我想你可以想象我笑得多么厉害。一个人酷爱荣誉胜于所有 34 受到这种毒害的人,这种人是不值得怜悯的。可是他却有很多人护送他,他注视着这么多钦佩他的人,便沉醉在荣誉之中。殊不知,倒霉的人啊,那些被带去钉在十字架上或落到刽子手手中的人却拥有比他多得多的追随者呢。

奥林匹克运动会很快就结束了,我已经看过四次运动会,这次 35 是我见到的最壮观的一次。因为有许多人要同时离开,车子不好雇,我不得不留下来。普洛透斯一再拖延,最后才宣称要在一个夜晚表演他的火化。我半夜起来,在一个朋友的带领下,直奔哈尔庇那,火葬堆就在那里。从奥林匹亚沿着赛车场往东前去,总共有二十斯塔狄翁。我们一到那里,就发现一个架在约六尺①深的坑里的火葬堆,大部分是松木,中间塞着一些枯树枝,以便火很快地着旺。

月亮升起的时候——月亮也得观看这件壮观的事,——普洛 36 透斯穿着平日的衣服来到了,昔尼克派的头头们跟他在一块儿,特别是那个来自帕特赖的贵人②,这人擎着一支火炬,不愧为第二演员③。普洛透斯也擎着一支火炬。人们从这边和那边走上去点起

---

① "六尺"原文是ὀργυια(orgyia,俄耳古亚),为两臂及身宽的长度,合6古希腊尺,参看第1页注③。

② 指忒阿革涅斯。

③ 古希腊戏剧演出只有三个演员,第一个演主要的角色,第二个和第三个演次要的角色。

了熊熊的火焰,因为火葬堆是用松木和枯树枝堆成的。普洛透斯——请你全神贯注!——把行囊、破小斗篷和那根赫剌克勒斯式的大头棒①放在一边,只穿着一件非常肮脏的细麻布贴身衣站在那里。然后,他要乳香,以便把它撒到火上去,有人给了他,他就把它撒在火里,同时望着南方——因为南方也和这悲剧有关②——说道:"母亲的神灵啊,父亲的神灵啊,请你们好心好意地接待我!"他说完后就跳到火里去了,不见了,被那高高升起的大火吞没了。

37　　　我又看见你,亲爱的克洛尼乌斯,在嘲笑这出戏的结局。在他向他母亲的神灵呼吁的时候,真的,我并没有太责备他;而在他向他父亲的神灵祈求的时候,我想起有关凶杀案的传闻,不禁失笑。那些昔尼克派站在火葬堆周围,没有流泪,只是默默地望着火,流露出一点悲伤的表情。到后来,我气得透不过气来,便对他们说:"傻瓜们,我们走开吧!看一个老年人被烤焦,自己也满鼻子臭气,并不是什么愉快的现象。你们是不是在等待某个画家前来,把你们描绘成像苏格拉底的在狱中的伴侣们那个样子③?"他们因此发怒,辱骂我,有几个甚至抢起木棒来。后来,在我威胁要把他们中的几个抓起来,扔到火里去,使他们去追随他们的老师时,他们才住手,安静下来。

38　　　在回去的路上,朋友啊,我百感交集:我反复思考,追求荣誉是

---

　　① 琉善在《不学无术的书籍收藏家》第 14 节中说,后来有人出一个塔兰同把这根大头棒买了下来。

　　② 在古印度文学中,死者的居留地是在南方。

　　③ 苏格拉底被判处死刑后,在狱中同他的伴侣们谈论哲学。

一种多么奇怪的心理，唯独这种欲望甚至那些被认为是非常可钦佩的人也无法避免，更不用说那个在别的方面都过着疯狂的、无所顾忌的生活的人了，这种人被烧死是完全应该的。后来，我遇见许多前去看热闹的人，他们想发现他还活着，因为在前一天，传说他在走上火葬堆之前，要向东升的太阳告别，据说婆罗门就是这样做的。我告诉他们事情已经完结了，使他们中的多数人返回去了，这些人并不太热心去看那个地点，收集火葬堆的一点残片。　39

　　在这件事情上，朋友，我找了无数的麻烦，我得把情况告诉所有要详细打听和认真询问的人。如果看见一个有风趣的人，我就像对你一样，把赤裸裸的事实告诉他。但是对于那些愚蠢的、张着嘴听的人，我却给他们加上一点自己编造的悲剧情节，说在火葬堆正在燃烧、普洛透斯跳进去的时候，先是发生了伴有地声的大地震，然后有一只秃鹫从火焰中飞上天空，用人类的语言大声说：

　　　　我离弃大地，直上奥林帕斯。

他们感到吃惊，哆哆嗦嗦地表示敬畏，并向我打听，那秃鹫是飞向东方还是西方。我想起什么，就回答什么。

　　我回到人群中，遇见一个头发灰白的老人，真的，他的面貌、胡子和别的方面的庄重样子，也令人对他表示信任。他叙述了一些别的有关普洛透斯的事情，说他在普洛透斯火化之后，就在不久之前，看见他穿一身白衣服；他刚刚离开他，让他戴着野生的橄榄枝做的荣冠，在那个有七重回音的走廊上愉快地散步。在这些事情之外，他还加上了一只秃鹫，他发誓说，他曾亲自看见它从火里飞走。这只秃鹫是我在不久之前放出去飞翔，讥笑那些傻瓜和蠢材的。　40

41　　　想一想今后可能有什么样的对他表示崇敬的事情发生,什么蜜蜂不会在那地方停留呀,什么蝈蝈不会在那里唱歌呀,什么冠乌不会像飞到赫西俄德的坟地①上去一样飞到那里去呀,诸如此类的事情哪一件不会发生呀! 至于他的雕像,我相信厄利斯人和别的希腊人很快就会竖起许多来,据他说,他曾经给他们写过信。据说,他几乎给每一个著名的城市都去过信,信中有某些遗嘱、劝告和教规;为此,他还指派他的一些同伴为特使,称他们为"死者的信使"和"下界的急差"。

42　　　这就是这个倒霉的普洛透斯的结局。一句话,此人从来不正视现实,他的一言一行都是为了追求荣誉和人们的赞扬,他甚至为此跳到了火里去,当时他可能享受不到这种赞扬,因为他已经麻木了。

43　　　在止笔之前,我还要告诉你一件事情,使你笑个痛快。另一件事你早就知道了,因为当时你曾听我说过:我从叙利亚回来的时候,曾向你叙述过,我怎样从特洛亚斯②出发和他一起航行,他怎样在航行中享受奢侈的生活,他怎样带着那个俊俏的小伙子——在他的说服下,这人已经成为一个昔尼克派,这样一来,他自己也可以有一个阿尔西比阿德,——当我们于夜间在爱琴海中部被那往下卷的、掀起狂澜的黑云困扰时,这个令人惊奇、被认为是比死

44　倔强的人怎样和妇女们一起啼啼哭哭。还有一件事,他在死前不

---

①　传说俄耳科墨诺斯城发生瘟疫,神示说,除非俄耳科墨诺斯人到瑙帕克托斯去找到赫西俄德的骸骨,把它运到俄耳科耳墨诺安葬,否则不能得救。后来,有一只冠乌引导俄耳科墨诺斯人去找到了赫西俄德的坟地。参看第21页注⑩。

②　特洛亚斯是小亚细亚西北角的一个地区,特洛伊城在这个地区的西海岸。

久，大约九天以前，吃得太饱——我想是这样的，——在夜里吐了，烧得非常厉害。这是那个被请去给他看病的医生亚历山大告诉我的。医生说，他发现普洛透斯在地上打滚，烧得忍受不住，热切地要求要凉水喝，可是他没有给他。医生还说，他曾告诉他，既然死亡已经自动地来到了他的门前，如果他真是想死，跟它去非常方便，根本用不着什么火。他却回答说："可是那个死法不光荣，人人都做得到。"

这就是亚历山大所讲的故事。不几天以前，我亲眼看见普洛透斯为了使眼睛流泪，把它们洗干净，给自己涂上辣乎乎的药膏。你看懂了吗？埃阿科斯是不大愿意接待视力模糊的人的！这就像一个将要上十字架的人医治脚趾上的跌伤一样。你想德谟克利特如果看见这件事，他会怎么样？难道他不该按照这人应受的讥笑而讥笑他吗？他能从哪里得到这么多笑料呢？亲爱的朋友，你也笑吧，特别是在你听见别人对他表示钦佩的时候。

亚 历 山 大

——假预言者

1 　　最亲爱的刻尔苏斯①，你也许认为叫我把阿玻诺忒科斯②的骗子亚历山大的生平，包括他的阴谋诡计、鲁莽行为和魔术戏法，写成一本书送给你，是一件微不足道、轻而易举的事；但是，如果有人想把每个细节都精确地叙述出来，这就不比把腓力的儿子亚历山大③的事业记载下来容易，前一个的邪恶与后一个的英勇是不相上下的。不过，如果你在阅读的时候能够谅解，并且把我叙述中的不足之处自行补上，我倒愿意为你承担这种苦差事，试把奥吉亚斯的牛圈弄干净，即使不能全部弄干净，我也将尽力而为，弄出几筐牛屎来，以便你根据这些来断定三千头牛在许多年内拉下的粪便有多少，多得无法形容。

2 　　我为我们俩，为你也为我自己，感到羞愧——为你，是因为你想让一个罪该万死的恶棍长久留在记忆和著述中，为我自己，是因

----

　　① 　刻尔苏斯是个罗马人，为伊壁鸠鲁派哲学家。古注说，这个刻尔苏斯是《真言》的作者，《真言》攻击基督教，遭到俄里涅斯的反驳。但《真言》的观点是柏拉图派的观点，所以这个说法不可靠。

　　② 　阿玻诺忒科斯（本篇中有时作"阿玻诺忒喀托斯"）在黑海南岸中部的帕佛拉戈尼亚北岸。

　　③ 　指马其顿的亚历山大大帝（公元前356—前323）。

为我把精力花在这种调查和这样一个人的活动上面,这人的传记不值得有教养的人阅读,他的身体在大竞技场中被猴子或狐狸撕成碎块,却值得一看。不过,如果有人这样责备我们,我们可以援引某个类似的先例。爱比克泰德的弟子阿里阿努斯①,一个显要的罗马人,一个毕生从事教育的人,曾受过同样的指责,他能为我们辩护,他认为值得把强盗提罗洛部斯的生平记载下来。我们将要记忆的是个野蛮得多的强盗,他并不是在绿林里、山岭上剪径,而是在城市里抢劫,他不仅蹂躏密细亚和伊达山区,洗劫亚细亚②几个比较荒凉的地区,而且可以这么说,整个罗马帝国都充满了他的强盗行径。

首先,我用文字给你描绘这人的形象,尽我所能力求逼真,尽 3
管我并不长于描绘。就他的身体而论——这个也是我要摆出来给你看的,——他很魁梧、堂皇,真像天神似的;他的皮肤白嫩,胡子不太浓,头发一半是自己的,一半是外添的,但非常相似,所以许多人没有注意到那是他人之物;他的眼睛闪烁着十分凶恶而又热情的光芒;他的声音非常清朗悦耳:一句话,在这些方面没有什么可以挑剔的。

就外表而论,他就是这样一个人;至于他的心灵和智力——驱 4
恶神赫剌克勒斯啊!辟邪神宙斯啊!救主孪生兄弟③啊!但愿我遇上仇敌而不要遇上他这样的人,和他打交道!在理解力、机智、

----

① 　阿里阿努斯(生于90年)是小亚细亚北部比堤尼亚地区的人,为希腊历史家,著有《亚历山大进军记》。

② 　指小亚细亚西部。本篇中的亚细亚都是指小亚细亚西部。

③ 　指宙斯的儿子卡斯托耳和波吕丢刻斯。参看第122页注②。

敏锐这些方面,他比别人强得多;好问、学得快、记忆力强、善于钻研,——这些品质他都具备,每一种都很突出。但是他用得最不得当,依靠这些高尚的工具,他很快就成为那些以邪恶闻名的人中最显著的人物,胜过猴人①,胜过欧律巴托斯②、佛律农达斯③、阿里托得摩斯④或索斯特剌托斯⑤。有一次,他写信给他的女婿儒提利阿努斯,以最谦虚的态度提起他自己,说他像毕达哥拉斯;毕达哥拉斯是个谦和的、聪明的人,他的智力非凡,但是,如果毕达哥拉斯是这人的同时代人,我确信,和这人相比,他就像个小孩子!美乐女神在上,不要认为我说这句话,是有意侮辱毕达哥拉斯,也不要因为他们的行为有相似之处,就认为我想把他们两人拉在一起。即使有人把流传的有关毕达哥拉斯的最坏的言论和最大的诽谤——我根本不相信这些话是真实可靠的——收集在一起,其总和也不过是亚历山大的鬼聪明的极小部分。一句话,请你想象,凭你的思考能力构想一个非常复杂的混合人物,其成分为撒谎、欺诈、伪誓、下作;轻率、鲁莽、冒险、阴谋诡计、花言巧语、骗取信任、伪装善良以及与其意图完全相反的装模作样。没有一个人第一次和他见面,在离开的时候不留下这样一个印象,认为他是世上最诚实、最公正的人,而且是最单纯、最天真的人。在这一切美德之外,他还具有成大事的雄心,他从不做细小的打算,而是一心向往最重大的

---

① 猴人是一种矮小的人。有两个猴人趁赫剌克勒斯入睡的时候,偷过他的东西。

② 欧律巴托斯是个能爬高墙的小偷。

③ 佛律农达斯是个臭名昭著的坏人。

④ 阿里托得摩斯是个下流的雅典人,曾被旧喜剧讽刺。

⑤ 索斯特剌托斯是个带女人气的雅典人,曾被喜剧诗人阿里斯托芬讽刺。一说是指《冥间的对话》第 30 篇中的强盗。

目标。

　　当他还是个非常俊俏的小伙子的时候——这一点可以从他的 5
残梗上看出来，也可以从那些讲述他的故事的人那里听出来，——
他毫无顾忌地出卖色相，为获取金钱同所有追求他的人交往。在
他的其余的朋友中，有个喜爱他的人接待了他，这人是个骗子，会
玩魔法，会念奇异的咒语，能配制求爱的媚药，帮助你引诱敌人入
彀，发掘埋藏的宝物，获得遗产继承权。这骗子看出，他是个伶俐
的孩子，最乐意做自己事业的助手，并且喜欢自己的邪恶，不亚于
自己喜欢他的俊俏，因此给他很好的训练，一直把他当作仆人、助
手和侍者使用。这人自称是个公共医生，像埃及人托恩①的妻子
那样懂得。

　　　　多种炮制的良药和各种各样的毒物，②
这一切都由亚历山大继承下来，接受下来。他的这个老师和爱友
出生在堤阿那③，是那个著名的阿波罗尼俄斯④的追随者，懂得他
的先师的全套戏法。你可以看出我所描述的人是从什么样的学校
里训练出来的。

　　亚历山大长满胡子的时候，那个堤阿那人就死去了，使他陷入 6
困境，因为这时他借以维持生活的俊俏已经凋谢了。可是他不再
做细小的打算，而是和一个写合唱歌的拜占廷⑤人交往，这人是个

---

①　托恩是埃及国王。

②　《奥德赛》第 4 卷第 230 行。

③　堤阿那在小亚细亚东南部。

④　阿波罗尼俄斯是 1 世纪上半叶的人，是个魔术师，为新毕达哥拉斯派哲学家。

⑤　拜占廷在黑海西南边博斯普鲁斯海峡东南岸，后来的新城称为君士坦丁堡。

参加比赛的诗人,他的性格比亚历山大还要可恶,他的诨名似乎叫做科科那斯①。他们遍游各地,玩魔法,搞骗术,剪"肥头"——术士们的祖传的术语这样称呼富有的人。他们在这些人中间发现了一个富有的马其顿妇女,她已经半老,还想保存风韵。他们从她那里得到足够的吃喝,并且跟随她从比堤尼亚②去到马其顿。她是培拉③人,培拉在马其顿国王们的朝代是很繁荣的,但如今衰落了,只剩下少数居民。他们在那里看见一些大蟒蛇,这些蟒蛇非常温和、驯顺,因而可以由妇女们饲养,同孩子们睡在一起,它们容许人踩踏,在被紧握的时候也不发怒,而且像婴儿一样从奶头上咂奶。这样的蟒蛇在那里多得很,可能由于这个缘故,从前曾流传关于奥林匹亚斯的故事,我想是她怀着亚历山大的时候,有一条这样的蟒蛇同她睡在一起④。他们买了一条这类的爬虫,是最好看的一条,只花了几个俄玻罗斯。于是,照修昔底德的说法,"战争从此开始"⑤。

　　这两个肆无忌惮的大坏蛋联合起来,准备干坏事。他们很容易看出,人的一生是被两个最大的暴君——希望与恐惧控制着的,一个人能利用此二者,立刻可以发财致富。他们还看出,对于一个有所畏惧的人和一个有所盼望的人来说,预知未来的事,是非常必

────────────

①　意思是"石榴子"。

②　比堤尼亚在小亚细亚西北部。

③　培拉是马其顿的古城。

④　传说宙斯曾化身为蛇与奥林匹亚斯(腓力的妻子)来往,因此亚历山大大帝是宙斯的儿子。

⑤　见修昔底德的《伯罗奔尼撒战争史》第 2 卷第 1 节。修昔底德(公元前 455? —前 400)是雅典人,为著名的历史家。

要的,是求之不得的。他们并且看出,古时候,不仅是德尔斐,还有提洛、克拉洛斯和布然喀代①,都变得很富裕,为人歌颂;人们由于被前面所说的两个暴君——希望与恐惧所驱使,经常到那些地方的圣庙去祈求预知未来的事,为此供上百牛祭,献上金锭。他们就这些情况互相商量,心情很激动,决定建立预言庙和神示所,他们希望,如果这件事情成功了,他们立刻可以发财走运——这大大地超过了他们的预料,比他们所盼望的好得多。

　　于是,他们先考虑地点,然后考虑他们的事业怎样开始,如何 9进行。科科那斯认为加尔西顿②是个适当和方便的地方,因为它靠近色雷斯和比堤尼亚,离亚细亚、加拉太③和所有内地民族也不远。相反,亚历山大却宁愿选择他的家乡,他说,——这倒是真的,——要开始进行这样的事业,要有肥头和蠢人可捉,这种人,据他说,就是住在阿玻诺忒科斯城附近的帕佛拉戈尼亚④人,他们大多数是很迷信而且很富有的;只要有人去到那里,带着吹箫手、或铃鼓手、或铙钹手,利用筛子发出预言⑤——俗话是那样说的,——人人都会向他张着嘴,目不转睛地盯着他,就像他是一位自天而降的神。

　　在这件事情上,他们之间的分歧并不小,最后是亚历山大得 10

<hr />

　　①　克拉洛斯在小亚细亚西海岸中部。布然喀代在小亚细亚西海岸南部,靠近米利都。此处提到的四个地方都有阿波罗的神示所。

　　②　加尔西顿在黑海西南边博斯普鲁斯海峡东南岸,在拜占廷对面。

　　③　加拉太在小亚细亚东部。

　　④　帕佛拉戈尼亚在黑海南岸中部。

　　⑤　古代的“筛术”没有记载。据说,16、17世纪的西方魔术师把筛子吊起来,然后念咒语,念到某人的名字时,如果筛子不转动,那人便是偷东西的人或未来的妻子。

胜。他们去到加尔西顿,因为那个城市似乎对他们有些用处;他们在加尔西顿最古老的庙宇——阿波罗庙里埋下一些铜匾,匾上说,阿克勒庇俄斯神很快就会和他父亲阿波罗一起来到本都①,在阿玻诺忒科斯定居下来。这些匾是有意发现的,消息很快传遍了整个比堤尼亚和本都,在传到别的地方之前,早已传到阿玻诺忒科斯,那地方的人立刻通过决议,修建庙宇,他们开始挖土,打地基。科科那斯留在加尔西顿编写模棱两可、含糊晦涩的神示,不久就去世了,我猜想他是被毒蛇咬死的。亚历山大早就被派往阿玻诺忒科斯。这时,他蓄着长发,让它卷曲下垂;他穿着半白半紫的贴身衣,外面套一件白色的外衣,他仿效珀耳修斯,手里拿着一把弯刀,他从母方的世系追溯到珀耳修斯那里。那些倒霉的帕佛拉戈尼亚人虽然知道他的父母是无名的、卑微的人,却相信这个神示,神示说:

> 眼前的是珀耳修斯的后代,福玻斯②所喜爱的,
>
> 神似的亚历山大,有波达勒里俄③的血统。

波达勒里俄的天性是这样淫荡、这样狂热地迷恋女色,竟从特里卡④追到帕佛拉戈尼亚去和亚历山大的母亲亲热亲热。

有一道神示被发现了,是西彼拉事先发出的:

> 在好客的海⑤的岸上,在锡诺普附近地方,

---

① 本都在小亚细亚东北部,包括帕佛拉戈尼亚。

② 福玻斯是阿波罗的称号,意思是"光明之神"。

③ 波达勒里俄是阿克勒庇俄斯的儿子,为特洛伊战争中的希腊军医。参看《伊利亚特》第 11 卷第 833 行。

④ 特里卡城在希腊东北部帖撒利亚境内。

⑤ 指黑海。

在奥索尼亚人①的时代，城楼②上有预言者出生。

在最前面的一和三个十数之后，

他将显示出五个一和三个二十，

这四个数字构成一个保卫者的名字③。

亚历山大在长期离乡之后，以这样堂堂的仪表进入他的故乡，　12
成为一个引人注视、光彩夺目的人物。有时候他假装发狂，嘴里满
是泡沫，这是很容易做到的，只须嚼一嚼染色用的皂草根就行了。
但是在他的同乡人看来，甚至泡沫也似乎是神奇的、令人生畏的。
他们两人在很早以前就制造和装备了一个用麻布做成的蛇头，有
些像人的样子，色彩斑驳，栩栩如生，能借助于马尾丝的动弹张口
闭口，还有一条像蛇那样的分叉的黑舌头，这也是用马尾丝控制着
的，能从嘴里伸出来。此外，那条培拉蟒蛇早已准备好了，养在家
里，到时候将出现在人们眼前，参加庄严的演出，而且担任主角。

开始的时候到了，亚历山大做了这样的安排：他在夜里去到正　13
在挖土、打地基的地方，那里积着一些水，或是从地基下流出来的，
或是从天上落下来的；他在那里面放下一只鹅蛋，这蛋是事先挖空
了的，里面装着一条刚出生的爬虫。他把蛋深深地埋在泥浆里，然
后离开。第二天早上，他一跳一跳地奔向市场，光着身子，只是腰

---

① "奥索尼亚人"是意大利人的古称，此处指罗马人。

② "城楼"暗指'Αβωνουτει˜χος（Abonouteikhos，阿玻诺忒科斯），这个城名的后一部分τει˜χος是"城楼"的意思。

③ 神示中提到的四个数字，"一"在希腊字母中以α′（a）代表，"三十"以λ′（l）代表，"五"以ε′（e）代表，"六十"以ξ′（x，等于ks）代表，这四个字母合起来是αλεξ，这是'Αλεξανδρος（Alexandros，亚历山大，意思是"保卫者"）的名字的前半部分。

间束着一条带子——这也是绣金的，——手里拿着一把弯刀，松散的头发摇摇晃晃，活像个为大母亲①化缘的、狂热的信徒。他走上一个很高的祭坛，站在上面向民众发表演说，为城邦祝福，因为它即将接待一位显灵的天神。几乎是全体市民，包括妇女、老人和儿童，都聚拢来了。在场的人都感到惊奇，同声祈祷，向神膜拜。他讲了一些难懂的话，像是希伯来语或腓尼基语，使人们感到惊讶，他们不知道他讲的是什么，只听见他处处插进阿波罗和阿克勒庇俄斯的名字。他然后快步跑到未来的庙地上，去到坑前和事先安排好的神示泉旁边，下到水里，大声唱着歌颂阿克勒庇俄斯和阿波罗的诗句，祈求这位天神顺利地到这个城市来。然后，他要个奠酒的杯子，有人给了他一只，他轻易地把杯子放到水里，把那只蛋连同水和泥浆一起舀起来，蛋里装着这位天神，蛋壳上的缝隙是用蜂蜡和白铅封住的。他把蛋抓在手里，说他已经握住了阿克勒庇俄斯②。人们看见从水里找出蛋来，已经大为惊奇，这时，他们目不转睛地注视着，看会发生什么事情。他把蛋打破，把爬虫的新生小儿接到手心窝里，在场的人看见这蛇爬动，缠在他的指头上，他们立刻叫喊起来，欢迎这位天神，为城邦祝福，每个人都热切地祈祷，想从神那里求得珍宝、财富、健康和其他各种福利。亚历山大却又飞快地跑回家去，随身带着这刚出生的阿克勒庇俄斯——

---

①　"大母亲"指库柏勒，参看第173页注⑤。

②　据说蛇是医神阿克勒庇俄斯的化身，能医治疾病（如用舌尖舔眼睑医治眼疾），并且能寻找草药。

　　他生了两次，别的人则只生一次，①

他不是科洛尼斯生的，真的，也不是冠乌生的，而是鹅生的！所有的人都跟在后面，他们着了魔，沉迷于希望，以致发狂。

　　好几天，他待在家里，期待后来实际上发生了的事情：消息一传开，帕佛拉戈尼亚人会成群结队地跑来。城里挤满了人，这些人早已丧失了头脑和心灵，一点不像吃面包的人类，他们只是外貌上和牲畜不同。当时他在一个小房间里坐在榻上，穿着适宜于神穿的衣服，把那个来自培拉的阿克勒庇俄斯抱在怀里。正如我刚才所说的，它是非常粗大、非常好看的。他把它缠在自己脖子上，让它的尾巴——那是很长的——沿着他的胸襟垂下去，一部分直拖到地上。他只把它的头夹在自己腋下藏起来——这个动物什么都能忍受，——却让那个用麻布做的头从自己胡子旁边露出来，似乎它的确是属于这条露在外面的爬虫的。 15

　　请你想象一个小房间，不很亮，没有透进太多的日光，里面有一大群杂七杂八的人，他们非常激动，越来越感到惊奇，又为希望所鼓舞。他们一进去，在他们看来，这件事当然是个奇迹，原来的小爬虫几天之内就变成了这样大的蟒蛇，具有人形，而且是这样驯顺。他们立刻被人群推向出口，还没来得及看清楚，就被继续拥进来的人推出去了，因为对面作为出口另有一扇门早已打开了。据说，在亚历山大大帝患病期间，马其顿人在巴比伦就是这样拥挤 16

---

　　① 戏拟《奥德赛》第 12 卷第 22 行，该行的意思是："他们死了两次，别的人则只死一次。"

的,当时他的病情恶化,他们环绕着宫殿,很想见见他,和他最后道别①。据说这个可恶的人的这种表演不止一次,而是许多次,特别是在有富人刚来到的时候。

17   在这件事情上,亲爱的刻尔苏斯,实在说,我们应当原谅这些帕佛拉戈尼亚人和本都人,这些没有受过教育的肥头,他们一摸到蟒蛇——亚历山大允许那些愿意摸的人这样做,——在暗淡的光线中看见那个头把嘴一张一闭,他们就上当受骗了。要看穿这诡计,需要有一个德谟克利特,甚至伊壁鸠鲁或是墨特洛多洛斯,或是另外一个对这种事情具有金刚石般的识别力,既不相信又能猜中事实真相的人,这样的人即使不能识破这种伪装,也能事先确信——尽管这种骗局逃避了他的注意,——这完全是弄虚作假,是一件不可能的事情。

18   那些比堤尼亚人、加拉太人和色雷斯人逐渐拥到这里来,因为每个传播消息的人都很可能这样说:他不仅亲眼见过这位天神出生,而且在后来,在他于短时期内长得非常大,并且具有人的面孔时摸过他。接着,出现了一些绘画、半身像和铸像,其中一些是铜的,另一些是银的,还有人给神起了名字。他们管他叫格吕孔,这个名字是根据一道有格律的神示而起的,因为亚历山大曾经这样宣告:

我是格吕孔,宙斯之孙②,人类之光!

19   此刻是达到整个计划所指向的目标即对求神的人颁发预言和

---

① 亚历山大大帝患热病十一天,死于公元前 323 年。
② 阿克勒庇俄斯的父亲阿波罗是宙斯的儿子。

神示的时机。亚历山大从西里西亚的安菲罗科斯那里得到启发，这人在他父亲安菲阿剌俄斯在忒拜城死去和失踪之后，被放逐出家乡，他去到西里西亚，在那里对西里西亚人预言未来的事，每道神示收两个俄玻罗斯，日子过得不坏。亚历山大从他那里得到了这个启发，便预先对全体来人宣布神要颁发预言的确定日期。他叫每个人把他求问的事和他特别想知道的事写在一个卷轴里，把它捆起来，用蜂蜡或泥浆或其他类似的东西封上。他拿着这些卷轴进入内殿——当时庙宇已经建成，舞台已经装备齐全，——然后宣布将由传话人和祭司按顺序传唤那些递上卷轴的人，并且将在听了神对每一个求问发表的意见之后，把卷轴原封不动地退还，里面会写上答案，因为神对于任何人所问的事都有答复。

　　这个骗局，在一个像你这样的人看来，或者，如果说起来不算 20 庸俗的话，在一个像我这样的人看来，是早就明摆着的、容易看穿的，但是在那些愚昧无知的普通人看来，却成了奇迹，几乎是不可思议的。亚历山大想出了种种打开封印的办法，因此能阅读所有的问题，作出他认为最好的答案，然后把纸卷起来，加上封印，一一退还，使接受的人大为惊奇。他们当中时常流传着这样的惊叹语："他怎么会知道这些由我用难以仿造的封印非常稳当地封好的问题，莫非真有洞悉一切的天神？"

　　也许你会问，他想出的是什么办法？你听吧，这有利于以后揭 21 露这样的骗局。第一种，最亲爱的刻尔苏斯，是这样的：他把一根针烧热,用来把封印下面的蜂蜡融化,然后取下封印①;读过问题以后,再用针把线下面的蜂蜡②和盖有封印的蜂蜡加热,很容易地把它们粘合在一起。第二种办法是借助于一种叫做"软膏"的粘胶,其成分为布瑞提亚③松香、沥青、石英粉、蜂蜡和松节油。他用这些东西制成软膏,在火上加热,敷在预先用口水涂抹过的封印上,制成一个模子,这模子立刻变干变硬了。于是他很容易地把卷轴打开来读,然后堆上蜂蜡,打上一个和原来的一模一样的封印,就像打戒指宝石印一样。请听第三种。他把石膏粉掺在通常用来粘卷轴的骨胶里,制成一种粘胶,趁柔软的时候,把它敷在封印上,然后取下来——粘胶立刻变干变硬了,比兽角,甚至比铁还坚硬,——当作模子使用。此外还有许多别的为此目的而设计的办法,但无须把它们一一举出,免得使我们显得庸俗不堪,特别是因为你曾经在你写的攻击术士的文章里——那是一篇足以使读者保持清醒头脑的、非常好的、有益的著作,——引用过足够的例子,比我举出的多得多。

22　　亚历山大就是这样发出预言和神示,他发挥了很高的理解力,又猜想,又用心机。他对问题作出的回答,有的是晦涩的、含糊的,有的简直是无法理解的,在他看来,要这样才合乎神示的意味。他按照他猜想的较好的理由去劝阻或劝告一些人,给另一些人开医疗法和摄生术,因为,正如我在开头的时候所说的,他懂得许多有

---

① "封印下面的蜂蜡"指线下面的蜂蜡。封印被取下以后,封印下面的线可以解开。

② 指留在卷轴上的蜂蜡。

③ 布瑞提亚在意大利南端。

用的药物。"库特弥斯"是他最喜欢开的药方,这是他给用熊脂配制的药起的名字。至于前途、晋升和遗产的继承,他总是拖到日后,只加上这样一句:"这一切在我愿意的时候,在我的预言者亚历山大向我请求、为你们祈祷的时候,将会实现。"

每道神示规定的价钱是一个德拉克马零两个俄玻罗斯。我的 23
朋友,不要认为这个价格是很低的,也不要认为这笔收入是很少的。他每年弄到七八万德拉克马,因为人们的欲望无穷,他们每次求十个,甚至十五个神示。但是他并没有把这笔收入作为个人专用,也没有把钱积攒起来,只图自己发财致富;当时他身边有许多人——助手、侍者、情报员、神示编写人、神示保管员、书记、伪造封印的人、解释人,他按照每人所值把钱分给他们。

他还派人到外地去,向各民族传播有关神示的消息,说他能发 24
出预言,找到逃亡的奴隶,追查盗贼,发掘宝藏,医治病人,在有些情形下甚至能起死回生。因此人们从各方面跑来涌来,他们献上牺牲和还愿物,献给预言者和神的大弟子的比献给神的多两倍,因为这道神示也发出来了:

> 我劝你们尊重那侍奉我的预言者;
>
> 我不大关心钱财,而是关心预言者。

当时许多有见识的人从大醉中清醒过来,联合起来反对他,特 25
别是伊壁鸠鲁的追随者,各城市都有人逐渐看穿这骗局和这出剧的鬼把戏,这时,他吓唬他们,说本都充满了无神论者和基督徒,这些人竟敢对他发出最恶毒的诽谤;他命令本都人:要是他们希望神大发慈悲,就该用石头把那些人赶走。关于伊壁鸠鲁,他发出了下面这道神示。有人问伊壁鸠鲁在冥间的情况如何,他回答说:

　　　　这人脚带铅的镣铐,身处污泥中。

看见那些到这里来的人提出的聪明而又文雅的问题,你还为那神示所的兴隆昌盛而感到惊奇吗?

　　总之,他对伊壁鸠鲁进行的斗争是不能和解的、无法谈判的。这是自然的。除了能看出事物的性质并能独自从中悟到真理的伊壁鸠鲁之外,还有什么人更适于作为喜爱欺诈、痛恨真理的骗子的斗争对象呢? 柏拉图、克吕西波和毕达哥拉斯的追随者是他的朋友,他们之间有持久的和平,但是"那个无情的伊壁鸠鲁"——他是这样称呼他的——当然是他的死敌,因为那人认为这一切都是可笑的儿戏。因此在本都的各城邦中,亚历山大最恨阿马斯特里斯①,他知道那个城市有勒庇杜斯②的一些朋友和许多像他们那样的人,因此他从来不对阿马斯特里斯人颁发神示。有一次,他决心对一个元老院议员的弟兄颁发神示,他本人却成了笑柄,因为他自己编不出一道巧妙的神示,又找不到一个能及时为他编造的人。那人说他患胃痛,亚历山大想叫他吃用锦葵调味的猪蹄子,他说:

　　　　在圣洁的瓦锅里加锦葵和小茴香炖小猪。

26　　　正如前面所说的,他经常向那些要求观看的人展示那条蟒蛇,不是把它整个亮出来,而是特别把它的尾巴和身子亮出来,至于它的头则藏在他的腋下,看不见。他想使人们更感到惊讶,答应使这位神说话——不需要代言人而亲自发出神示。他毫不费力地把白鹤的一些气管连接起来,放到蟒蛇的制造得栩栩如生的头里。然

―――――――――――――

①　阿马斯特里斯是本都的首府,在比堤尼亚海岸东部。
②　勒庇杜斯是本都的祭司长兼阿马斯特里斯的首长,为伊壁鸠鲁派哲学家。

后由一个在室外对着气管说话的人来回答问题,于是声音就从用麻布做的阿克勒庇俄斯那里发出来了。

　　这种神示称为"自发的声音",并不是随随便便颁发给每个人的,而是只给那些穿紫色绲边袍子的、富有的和赠送贵重礼品的人的。那个颁发给塞威里阿努斯①的关于进袭阿尔明尼亚的神示就 27是自发的声音。亚历山大怂恿他进袭,对他说:

> 用利矛征服帕提亚人和阿尔明尼亚人,
>
> 然后回到罗马——台伯河②波光耀眼,
>
> 你的鬓角上戴着金光闪闪的荣冠。

那个愚蠢的凯尔特人相信了这道神示,发兵进袭,结果,他本人和他的军队都被俄斯洛厄斯③歼灭了。于是亚历山大把这道神示从记录中抹掉,在原处插进另一道神示:

> 你最好不要带军队向阿尔明尼亚进袭,
>
> 免得有穿女衣的人从他的弓上射出
>
> 悲惨的死亡,碰断你的生命和阳光。

　　这就是他想出来的非常聪明的办法——用事后的神示去弥补 28那些讲错了的,没有猜中的预言。他时常在病人死前保证他们恢复健康,而在他们死去的时候,另一道撤销前言的神示就准备好了:

---

　　①　塞威里阿努斯是小亚细亚东部卡帕多细亚省的罗马总督。帕提亚(在里海东南边)人对阿尔明尼亚(在卡帕多细亚东边)的王位继承问题进行干涉,塞威里阿努斯于161年带兵进袭阿尔明尼亚。

　　②　台伯河经罗马西流入海。

　　③　俄斯洛厄斯是帕提亚人的将军。

> 不必去寻求医治你的疾病的良方，
>
> 死亡已经来临，你是在劫难逃。

29　　他知道克拉洛斯、狄底摩①和马罗斯的祭司都能发出同样的预言，很是有名，便和他们结交，打发许多人到他们那里去访问，他说：

> 去到克拉洛斯，听听我父亲②的声音！

又说：

> 去到布然喀代人③的神殿前，听神示说什么！

又说：

> 去到马罗斯，听安菲罗科斯发出的预言！

30　　这些是爱奥尼亚、西里西亚、帕佛拉戈尼亚、加拉太这些边境地区发生的事情。当他的神示所的名声传到意大利、进入罗马城的时候，每个人都争先恐后地赶来，有些人亲自前来，有些人派遣使者前来，特别是那些在城里势力最大和地位最高的人，其中的显要人物是儒提利阿努斯，这人虽然就某些方面而言是个高贵的人，而且担任过多种罗马官职④，但是在关于神的问题上，思想很有毛病，而且对神祇有古怪的信仰，一看见涂着油或戴着花冠的石头，他立刻就顶礼膜拜，长久站在旁边，向它祷告求福。

　　这人听到有关这神示所的传闻，他几乎要抛弃委任给他的官职，而插翅飞到阿玻诺忒科斯来。他派来了一批批的人，这些使者

---

①　狄底摩即布然喀代，参看第 255 页注①。

②　指阿波罗。

③　"布然喀代人"指布然喀代的祭司们。

④　儒提利阿努斯曾任罗马执政官，约在 170 年任小亚细亚省总督。

是无知的家奴,很容易上当受骗。他们回去后,不仅详细述说他们见过的事情,而且把他们听到的事情也当作见过的事情,添枝加叶,以便在主人面前备受赏识。他们这样激起了这个可怜的老头子的热情,使他大发狂热。他是很多有权势的人的朋友,他前去把 31 他从使者们那里听来的话详细告诉他们,自己又加以渲染。于是,他搞得满城风雨,人人震动,使内廷里大多数官员感到不安,他们立刻亲自赶来听有关自己命运的神示。

亚历山大很殷勤地接待来客,并用饮食和别的贵重礼品使他们对他有好感,打发他们回去,不仅要他们述说他对问题的答复,而且要他们歌颂这位天神,随意胡诌有关这神示所的奇迹。这个 32 罪该万死的家伙还想出了一个花招,这种花招很高明,不是随便一个抢钱的人想得出来的。他在拆开和阅读那些送来的卷轴时,如果发现问题中有拿不准和担风险的地方,他就把卷轴扣下不还,使送交者处于他的控制之下,几乎成了他的奴隶,因为他们由于记得他们问的是什么样的事情而有所畏惧。你知道那些富裕的、有权势的人物可能提出的是些什么样的问题。他这样从他们那里获得一大笔钱财,那些人明知他已经把他们网住了。

我想告诉你几道送给儒提利阿努斯的神示。这人问起关于他 33 的前妻所生的、正值青春时期的儿子的事,应当挑选谁作他的教师,神示回答说:

　　　毕达哥拉斯和那位导演战事的好歌手①。

几天以后,那孩子就死了,由于神示突然被戳穿了,亚历山大不知

---

①　"歌手"指荷马。荷马的史诗《伊利亚特》是叙述特洛伊战争的。

怎么办,无法答复责备他的人。但是儒提利阿努斯这个好人却首先出来为神示辩护,说神预先把这件事指点出来了,他没有叫他挑选一个活着的人当教师,而是叫他挑选那早已死去的毕达哥拉斯和荷马,想来那个少年此时正在冥土在他们的门下求学。如果亚历山大认为他可以拿这样的小人来消闲遣闷,我们有什么好责备他的呢?

34　　　　还有,儒提利阿努斯问起亚历山大所继承的灵魂是谁的,回答是:

　　　　　　起初,你是珀琉斯的儿子①,后来是米南德,

　　　　　　现在是你自己,此后会化作太阳的光线,

　　　　　　你能活到一百岁,再添八个十岁。

35 可是他在七十岁时忧郁而死,并没有等到神定的天年。这道神示也是自发的声音。

　　　　有一次,他问起婚姻的事,神示明白地回答说:

　　　　　　同亚历山大和塞勒涅女神的女儿结婚!

很久以前,亚历山大曾散布消息,说他的女儿是塞勒涅生的,因为塞勒涅看见他在睡觉,爱上了他——她的习性喜爱正在睡觉的美少年②。那个最聪明的儒提利阿努斯一点也不拖延,立刻派人迎接这少女,六十岁的新郎完成了婚礼,和她生活在一起,用完整的百牛祭安慰他的岳母塞勒涅,认为自己也成了一位天神。

36　　　　亚历山大把他在意大利的成就一抓到手,就制订出更大的计

---

① 指阿基里斯,参看第 65 页注②。

② 暗指恩底弥昂。参看第 10 页注⑤。

划,派遣神示贩子到罗马帝国各地方去,警告各城邦防备瘟疫、大火和地震;他答应给予可靠的帮助,使这些灾难不至于发生。在瘟疫流行的时候[①],他送了一道神示到各个民族那里去,这也是自发的声音,只有一行:

> 福玻斯,那长发的天神,会驱散瘟疫的云雾。

这行诗作为一道避疫的符咒写在门上,随处可见。但是在大多数情况下,效果适得其反,由于某种巧合,恰恰是那些写着这行诗的房屋空无一人。不要以为我是说,它们是由于这行诗的缘故而毁灭的,那不过是某种机会造成的。也许是由于许多人信赖这诗句而不谨慎,生活太随便,以为有文字保护他们,有长发的福玻斯用箭矢射瘟疫,就不必协助神示抵抗疾病了。

亚历山大还把许多共谋者作为耳目安插在罗马城,他们向他 37 汇报每个人的意图,预先把问题和求问者的特殊愿望告诉他,因此在使者们到达之前,他已经把答案准备好了。

为了应付意大利方面的事情,他预先想出了这些办法;至于家 38 里的事情,他也做了准备[②],他建立了宗教仪式,设置了火炬典礼和祭司职务,这仪式每年连续举行三天。第一天,犹如在雅典一样[③],发布公告,内容如下:"如有无神论者或基督徒或伊壁鸠鲁派到此窥视仪式,令其速去! 众信徒则齐沐神恩,参与典礼!"一开始就进行驱逐,由他带头说:"基督徒,滚开!"众人齐声应道:"伊壁鸠

---

① 165 年罗马帝国全境发生大瘟疫。

② 抄本残缺,这句话(自"至于"起)是弗里切(Fritzsche)填补的。

③ 指雅典人在举行崇拜地母得墨忒耳和地女珀耳塞福涅的厄琉西斯宗教仪式之前发布公告,不许外国人、杀人犯和卖国贼参加。

鲁派,滚开!"然后表演勒托坐蓐,阿波罗出生,阿波罗同科洛尼斯结婚,阿克勒庇俄斯出生。第二天,表演格吕孔显灵和这位神出
39　生。第三天,表演波达勒里俄和亚历山大的母亲结婚——称为火炬日,点燃火炬。最后表演塞勒涅和亚历山大恋爱,儒提利阿努斯的妻子出生。火炬长和祭司长是我们的恩底弥昂——亚历山大。他当众躺下睡觉,于是儒提利亚,皇帝的一个管家的非常年轻貌美的妻子,代替塞勒涅从屋顶上,就像从天上降到他那里,她真心爱亚历山大,亚历山大也真心爱她,他们当着她的倒霉的丈夫公开亲吻,拥抱。如果不是有这么多火炬,可能还要做出丑事来。过一会儿,亚历山大作祭司装扮,在死沉沉的寂静中重新进来,大声说:"啊哈,格吕孔!"跟在后面的是一些来自帕佛拉戈尼亚的欧摩尔庇代和刻律刻斯①,他们脚上穿着粗皮鞋,嘴里冒着强烈的大蒜味儿,应声说:"啊哈,亚历山大!"

40　　　　在舞火炬和跳宗教仪式舞的时候,他时常故意把他的大腿露出来,显出金色,很可能那上面裹着有贴金的皮革,在火炬的照亮下闪闪发光。有一次,有两个自作聪明的傻瓜为此展开讨论,这金大腿能否证明亚历山大所继承的是毕达哥拉斯的灵魂②,或者与此相似的灵魂。他们把这个问题交给亚历山大本人,巴赛勒斯格吕孔用一道神示解答了这个难题:

　　　　毕达哥拉斯的灵魂有时兴盛有时衰;

----

① 欧摩尔庇代是厄琉西斯宗教仪式的创始人欧摩尔波斯的后代,为厄琉西斯的祭司。刻律刻斯是刻律克斯的后代,为厄琉西斯的祭司。这两个专名在此处泛指祭司。
② 因为毕达哥拉斯有金大腿。参看《出售哲学》第 6 节。

这能解神意的灵魂来自神的心灵，

父亲①打发他到世上来拯救善良的人，

他将遭宙斯雷殛，回到宙斯那里。

　　他警告大家不要玩弄男孩子，认为这有伤天理，这个高尚的人 41
自己却做了这样的安排：他命令本都和帕佛拉戈尼亚的各城邦派
遣少年歌队来服务三年，在他家里唱颂神诗，它们必须进行测验和
挑选，送来最高贵、最年轻、俊俏出众的男孩子。他把他们关起来，
像对待银子买来的奴隶一样对待他们，同他们一起睡，用各种方式
侮辱他们。他做了这样一个规定：不用嘴接待十八岁以上的人，不
和他们拥抱亲吻；他把手伸向别的人，让他们亲吻，他自己却只亲
吻年轻人，这些人叫做"列身于亲吻以内的人"。

　　他一直这样愚弄蠢人，肆意糟蹋妇女，玩弄男孩。如果他向谁 42
的妻子瞟一眼，每个人都认为那是一件了不起的、求之不得的事；
如果他认为她值得亲吻，每个丈夫都相信那会给他的家庭带来无
穷尽的好运。许多妇女自夸她们给亚历山大生了孩子，她们的丈
夫则出来证明她们说的是真话。

　　我想把格吕孔和提俄斯城②的一个名叫萨刻耳多斯的人所谈 43
的话详细告诉你，这人的智力如何，你可以从他的问话里看出来。
我曾在提俄斯城，在萨刻耳多斯家里的金字匾上读到这一段对话。
"告诉我，格吕孔，我的主，你是谁？"他这样问道。"我是今日的阿
克勒庇俄斯，"神回答说。"是另一个阿克勒庇俄斯，不同于从前那

---

① 指宙斯，参看第 20 页注③。
② 提俄斯城在比堤尼亚海边。

个么？你是什么意思?""这个不该你知道。""你在我们这里颁发神
示,要待多少年?""一千零三年。""然后到哪里去?""到巴克特拉①
和那个地区去,因为蛮子也要由于我待在那里而获得益处。""其他
的神示所,狄底摩的、克拉罗斯的、德尔斐的,是不是还由你父亲阿
波罗在那里颁发神示,或者那里现在颁发的神示是假的?""这个你
别想知道;这是不许可的。""我自己呢——此生以后,将变成什
么?""一头骆驼、一匹马,然后变成一个聪明人、一个预言者,不亚
于亚历山大。"这就是格吕孔同萨刻耳多斯谈的话。他知道萨刻耳
多斯是勒庇杜斯的朋友,因此在结束时念了这样一道有格律的
神示:

> 不要相信勒庇杜斯,厄运在追他。

这是因为,正如我在前面所说的,亚历山大非常害怕伊壁鸠鲁,把
他看作他的敌手和他的骗术的斥责者。

44   他曾经严重地危害一个敢于当着许多在场的人揭露他的伊壁
鸠鲁派。那人走到他跟前大声说:"亚历山大,你曾经劝诱某个帕
佛拉戈尼亚人把他的家奴带到加拉太的总督面前,控告他们杀害
了他的在亚历山大里亚求学的儿子,犯有死罪。你把那些家奴扔
给野兽吃了,在他们死后,那个年轻人却还生存在世,活着回来
了。"事情是这样的:那个年轻人在埃及乘船往上行,到达克吕斯
马②,当时有商船下海,他被劝诱航行到印度去。由于这年轻人迟
迟不回来,那些不幸的家奴以为他在沿尼罗河航行的时候丧了命,

---

① 巴克特拉是波斯行省巴克特里亚的省会,在里海东边。
② 克吕斯马城在红海北岸。古时候,尼罗河与红海之间有运河相通。

或者被强盗杀死了——当时强盗多极了，——因此回家来报告，说小主人失踪了。然后是神示和定罪，此后，是年轻人的归来和他讲述的国外旅行。

这就是那个伊壁鸠鲁派讲的事情。亚历山大对这个揭露感到 45 愤慨，这个指责的真实性使他受不了，他命令在场的人向他扔石头，否则他们自己将受到诅咒，被称为伊壁鸠鲁派。在他们开始扔石头的时候，一个在那里居留的德谟特剌托斯，本都的显要人物，抱住他，在他几乎被打死的时候，救了他一命。那人挨石头完全是活该！他有什么必要在那一群疯子里面成为唯一清醒的人，成为帕佛拉戈尼亚人的愚蠢行为的牺牲品呢？

那人的遭遇就是如此。还有，每当人们被按照接受神示的顺 46 序召唤来——时间是颁发神示的头一天，——传话人问神会不会对某某人颁发神示的时候，如果里面的回答是："喂乌鸦去！"①那就再没有谁会迎接这个人进屋，给他火或给他水，他将从这个地方被赶到那个地方，被当作一个不敬神的人、一个不信神的人、一个伊壁鸠鲁派——这是最大的骂名。

亚历山大还做了一件最可笑的事。他找到了伊壁鸠鲁的《主 47 要信条》②，你知道，这是那人著作中最美好的一部，包含他的简明的哲学见解。他把这本书带到市场中心，放在无花果树枝上焚烧，就像焚烧作者本人一样，然后把灰烬扔到海里去，并且发出这道

---

①　意思是："去死吧！"

②　《主要信条》(一译《主要思想》)包括 43 条格言。参看《古希腊罗马哲学》(北京大学哲学系外国哲学史教研室编译，商务印书馆 1961 年版)第 343—348 页。

神示：

> 我下令烧毁这个已死的老头的信条。

这个该死的家伙不懂得那本书给读者带来了什么样的福泽，给他们造就了什么样的和平、宁静与自由，使他们免除了恐惧、幻象和凶兆，空虚的希冀和过奢的欲望，使他们有了理智和真理，真正净化了他们的智慧，不是用火炬、海葱和诸如此类的废物，而是用正确的思考、真理和直率。

48　　　　请听这个坏人所干的最鲁莽的事。他依靠儒提利阿努斯享有的声誉使自己对皇宫和内廷起着不小的影响，竟在日耳曼战争达到高潮时，发出一道神示，当时先皇帝马可①正要和马耳科马诺人和夸狄人作战②。这道神示吩咐把两只狮子活活地扔到伊斯特洛斯③河里，同时抛进许多香草和大量祭品。最好还是引用神示原话：

> 我命令你们把库柏勒女神的两个侍者——
> 山上养大的走兽④和印度气候培育的
> 各种香花香草扔到天上降下的
> 雨水形成的伊斯特洛斯河的旋涡里，
> 那就会获得胜利、荣誉和可爱的和平。

这些事情按照他的指示办完以后，那两只狮子却游到敌方去了，异

---

① 指马可·奥勒留（161—180 年在位）。本篇作于 180 年以后，亚历山大死于 170 年左右。

② 马耳科马诺人和夸狄人是两支日耳曼部落，他们在 167 年跨过伊斯特洛斯河，涌入罗马帝国境内。

③ 伊斯特洛斯是多瑙河下游的希腊名称。

④ 指狮子。

族人把它们当作某种狗或外地的狼用木棒打死了,我们的军队立刻吃了最大的败仗,将近两万人被歼灭。跟着就发生了阿奎勒亚①事件,那个城市仅仅幸免于沦陷。面对这种结局,亚历山大冷酷无情地引用德尔斐颁发给克洛索斯的神示及其所作的辩解,但没有指明胜利属于罗马人或敌人。

这时,一群群的人涌来,城市由于有无数的客人来到神示所而变得很拥挤,供应不足,他于是想出了一种所谓"夜间的神示"。他拿了一些卷轴,据他说,他睡在卷轴上面,发出他在梦中从神那里听到的答复,这些答复大多数不清楚,意义含糊、混乱,特别是在他看见那些盖有非常仔细的封印的卷轴时提出的答复。他不去冒危险,而是随随便便地把他想到的答复写在那上面,认为这个做法是合乎神示的精神的。有一些解释人坐在旁边,解释预言,道破真义,从接受这种神示的人那里拿到一大笔酬金。他们的这个职业是包租来的,解释人各交一个阿提卡塔兰同给亚历山大。 **49**

有时候,为了使这些傻瓜感到惊奇,他给一个没有求问也没有派人来的、根本不存在的人颁发神示,例如: **50**

还不去寻找那个偷偷摸摸地在家里,

在床上侮辱了你妻子卡利革涅亚的人?

那个家奴普洛托革涅斯是你完全信赖的,

你娶了他,他又娶了你的同床人,

为他所受的侮辱进行最大的报复。

他们已经配好了致命的毒药来害你,

---

① 阿奎勒亚在亚得里亚海北岸,为意大利北部的边防重镇。

> 不让你听到或看见他们干的坏事,
>
> 这东西你可以在床下、在墙边靠近床头
>
> 发现;你的侍女卡吕索与闻其事。

哪一个德谟克利特清楚地听到这些名字和地点,能不惊慌失措,而在他看穿了他们的诡计之后,能不立刻感到厌恶?

52* 他还用没有格律的散文劝另一个不在场的、根本不存在的人返回家去:"那个派遣你前来的人已经在今天被他的邻人狄俄克勒斯杀死了,帮凶是强盗马格诺斯和部巴罗斯,他们已被逮捕监禁。"

51 只要有人用自己的家乡语、叙利亚语或凯尔特语提出问题,他也时常对这些异族人颁发神示,尽管他不[①]容易找到和提问题的人同种族的、逗留在城里的人。因此在递交卷轴和颁发神示之间相隔很长的时间,在这段时间内,他可以从容地、稳当地把卷轴打开,找到能把问题翻译出来的人。那道颁发给一个西徐亚人的神示就是这一类的:

> 形状欧巴利到黑暗克涅草离开阳光。[②]

53 请听一两道颁发给我的神示。我问亚历山大是不是秃子,非常仔细地把问题当众封起来,上面写下的答复是一道夜间的神示:

> 萨巴耳达拉枯   马拉卡阿特忒阿罗斯   是他。[③]

还有一次,我在以不同的名字递进去的两个卷轴里提出同一个问题:"诗人荷马是哪里人?"他问我的仆人为什么事前来,这年

---

*   弗里切把第 52 节移到此处。

①   勒布本删去"不"字。

②   这道神示是西徐亚语,其中混入几个希腊字。全句意义不明。

③   这道神示是希腊语,但提问的人没有请求解释人加以解释。

轻人回答说："来求一个医治肋骨痛的药方。"他上了当,在一个卷
轴上写下:

> 我劝你敷库特弥斯①,药里加马的涎沫。

他听说第二个卷轴的送交者问的是到意大利由海路去好,还是由
陆路去好,因此作出了与荷马无关的回答:

> 不要航行,要沿着大路步行前往。

　　许多这样的圈套是我安排下来套他的。例如这一个:我只问
一个问题,却按照通常的形式在卷轴外面写下:"某某人的八个问
题。"我签上一个假名字,送去八个德拉克马和外加的数目②。他
相信了送去的钱和卷轴上写下的数目,对"亚历山大行使骗术,何
日就擒?"这个单一的问题,他送给我八个所谓上不沾天,下不着地
的答案,全都是无意义的难懂的话。

　　后来他知道了这一切,知道了是我劝儒提利阿努斯不要和他的
女儿结婚,不要太相信神示所引起的希望,他自然就恨起我来了,把
我当作最大的敌人。有一次,儒提利阿努斯问起我,他回答说:

> 他喜欢夜游中的交谈与肮脏淫逸的生活。

一句话,我当然是他最痛恨的人。

　　有一次,我带着两个兵士,一个矛兵和一个棒兵,进入阿玻诺
忒科斯,这两个人是我当日的友人——卡帕多细亚的总督③派给

54

55

---

① 参看本篇第 22 节。

② 每道神示的价格是一个德拉克马零两个俄玻罗斯。8 个问题应交 8 个德拉克
马和 16 个俄玻罗斯。"外加的数目"是 16 个俄玻罗斯,合两个德拉克马零 4 个俄玻
罗斯。

③ 指塞威里阿努斯,参看第 265 页注①。

我，护送我到海边的。亚历山大知道了这件事，并查明了我就是那个琉善，他立刻非常客气、十分友好地邀请我。我去到他那里，发现他周围有许多人；非常幸运，我带去了我的两个兵士。他把右手伸给我，要我亲吻，他惯于这样对待许多人；我握着他的手，做出要亲吻的样子，却狠狠地咬了一口，几乎把它弄成了残废。

那些在场的人把我当作大不敬的人，要掐死我，打我；在这件事之前，由于我称他为亚历山大而没有称他为预言者，他们已经感到愤慨。但是他气量大，忍受下来，制止了他们，并向他们保证，他能轻易地使我变驯服，并表示他能把非常恼怒的敌人化为朋友，以此显示格吕孔的美德。他叫所有的人退出去，然后规劝我，说他完全知道我是谁，知道我对儒提利阿努斯提出的劝告，并且说："在我能使你在这里爬得很高的时候，你怎么对我这样干？"当时我高高兴兴地接受了他的友谊，因为我看清了我所处的险境。过了一会儿，我便作为他的朋友离开了。在旁观者看来，我的转变来得这样容易，简直是个不小的奇迹。

56   后来，我决定出外航行——我逗留在那里时，身边只带着色诺芬①，因为我已经把我的父亲和家里的人先期送到阿马斯特里斯去了——他送了我许多饮食和礼物，并答应准备船只和桨手送我远行。我认为这是真诚而友好的；但是，当我航行到中途时，我看见舵手在流泪，同水手们争吵起来，我瞻望前程，预兆不祥。实际上是亚历山大命令他们把我们提起来扔到海里去。这件事如果发生了，他对我进行的战斗很容易就结束了。但是舵手流着泪说服

——————————————

① 大概是个奴隶。

了同舟的水手们,劝他们不要伤害我们。"你看,我已经六十岁了,"他对我说,"我过的是清白的、虔诚的生活,不愿在这样大的年纪,在有了妻子儿女的时候,让血污染我的双手。"他并且说明,他为了什么目的把我们带上船,亚历山大给了他什么命令。他在埃葵阿罗——崇高的荷马提起过的地方①,把我们送上岸,然后航行回去。

　　我在那里遇见几个沿着海滨航行的博斯普鲁斯②人,他们是欧帕托尔国王③派到比堤尼亚去缴纳年贡④的使节。我把我们遭受的危险详细告诉了他们,发现他们是客气的。我被带上了船,经过九死一生,平安地到达了阿马斯特里斯。

　　从那个时候起我就准备好同他斗争,想用一切手段向他进行报复。甚至在他陷害我之前,我就憎恨他,由于他的习性恶劣而把他当作死敌。我决心控告他,我有许多战友,主要是赫剌克勒亚⑤的哲学家提摩克剌忒斯的一些友人。可是当时管辖比堤尼亚和本都的总督阿威图斯⑥出来阻止我,几乎是再三恳求我住手:由于他对儒提利阿努斯有好感,即使确实发现亚历山大有罪,他也不能惩罚他。我的努力就是这样地受到了挫折,我不再在一个处于这种

---

　　①　埃葵阿罗城在帕佛拉戈尼亚北岸。荷马在《伊利亚特》第 2 卷第 855 行提起埃葵阿罗斯城。

　　②　此处提起的博斯普鲁斯指黑海与迈俄提斯海(亚速夫海,在黑海北边)之间的博斯普鲁斯海峡。

　　③　欧帕托尔是黑海北边的博斯普鲁斯的国王(154? —171 年在位)。

　　④　这年贡是献给罗马皇帝的。

　　⑤　指比堤尼亚海边的赫剌克勒亚城。

　　⑥　阿威图斯于 165 年任总督。

心情的主审人面前表现我的不合时宜的勇气。

58   在亚历山大的厚颜无耻的行为中,这一件还不算大吗?他请求皇帝更换阿玻诺忒科斯的名称,把它改为爱奥诺波利斯,并请求铸造一种新币,正面要印上格吕孔的像①,反面要印上亚历山大的像,他头上要戴着他祖父阿克勒庇俄斯的桂冠,手里要拿着他外祖父珀耳修斯的弯刀。

59   尽管他在神示里预言,他注定要活一百五十岁,然后死于雷电,他却在满七十岁之前死得很惨,他身为波达勒里俄的儿子,理应如此②:他的脚一直腐烂到大腿根,长满了蠕虫。到那个时候才发现他是个秃子,他因为头痛,让医生往他头上浇凉水,不把假发去掉,他们就办不到。

60   这就是亚历山大的悲剧的结局,这就是整出戏的收场,这似乎是有天意,尽管是出于偶然。然而还须举行与他的生平相称的葬礼——争夺神示所的竞赛。所有首要的共谋者和骗子都愿意把这件事交给儒提利阿努斯,由他决定他们当中谁该中选,谁该继承神示所,戴上祭司和预言者的桂冠。他们当中的一个竞争者是派图斯,是个医生和白发老人,他的行为却有辱他的行医行业和白发高龄。但是评判人儒提利阿努斯没有给他们戴上桂冠,就把他们打发回去了,在亚历山大离开这个世界以后,还为他保留着预言者的职务。

---

①   不久以后,罗马钱币上出现了爱奥诺波利斯城的名字和格吕孔的人头蛇身像。

②   古希腊人以父亲的名字(用属格)为第二个名字。$\Pi o\delta\alpha\lambda\varepsilon\iota\rho\iota o\varsigma$(Podaleirios,波达勒里俄)这名字的前一部分 $\pi o\delta\alpha$ 是"脚"的意思,因此亚历山大应死于脚疾。参看第256页注③。

　　这就是，我的朋友，一大堆材料中的一点点，我认为值得把它 61
作为一种样品写出来，以便讨你这样一位伴侣和朋友喜欢，因为我
最钦佩你的聪明、你对真理的爱好、你的性格的温和与善良、你的
生活的宁静、你对有来往的人的礼貌；更是为了替伊壁鸠鲁伸
冤——这一点也将使你更加高兴，——论天性，他真是个非凡的
人，唯有他能真正认识美好的事物，把它们传下来，他并且是所有
与他交谈的人的解救者。我还认为这篇作品对于读者似乎是有些
用处的，它在一切通情达理的人的心目中驳斥了某些谎言，证实了
某些真理。

附录:译名对照表

译名对照表按汉语拼音顺序排列。除序文中特有的译名外,本书译文和脚注中的译名已收入此表。每个条目中加有括弧的译名是全名或其他常用的译名,第一个外文字是希腊文或拉丁文,加有括弧的外文字是用拉丁字母拼写的希腊字,斜线后面的外文字是其他常用的拉丁字或英文字。

A

阿彼多斯	'Άβυδos (Abydos) / Abydus
阿庇斯	Άπιs (Apis)
阿波罗	'Aπόλλων (Apollon) / Apollo
阿波罗尼俄斯	'Aπολλώνιοs (Apollonios) / Apollonius
阿玻诺忒喀托斯	'Aβωνοτειχίτοs (Abonoteikhitos) / Abonoteichitus
阿玻诺忒科斯	'Aβώνου τεῖχοs (Abonou teikhos) / Abonoteichus
阿布德拉	'Άβδηρα (Abdera)
阿德剌斯托斯	'Άδραστοs (Adrastos) / Adrastus
阿德墨托斯	'Άδμητοs (Admetos) / Admetus
阿堤阿那克斯	'Aστυάναξ (Astyanax)

阿尔卡墨涅斯	'Αλκαμένης (Alkamenes)/Alcamenes
阿尔克迈翁	'Αλκμαίων (Alkmaion)/Alcmaeon
阿尔克墨涅	'Αλκμήνη (Alkmene)/Alcmena
阿尔明尼亚(亚美尼亚)	'Αρμενία (Armenia)
阿尔西比阿德(亚尔西巴德)	'Αλκιβιάδης (Alkibiades)/Alcibiades
阿耳巴刻斯	'Αρβάκης (Arbakes)/Arbaces
阿耳癸俄珀	'Αργιόπη (Argiope)
阿耳卡狄亚(阿卡狄亚)	'Αρκαδία (Arkadia)/Arcadia
阿耳萨刻斯	'Αρσάκης (Arsakes)/Arsaces
阿耳忒弥斯(阿尔迪美丝)	'Άρτεμις (Artemis)
阿耳忒弥西亚	'Αρτεμισία (Artemisia)
阿耳西诺厄	'Αρσινόη (Arsivoe)
阿芙罗狄蒂(阿佛洛狄忒)	'Αφροδίτη (Aphrodite)
阿伽门农(阿加米农)	'Αγαμέμνων (Agamemnon)
阿伽托部罗斯	'Αγαθόβουλος (Agathoboulos)/Agathoboulus
阿伽托克勒斯	'Αγαθοκλῆς (Agathokles)/Agathocles
阿革诺耳	'Αγήνωρ (Agenor)
阿基里斯(阿喀琉斯)	'Αχιλλεύς (Akhilleus)/Achilles
阿卡奈	'Αχαρναί (Akharnai)/Acharnae
阿开俄斯人	'Αχαιοί (Akhaioi)/Achaei
阿克剌伽斯(阿格里根特,阿格里琴托)	'Ακράγας (Akragas)/Acragas, Agrigento
阿克勒庇俄斯(阿斯克勒庇俄斯)	'Ασκληπιός (Asklepios)/Asclepius, Aesculapius
阿克里西俄斯	'Ακρίσιος (Akrisios)/Acrisius
阿克洛科林斯	'Ακροκόρινθος (Akrokorinthos)/Acrocorithus
阿克泰翁	'Ακταίων (Aktaion)/Actaeon

阿刻拉俄斯	Ἀρχέλαος (Arkhelaos)/Archelaus
阿奎勒亚(阿揆雷雅)	Aquileia
阿剌托斯	Ἄρατος (Aratos)/Aratus
阿勒克托	Ἀλ(λ)ήκτω (Al(1)ekto)/Al(1)ecto
阿里阿德涅(阿莉阿德尼)	Ἀριάδνη (Ariadne)
阿里阿努斯(阿里安)	Arrianus/Arrian
阿里斯忒阿斯	Ἀριστέας (Aristeas)
阿里斯提波(阿里斯提波斯)	Ἀρίστιππος (Aristippos)/Aristippus
阿里斯忒得斯	Ἀριστείδης (Aristeides)/Aristides
阿里斯托芬	Ἀριστοφάνης (Aristophanes)
阿里托得摩斯 (阿里斯托得摩斯)	Ἀριτόδημος (Aristodemos)/Aristodemus
阿罗欧斯	Ἀλωεύς (Aloeus)
阿马斯特里斯	Ἄμαστρις (Amastris)
阿蒙	Ἄμμων (Ammon)
阿那刻斯	Ἄνακες (Anakes)
阿倪托斯	Ἄνυτος (Anytos)/Anytus
阿努比斯	Ἄνουβις (Anoubis)/Anubis
阿瑞斯(亚力司)	Ἄρης (Ares)
阿斯堤阿革斯	Ἀστυάγης (Astyages)
阿塔罗斯	Ἄτταλος (Attalos)/Attalus
阿特拉斯	Ἄτλας (Atlas)
阿特洛波斯	Ἄτροπος (Atropos)
阿特柔斯	Ἀτρεύς (Atreus)
阿提卡(阿提刻)	Ἀττική (Attike)/Attica
阿提库斯	Atticus
阿提斯	Ἄττις (Attis)

阿托斯	Ἄθως（Athos）
阿威图斯	Avitus
阿伊多纽斯	Ἀιδωνεύς（Aïdoneus）
埃阿科斯	Αἰακός（Aiakos）/ Aeacus
埃阿斯（阿查克斯）	Αἴας（Aias）/ Ajax
埃勾斯	Αἰγεύς（Aigeus）/ Aegeus
埃癸阿罗	Αἰγιαλοῖ（Aigialoi）/ Aegiali
埃癸阿罗斯	Αἰγιαλός（Aigialos）/ Aegialus
埃癸那（埃吉纳,伊斋那）	Αἴγινα（Aigina）/ Aegina
埃癸翁	Αἴγιον（Aigion）/ Aegium
埃涅阿斯（伊尼阿斯）	Αἰνείας（Aineias）/ Aeneas
埃塞俄比亚	Αἰθιοπία（Aithiopia）/ Aethiopia
埃斯库罗斯（爱斯奇里斯）	Αἰσχύλος（Aiskhylos）/ Aeschylus
埃特纳	Αἴτνη（Aitne）/ Aetna,Etna
埃托利亚	Αἰτωλία（Aitolia）/ Aetolia
爱奥尼亚（伊奥尼亚）	Ἰωνία（Ionia）
爱奥诺波利斯	Ἰωνόπολις（Ionopolis）
爱比克泰德（厄庇克忒托斯）	Ἐπίκτητος（Epiktetos）/ Epictetus
爱利亚（埃利亚）	Ἐλέα（Elea）
爱琴（海）	Αἰγαῖον（Aigaion）/ Aegean
安菲阿剌俄斯	Ἀμφιάραος（Amphiaraos）/ Amphiaraus
安菲罗科斯	Ἀμφιλόχος（Amphilokhos）/ Amphilochus
安菲特里忒	Ἀμφιτρίτη（Amphitrite）
安菲特律翁	Ἀμφιτρύων（Amphitryon）
安菲翁	Ἀμφίων（Amphion）
安喀塞斯	Ἀγχίσης（Ankhises）/ Anchises
安提俄科斯	Ἀντίοχος（Antiokhos）/ Antiochus

安提俄珀   Ἀντιόπη(Antiope)

安提戈诺斯   Ἀντίγονος(Antigonos)/Antigonus

安提斯泰尼
                           Ἀντισθένης(Antisthenes)
(安提斯泰纳,安提斯忒涅斯)

安托尼乌斯(安东尼)   Antonius/Antony

《奥德赛》   Ὀδυσσεία(Odysseia)/Odyssey

奥吉亚斯(奥革阿斯)   Αὐγέας(Augeas)

奥勒雷(奥瑞利乌斯)   Aurelius

奥利斯   Αὐλίς(Aulis)

奥林帕斯(奥林波斯,

俄林普斯)   Ὄλυμπος(Olympos)/Olympus

奥林匹厄翁   Ὀλυμπίειον(Olympieion)/Olympieum

奥林匹克(奥林匹俄斯)   Ὀλύμπιος(Olympios)/Olympic

奥林匹亚   Ὀλυμπία(Olympia)

奥林匹亚斯   Ὀλυμπιάς(Olympias)

奥索尼亚   Αὐσονίη(Ausonie)/Ausonia

奥托诺厄   Αὐτονόη(Autonoe)

B

巴比仑(巴比伦)   Βαβυλών(Babylon)

巴喀斯   Βάκις(Bakis)/Bacis

巴克特拉(巴特拉)   Βάκτρα(Baktra)/Bactra

巴克特里亚(巴特里亚)   Βακτρία(Baktria)/Bactria

柏罗斯   Βῆλος(Belos)/Belus

拜占廷(拜占庭)   Βυζάντιον(Byzantion)/Byzantium

本狄斯   Βενδίς(Bendis)

本都   Πόντος(Pontos)/Pontus

比奥细亚(玻俄提亚)　　　　$Βοιωτία$(Boiotia)/Boeotia

比堤尼亚(俾斯尼亚)　　　　$Βιθυνία$(Bithynia)

比同　　　　　　　　　　　$Βίτων$(Biton)

毕达哥拉斯(毕泰戈拉)　　　$Πυθαγόρας$(Pythagoras)

庇堤俄坎忒斯

(庇堤俄坎普忒斯)　　　　　$Πιτυο$ -$κάμπτης$(Pityokamptes)/Pityocamptes

庇萨　　　　　　　　　　　$Π\hat{ι}σα$(Pisa)

庇塔科斯　　　　　　　　　$Πιττακός$(Pittakos)/Pittacus

庇乌斯(庇护)　　　　　　　Pius

庇西狄亚　　　　　　　　　$Πισιδία$(Pisidia)

波达勒里俄(波达勒里俄斯)　$Ποδαλείριος$(Podaleirios)/Podaleirius

波吕达马斯　　　　　　　　$Πολυδάμας$(Polydamas)

波吕丢刻斯(波吕克斯)　　　$Πολυδεύκης$(Polydeukes)/Polydeuces,Pollux

波吕斐摩斯　　　　　　　　$Πολύφημος$(Polyphemos)/Polyphemus

波吕克剌忒斯　　　　　　　$Πολυκράτης$(Polykrates)/Polycrates

波力克利特(波吕克勒托斯)　$Πολύκλειτος$(Polykleitos)/Polyclitus

波吕克塞娜　　　　　　　　$Πολυξένα$(Polyxena)/Polyxene

波罗斯　　　　　　　　　　$Π\hat{ω}λος$(Polos)/Polus

波塞冬(波赛东)　　　　　　$Ποσειδ\hat{ω}ν$(Poseidon)

波塞多尼俄斯　　　　　　　$Ποσειδώνιος$(Poseidonios)/Poseidonius

博斯普鲁斯　　　　　　　　$Βόσπορος$(Bosporos)/Bosporus,Bosphorus

伯罗奔尼撒　　　　　　　　$Πελοπόννησος$(Peloponnesos)/Pelopo -

　　　　　　　　　　　　　nnesus,Peloponnese

布里阿瑞俄斯　　　　　　　$Βριαρέως$(Briareos)

布然喀代　　　　　　　　　$Βραγχίδαι$(Brankhidai)/Branchidae

布然科斯　　　　　　　　　$Βράγχος$(Brankhos)/Branchus

布瑞提亚(布鲁提翁)　　　　$Βρεττία$(Brettia)/Bruttium

部巴罗斯	$Βούβαλος$（Boubalos）/Bubalus

D

达达尼亚	$Δαρδανία$（Dardania）
达佛涅	$Δάφνη$（Daphne）
达弥斯	$Δάμις$（Damis）
达摩克塞诺斯	$Δαμόξενος$（Damoxenos）/Damoxenus
达那俄斯	$Δαναός$（Danaos）/Danaus
达那厄	$Δανάη$（Danae）
大流士	$Δαρεῖος$（Dareios）/Darius
代达罗斯	$Δαίδαλος$（Daidalos）/Daedalus
得墨忒耳	$Δημήτηρ$（Demeter）
得伊阿涅拉	$Δηιάνειρα$（Deianeira）/Deianira
德尔斐（达尔斐、得尔福）	$Δελφοί$（Delphoi）/Delphi
德拉克马	$δραχμή$（drakhme）/drachme,drachma
德谟克利特（德谟克里特）	$Δημόκριτος$（Demokritos）/Democritus
德谟特剌托斯	$Δημοστράτος$（Demostratos）/Demostratus
堤阿那	$Τύανα$（Tyana）
堤丢斯	$Τυδεύς$（Tydeus）
堤厄斯忒斯	$Θυέστης$（Thyestes）
堤瑞亚	$Θυρέα$（Thyrea）
狄奥尼修斯（迪奥尼修斯）	$Διονύσιος$（Dionysios）/Dionysius
狄底摩	$Δίδυμοι$（Didymoi）/Didymi
狄俄克勒斯	$Διοκλῆς$（Diokles）/Diocles
狄俄墨得斯	$Διομήδης$（Diomedes）
狄俄倪索斯	$Διόνυσος$（Dionysos）/Dionysus
狄摩西尼	$Δημοσθένης$（Demosthenes）

狄翁	$\Delta \hat{\iota} o\nu$（Dion）
底格里斯（河）	$T\acute{\iota}\gamma\rho\iota s$（Tigris）
第欧根尼（狄俄革涅斯）	$\Delta\iota o\gamma\acute{\epsilon}\nu\eta s$（Diogenes）
独眼巨怪（库克罗普斯，	
圆目巨人）	$K\acute{\upsilon}\kappa\lambda\omega\phi$（Kyklops）/Cyclops
多多涅	$\Delta\omega\delta\acute{\omega}\nu\eta$（Dodone）/Dodona
多里斯	$\Delta\omega\rho\acute{\iota}s$（Doris）
多米齐安努斯（多米齐安）	Domitianus/Domitian

E

俄阿格洛斯	$O\acute{\iota}\alpha\gamma\rho os$（Oiagros）/Oeagrus
俄玻罗斯	$'o\beta o\lambda\acute{o}s$（obolos）/obol
俄狄浦斯（奥狄浦斯）	$O\iota\delta\acute{\iota}\pi o\upsilon s$（Oidipous）/Oedipus
俄底修斯（奥德赛）	$'O\delta\upsilon\sigma\epsilon\acute{\upsilon}s$（Odysseus）
俄耳科墨诺斯	$'O\rho\chi o\mu\epsilon\nu\acute{o}s$（Orkhomenos）/Orchomenus
俄耳甫斯（奥菲士）	$'O\rho\phi\epsilon\acute{\upsilon}s$（Orpheus）
俄卡利亚	$O\acute{\iota}\chi\alpha\lambda\acute{\iota}\alpha$（Oikhalia）/Oechalia
俄克绪阿塔（俄克绪	
阿耳塔斯）	$'O\xi\upsilon\acute{\alpha}\rho\tau\alpha s$（Oxyartas）
俄刻阿诺斯	$'\Omega\kappa\epsilon\alpha\nu\acute{o}s$（Okeanos）/Oceanus
俄洛忒斯	$'O\rho o\acute{\iota}\tau\eta s$（Oroites）/Oroetes
俄里革涅斯	$'O\rho\iota\gamma\acute{\epsilon}\nu\eta s$（Origenes）
俄林托斯	$''O\lambda\upsilon\nu\theta os$（Olynthos）/Olynthus
俄涅西里托斯（俄涅	
西克里托斯）	$'O\nu\eta\sigma\acute{\iota}\kappa\rho\iota\tau os$（Onesikritos）/Onesicritus
俄纽斯	$O\acute{\iota}\nu\epsilon\acute{\upsilon}s$（Oineus）/Oeneus
俄诺厄	$O\acute{\iota}\nu\acute{o}\eta$（Oinoe）/Oenoe

俄瑞俄斯　　　　　　　　'Ωρεός (Oreos)/Oreus

俄瑞斯忒斯(奥列斯特)　　'Ορέστης (Orestes)

俄萨　　　　　　　　　　''Οσσα (Ossa)

俄斯洛厄斯　　　　　　　'Οσοόης (Osroes)

俄塔(俄忒)　　　　　　Οἴτη (Oite)/Oeta

俄特律阿达斯　　　　　　'Οθρυάδας (Othryadas)

俄托斯　　　　　　　　　῏Ωτος (Otos)/Otus

厄俄斯　　　　　　　　　'Ηώς (Eos)

厄勒克特拉　　　　　　　'Ηλέκτρα (Elektra)/Electra

厄勒克特律翁　　　　　　'Ηλεκτρύων (Elektryon)/Electryon

厄里达诺斯　　　　　　　'Ηριδανός (Eridanos)/Eridanus

厄里戈涅　　　　　　　　'Ηριγόνη (Erigone)

厄利斯(伊利斯)　　　　'Ηλις (Elis)

厄琉西斯　　　　　　　　'Ελευσίς (Eleusis)

厄吕西翁　　　　　　　　'Ηλύσιον (Elysion)/Elysium

厄律曼托斯　　　　　　　'Ερύμανθος (Erymanthos)/Erymanthus

厄菲阿尔忒斯　　　　　　'Εφιάλτης (Ephialtes)

厄洛斯　　　　　　　　　''Ερως (Eros)

厄塞刻提得斯(厄克

塞刻斯提得斯)　　　　'Εξηκεστίδης (Exekestides)/Execestides

恩底弥昂　　　　　　　　'Ενδυμίων (Endymion)

恩培多克勒　　　　　　　'Εμπεδοκλῆς (Empedokles)/Empedocles

F

法厄同　　　　　　　　　Φαέθων (Phaethon)

法拉里斯　　　　　　　　Φάλαρις (Phalaris)

法勒斯　　　　　　　　　Φαλῆς (Phales)

法洛斯	Φάρος（Pharos）/Pharus
菲迪亚斯（斐狄阿斯）	Φειδίας（Pheidias）/Phidias
菲兰蒙	Φιλάμμων（Philammon）
菲罗克忒忒斯	Φιλοκτήτης（Philoktetes）/Philoctetes
腓力（菲利普）	Φίλιππος（Philippos）/Philippus，Philip
腓尼基	Φοινίκη（Phoinike）/Phoenicia
斐多（淮冬）	Φαίδων（Phaidon）/Phaedo
斐赖	Φεραί（Pherai）/Pherae
佛勒古阿斯	Φλεγύας（Phlegyas）
佛律涅	Φρύνη（Phryne）
佛律农达斯	Φρυνώνδας（Phrynondas）
佛提俄提斯	Φθιῶτις（Phthiotis）
佛西斯（福喀斯）	Φωκίς（Phokis）/Phocis
弗利基亚（费里吉亚）	Φρυγία（Phrygia）
福玻斯	Φοῖβος（Phoibos）/Phoebus
福喀昂	Φωκίων（Phokion）/Phocion
福罗厄	Φολόη（Pholoe）
福尼克斯	Φοῖνιξ（Phoinix）/Phoenix

G

伽耳革托斯	Γαργηττός（Gargettos）/Gargettus
伽尼墨得斯	Γανυμήδης（Ganymedes）
盖娅（该亚）	Γαῖα（Gaia）/Gaes，Ge
高尔吉亚（高尔期亚）	Γοργίας（Gorgias）
高加索	Καύκασος（Kaukasos）/Caucasus
高卢人	Gallus/Gaul
刚比西斯	Καμβύσης（Kambyses）/Cambyses

戈巴瑞斯	$\Gamma\omega\beta\acute{\alpha}\rho\eta s$ (Gobares)
戈耳狄俄斯	$\Gamma\acute{o}\rho\delta\iota os$ (Gordios) / Gordius
戈刻斯	$\Gamma\acute{\omega}\chi\eta s$ (Gokhes) / Goches
革剌涅亚	$\Gamma\epsilon\rho\alpha\nu\epsilon\ \acute{\iota}\alpha$ (Geraneia) / Gerania
革赖斯托斯	$\Gamma\epsilon\rho\alpha\iota\sigma\tau\acute{o}s$ (Geraistos) / Geraestus
革泰人	$\Gamma\acute{\epsilon}\tau\alpha\iota$ (Getai) / Getae
格吕刻里昂	$\Gamma\lambda\upsilon\kappa\ \acute{\epsilon}\rho\iota o\nu$ (Glykerion) / Glycerion
格吕孔	$\Gamma\lambda\acute{\upsilon}\kappa\omega\nu$ (Glykon) / Glycon
格尼丰	$\Gamma\nu\acute{\iota}\varphi\omega\nu$ (Gniphon) / Gnipho
癸伽斯	$\Gamma\acute{\iota}\gamma\alpha s$ (Gigas)

H

哈得斯	$\H{}'A\iota\delta\eta s$ (Haides) / Hades
哈耳庇那	$\H{}'A\iota\rho\pi\iota\nu\alpha$ (Harpina) / Harpine
哈耳库诺斯	$\dot{A}\rho\kappa\acute{\upsilon}\nu os$ (Harkynos) / Harcynus
哈利加纳苏	$\dot{A}\lambda\iota\kappa\alpha\rho\nu\alpha\sigma\sigma\acute{o}s$ (Halikarnassos) / Halicarnassus
哈吕斯 (伽利斯)	$\H{}'A\lambda\upsilon s$ (Halys)
海尔马戈剌斯	$\H{E}\rho\mu\alpha\gamma\acute{o}\rho\alpha s$ (Hermagoras)
海尔梅斯 (赫耳墨斯)	$\H{E}\rho\mu\hat{\eta} s$ (Hermes)
海伦	$\H{E}\lambda\acute{\epsilon}\nu\eta$ (Helene) / Helena, Helen
赫柏	$\H{}'H\beta\eta$ (Hebe)
赫耳摩多洛斯	$\dot{E}\rho\nu\acute{o}\delta\omega\rho os$ (Hermodoros) / Hermodorus
赫淮斯托斯	$\H{}'H\varphi\alpha\iota\sigma\tau os$ (Hephaistos) / Hephaestus
赫卡柏	$\H{}'E\kappa\acute{\alpha}\beta\eta$ (Hekabe) / Hecabe, Hecuba
赫卡忒	$\H{E}\kappa\acute{\alpha}\tau\eta$ (Hekate) / Hecate
赫克托耳 (赫克托)	$\H{}'E\kappa\tau\omega\rho$ (Hektor) / Hector
赫拉	$\H{}'H\rho\alpha$ (Hera)

赫拉克利特(赫拉克利图)	Ἡράκλειτος(Herakleitos)/Heraclitus
赫剌克勒斯(赫拉克列斯)	Ἡρακλῆs(Herakles)/Heracles
赫剌克勒亚	Ἡρακλεία(Hrakleia)/Heracleia,Heraclea
赫剌弥特剌斯	Ἡραμίθραs(Heramithras)
赫勒斯滂	Ἑλλήσποντος(Hellespontos)/Hellespont
赫利俄斯	Ἥλιος(Helios)/Helius
赫利孔	Ἑλικών(Helikon)/Helicon
赫洛菲罗斯	Ἡρόφιλος(Herophilos)/Herophilus
赫洛特剌托斯(赫洛斯特剌托斯)	Ἡρόστρατος(Herostratos)/Herostratus
赫斯提亚	Ἑστία(Hestia)
赫西俄德(赫西阿德、希西阿德)	Ἡσίοδος(Hesiodos)/Hesiod
淮德洛斯(菲德路斯)	φαῖδρος(Phaidros)/Phaedrus

J

加尔西顿	Καλχηδών(Kalkhedon)/Chalcedon
加拉太	Γαλατία(Galatia)
加里亚	Καρία(Karia)/Caria
迦勒底人	Χαλδαῖος(Khaldaios)/Chaldaeus
居鲁士	Κῦρος(Kyros)/Cyrus
君士坦丁堡	Constantinople

K

喀剌	Κίρρα(Kirrha)/Cirrha
喀迈拉	Χίμαιρα(Khimaira)/Chimaera,Chimera
喀提翁	Κίτιον(Kition)/Citium

卡德摩斯	*Κάδμος*(Kadmos)/Cadmus
卡尔喀狄刻	*Χαλκιδική*(Khalkidike)/Chalcidice
卡耳弥得斯	*Χαρμίσης*(Kharmides)/Charmides
卡耳涅阿得斯	*Καρνεάδης*(Karneades)/Carneades
卡斐柔斯	*Καφηρεύς*(Kaphereus)/Caphereus
卡拉诺斯	*Κάλανος*(Kalanos)/Calanus
卡里昂	*Καριων*(Karion)/Carion
卡利阿斯	*Καλλίας*(Kallias)/Callias
卡利俄珀	*Καλλιόπη*(Kalliope)/Calliope
卡利革涅亚	*Καλλιγενεία*(Kalligeneia)/Calligenia
卡吕冬	*Καλυδών*(Kalydon)/Calydon
卡吕索(卡吕普索)	*Καλυψώ*(Kalypso)/CaIypso
卡律布狄斯	*Χάρυβδις*(Kharybdis)/Charybdis
卡洛普斯	*Χάροψ*(Kharops)/Charops
卡帕多细亚	*Καππαδοκία*(Kappadokia)/Cappadocia
卡戎	*Χάρων*(Kharon)/Charon
卡斯塔利亚	*Κασταλία*(Kastalia)/Castalia
卡斯托耳	*Κάστωρ*(Kastor)/Castor
凯尔特(克尔特,塞尔特)	*Κελτός*(Keltos)/Celt
科科那斯	*Κοκκωνάς*(Kokkonas)/Cocconas
科林斯(科壬托斯)	*Κόρινθος*(Korinthos)/Corinth
科律巴斯	*Κορύβας*(Korybas)/Corybas
科罗丰	*Κολοφών*(Kolophon)/Colophon
科罗索斯	*Κολοσσός*(Kolossos)/Colossus
科洛尼斯	*Κορωνίς*(Koronis)/Coronis
克拉洛斯	*Κλάρος*(Klaros)/Clarus
克剌涅昂	*Κράνειον*(Kraneion)/Craneium

克剌忒斯（克拉特斯）	Κράτης（Krates）/Crates
克勒俄比斯	Κλέοβις（Kleobis）/Cleobis
克勒俄里托斯	
（克勒俄克里托斯）	Κλεόκριτις（Kleokritos）/Cleocritus
克勒俄奈	Κλεωναί（Kleonai）/Cleonae
克勒尼阿斯	Κλεινίας（Kleinias）/Clinias
克里特	Κρήτη（Krete）/Crete
克吕墨涅	Κλυμένη（Klymene）/Clymene
克吕斯马	Κλύσμα（Klysma）/Clysma
克吕西波（克吕西普，	
克律西波斯）	Χρύσιππος（Khrysippos）/Chrysippus
克律塞斯	Χρύσης（Khryses）/Chryses
克罗顿（克罗通，克罗托内）	Κρότων（Kroton）/Croton,Crotone
克罗托	Κλώθω（Klotho）/Clotho
克洛尼乌斯	Cronius
克洛诺斯	Κρόνος（Kronos）/Cronus
克洛索斯（克娄苏）	Κροῖσος（Kroisos）/Croesus
克尼多斯	Κνίδος（Knidos）/Cnidus
克诺索斯	Κνωσσός（Knossos）/Cnossus
刻俄斯	Κέως（Keos）/Ceos
刻尔苏斯	Celsus
刻耳柏洛斯	Κέρβερος（Kerberos）/Cerberus
刻耳库昂	Κερκυών（Kerkyon）/Cercyon
刻耳索涅索斯	Χερσόνησος（Khersonesos）/Chersonesus,
	Chersonese
刻律克斯	Κῆρυξ（Keryx）
刻律刻斯	Κήρυκες（Kerykes）/Ceryces

刻戎	Χείρων(Kheiron)/Chiron
库柏勒（库柏拉）	Κυβέλη(Kybele)/Cybela
库狄马科斯	Κνδίμαχος(Kydimakhos)/Cydimachus
库狄帕	Κνσίππα(Kydippa)/Cydippa,Cydippe
库勒尼俄斯	Κυλλήνιος(Kyllenios)/Cyllenius
库勒涅	Κυλλήνη(Kyllene)/Cyllene
库米	Κύμη(Kyme)/Cumae
库涅革洛斯	Κυνεγείρος(Kynegeiros)/Cynegirus
库努里亚	Κυνουρία(Kynouria)/Cynuria
库特弥斯	Κυτμίς(Kytmis)/Cytmis
夸狄	Quadi

L

拉庇泰	Λαπίθαι(Lapithai)/Lapithae
拉俄达墨亚	Λαοδάμεια(Laodameia)
拉俄墨冬	Λαομέδων(Laomedon)
拉科尼亚（拉科尼刻）	Λακωνική(Lakonike)/Laconice,Laconia
拉刻西斯	Λάχεσις(Lakhesis)/Lachesis
拉孔人	Λάκων(Lakon)/Lacon
拉库得斯	Λακύδης(Lakydes)/Lacydes
拉栖第梦人（拉西第梦人）	Λακεδαίμων(Lakedaimon)/Lacedaemon
拉伊俄斯	Λάιος(Laios)/Laius
剌达曼堤斯（拉达曼）	Ῥαδάμανθυς(Rhadamanthys)/Rhadamanthus
兰普萨科斯	Λάμψακος(Lampsakos)/Lampsacus
勒阿耳科斯	Λέαρχος(Learkhos)/Learchus
勒巴得亚	Λεβάδεια(Lebadeia)/Lebadea
勒庇杜斯	Lepidus

勒达	Λήδα（Leda）
勒耳纳	Λέρνα（Lerna）
勒托	Λητώ（Leto）/Letona
勒翁提诺	Λεοντῖνοι（Leontinoi）/Leontini
累斯博斯	Λέσβος（Lesbos）
利比亚	Λιβύα（Libya）
利姆诺斯	Λῆμνος（Lemnos）
林叩斯	Λυγκεύς（Lynkeus）/Lynceus
琉善（路喀阿诺斯）	Λουκιανός（Loukianos）/Lucianus，Lucian
吕底亚	Λυδία（Lydia）
吕刻昂	Λύκειον（Lykeion）/Lyceum
吕西波斯	Λύσιππος（Lysippos）/Lysippus
吕西马科斯	Λυσίμαχος（Lysimakhos）/Lysimachus
罗德岛（罗多斯，罗陀斯）	’Ρόδος（Rhodos）/Rhodes
罗克西阿斯	Λοξίας（Loxias）
洛多卡瑞斯	’Ροδοχάρες（Rhodokhares）/Rhodochares
洛特昂	’Ροιτεῖον（Rhoiteion）/Rhoeteum

M

马耳科马诺（马耳科马尼）	Μαρκομάνοι（Markomanoi）/Marcomani
马格诺斯	Μάγνος（Magnos）/Magnus
马可	Marcus
马拉松	Μαραθών（Marathon）
马罗斯	Μαλλός（Mallos）/Mallus
马人（肯陶洛斯）	Κένταυρος（Kentauros）/Centaur
马萨革太	Μασσαγέται（Massagetai）/Massagetae
玛娅（迈亚）	Μαῖα（Maia）/maea

毛索罗斯	Μαύσωλος(Mausolos)/Mausolus
迈安德里俄斯	Μαιανδρίος(Maiandrios)/Maeandrius
迈俄提斯(亚速海)	Μαιῶτις(Maiotis)/Maeotis
迈锡尼(密刻赖)	Μυκῆναι(Mykenai)/Mycenae
梅加腊(墨伽拉)	Μέγαρα(Megara)
门德斯	Μένδης(Mendes)
孟菲斯	Μέμφις(Memphis)
弥达斯(迈达斯)	Μίδας(Midas)
弥耳提阿得斯	Μιλτιάδης(Miltiades)
弥库罗斯	Μίκυλλος(Mikyllos)/Micyllus
弥隆	Μίλων(Milon)
弥诺斯	Μίνως(Minos)
弥特剌斯(弥特瑞斯)	Μίθρας(Mithras)/Mithres
米恩	Μῖν(Min)
米利都	Μίλητος(Miletos)/Miletus
米南德	Μένανδρος(Menandros)/Menander
米太	Μηδία(Media)
米太人(墨多斯人)	Μῆδος(Medos)/Mede
米提利尼	Μυτιλήνη(Mytilene)
密耳弥冬人	Μυρμιδών(Myrmidon)
密格多尼亚	Μυγδονία(Mygdonia)
密戎	Μύρων(Myron)
密细亚(密西亚)	Μυσία(Mysia)
缪斯(穆赛)	Μοῦσαι(Mousai)/Musae
摩里科斯	Μοίριχος(Moirikhos)/Moerichus
摩摩斯	Μῶμος(Momos)/Momus
谟那	μνᾶ(mna)/Mina

墨狄阿斯	Μειδίας/(Meidias)
墨杜萨(美杜莎)	Μέδουσα(Medousa)/Medusa
墨恩	Μήν(Men)
墨伽克勒斯	Μεγακλῆς(Megakles)/Megacies
墨伽彭忒斯	Μεγαπένθης(Megapenthes)
墨该拉(麦格拉)	Μέλαιρα(Megaira)/Megaera
墨癸罗斯	Μεγίλλος(Megilos)/Megillus
墨勒阿格洛斯(梅里格尔)	Μελέαγρος(Meleagros)/Meleager
墨勒托斯	Μέλητος(Meletos)/Meletus
墨尼波斯(美尼波)	Μένιππος(Menippos)/Menippus
墨特洛多洛斯	Μητρόδωρος(Metrodoros)/Metrodorus
墨提斯	Μῆτις(Metis)
姆涅西忒俄斯	Μνησίθεος(Mnesitheos)/Mnesitheus
穆索尼乌斯	Musonius

N

瑙帕克托斯	Ναύπακτος(Naupaktos)/Naupactus
尼俄柏	Νιόβη(Niobe)
尼禄	Nero
尼尼微	Νινευί(Nineui)/Neneveh
尼诺斯	Νίνος(Ninos)
尼索斯	Νίσσος(Nessos)/Nessus
倪克透斯	Νυκτεύς(Nykteus)/Nycteus
倪萨	Νῦσα(Nysa)
《涅库伊亚》	Νεκυία(Nekyia)/Necyia
涅墨亚	Νεμέα(Nemea)
涅柔斯	Νηρεύς(Nereus)

涅瑞伊斯	$N\eta\rho\epsilon\acute{\iota}s$（Nereis）
涅斯托耳	$N\acute{\epsilon}\sigma\tau\omega\rho$（Nestor）
涅索斯	$N\acute{\epsilon}\sigma\sigma os$（Nessos）/Nessus

O

欧波利斯	$E\mathring{v}\pi o\lambda\iota s$（Eupolis）
欧佛剌诺耳	$E\mathring{v}\varphi\rho\acute{a}\nu o\rho$（Euphranor）
欧福玻斯	$E\mathring{v}\varphi o\rho\beta os$（Euphorbos）/Euphorbus
欧几里德（欧几里得）	$E\mathring{v}\kappa\lambda\epsilon\acute{\iota}\delta\eta s$（Eukleides）/Eucleides，Euclid
欧里庇得斯（幼里披底斯）	$E\mathring{v}\rho\iota\pi\acute{\iota}\delta\eta s$（Euripides）
欧律巴托斯	$E\mathring{v}\rho\acute{v}\beta a\tau os$（Eurybatos）/Eurybatus
欧律斯透斯	$E\mathring{v}\rho v\sigma\theta\epsilon\acute{v}s$（Eurystheus）
欧律托斯	$E\mathring{v}\rho v\tau os$（Eurytos）/Eurytus
欧罗巴	$E\mathring{v}\rho\acute{\omega}\pi\eta$（Europe）/Europa
欧摩尔庇代	$E\mathring{v}\mu o\lambda\pi\acute{\iota}\delta a\iota$（Eumolpidai）/Eumolpidae
欧摩尔波斯	$E\mathring{v}\mu o\lambda\pi os$（Eumolpos）/Eumolpus
欧诺弥俄斯	$E\mathring{v}\nu\acute{o}\mu\iota os$（Eunomios）/Eunomius
欧帕托耳	$E\mathring{v}\pi\acute{a}\tau\omega\rho$（Eupator）

P

帕耳那索斯	$\Pi a\rho\nu a\sigma\sigma\acute{o}s$（Parnassos）/Parnassus
帕耳涅斯	$\Pi\acute{a}\rho\nu\eta s$（Parnes）
帕佛拉戈尼亚	$\Pi a\varphi\lambda a\gamma o\nu\acute{\iota}a$（Paphlagonia）
帕拉墨得斯	$\Pi a\lambda a\mu\acute{\eta}\delta\eta s$（Palamedes）
帕剌珊革斯	$\Pi a\rho a\sigma\acute{a}\gamma\gamma\eta s$（Parasagges）/Parasang
帕里翁	$\Pi\acute{a}\rho\iota o\nu$（Parion）/Parium
帕特赖	$\Pi\acute{a}\tau\rho a\iota$（Patrai）/Patrae

帕提亚	Παρθία (Parthia)
拍加马斯(拍加玛)	Πέργαμος (Pergamos)/Pergamus
派昂	Παιών (Paion)
派图斯	Paetus
潘	Πάν (Pan)
潘该翁	Πάγγαιον (Paggaion)/Pangaeon
培拉	Πέλλα (Pella)
佩福斯(帕福斯)	Πάφος (Paphos)/Paphus
佩雷格林(珀瑞格里诺斯)	Περεγρῖνος (Peregrinos)/Peregrinus
彭忒利孔山	Πεντελικόν (Pentelikon)/Pentelicus
彭透斯	Πενθεύς (Pentheus)
皮浪	Πύρρων (Pyrron)/Pyrrho
皮里阿斯	Πυρρίας (Pyrrias)
皮罗斯	Πύλος (Pylos)
皮提俄斯	Πύθιος (Pythios)
平达	Πίνδαρος (Pindaros)/Pindar
珀耳塞福涅	Περσεφόνη (Persephone)
珀耳修斯	Περσεύς (Perseus)
珀拉斯戈斯	Πελασγός (Pelasgos)
珀拉斯癸康	Πελασγικόν (Pelasgikon)/Pelasgicon
珀赖欧斯(比雷埃夫斯)	Πειραιεύς (Peiraieus)/Piraeus
珀利昂	Πήλιον (Pelion)
珀琉斯	Πηλεύς (Peleus)
珀路西翁	Πηλούσιον (Pelousion)/Pelusium
珀涅俄斯	Πηνειός (Peneios)/Peneus
普剌西忒勒斯	
(普剌克西忒勒斯)	Πραξιτέλης (Praxiteles)

塞琉喀亚	Σελεύκεια(Seleukeia)/Seleucia
塞琉科斯	Σέλευκοs(Seleukos)/Seleucus
塞墨勒	Σεμέλη(Semele)
塞诺芬尼	Ξενοφάνηs(Xenophanes)
塞浦路斯	Κύπροs(Kypros)/Cyprus
塞威里阿努斯	Severianus
色雷斯	Θράκη(Thra(i)ke)/Thrace
色诺芬	Ξενοφῶν(Xenophon)
斯堤克斯	Στύξ(Styx)
斯多葛	Στωικόs(Stoikos)/Stoic
斯卡曼德洛斯	Σκάμανδροs(Skamandros)/Scamander
斯刻戎	Σκείρων(Skeiron)/Sciron
斯库拉	Σκύλλα(Skylla)/Scylla
斯帕提诺斯	Σπατῖνοs(Spatinos)/Spatinus
斯塔狄翁	στάδιον(stadion)/stadium,stade
斯塔吉拉(斯塔革拉)	Στάγειρα(Stageira)/Stagira
斯特剌托尼刻	Στρατονίκη(Stratonike)/Stratonice
斯廷法罗斯	Στύμφαλοs(Stymphalos)/Stymphalus
苏格拉底	Σωκράτηs(Sokrates)/Socrates
苏科斯	Σοῦχοs(Soukhos)/Suchus
梭伦	Σόλων(Solon)
索福克勒斯(索福克利)	Σοφοκλῆs(Sophokles)/Sophocles
索罗(索罗厄城)	Σολόη(Soloe)/Soli
索斯特剌托斯	Σώστρατοs(Sostratos)/Sostratus

T

塔耳塔洛斯	*Τάρταρος* (Tartaros)/Tartarus
塔剌斯(塔壬同,塔兰托)	*Τάρας* (Taras)/Tarentum,Taranto
塔兰同(塔兰特)	*τάλαντον* (talanton)/talenton
塔罗斯	*Τάλος* (Talos)/Talus
塔密里斯	*Θάμυρις* (Thamyris)
塔宇革托斯	*Ταΰγετος* (Taygetos)/Taygetus
台伯河(堤布里斯)	Tiberis/Tiber
泰勒斯	*Θαλῆς* (Thales)
泰那洛斯	*Ταίναρος* (Tainaros)/Taenarus
坦塔罗斯	*Τάνταλος* (Tantalos)/Tantalus
陶洛人	*Ταῦροι* (Tauroi)/Tauri
忒阿革涅斯	*Θεαγένης* (Theagenes)
忒拜(底比斯,提佛)	*Θῆβαι* (Thebai)/Thebae,Thebes
忒耳西忒斯	*Θερσίτης* (Thersites)
忒勒福斯	*Τήλεφος* (Telephos)/Telephus
忒罗斯	*Τέλλος* (Tellos)/Tellus
忒弥斯	*Θέμις* (Themis)
忒弥托克勒斯	
(忒弥斯托克勒斯)	*Θεμιστοκλῆς* (Themistokles)/Themistocles
忒提斯(西蒂斯)	*Θέτις* (Thetis)
特剌绪克勒斯	*Θρασυκλῆς* (Thrasykles)/Thrasycles
特里卡(特里刻)	*Τρίκκη* (Trikke)/Tricce,Tricca
特里托革涅亚	*Τριτογένεια* (Tritogeneia)
特洛福尼俄斯	*Τροφώνιος* (Trophonios)/Trophonius
特洛亚斯	*Τρωιάς* (Troias)

特洛伊(特洛亚)	$T\rho o\acute{\iota}\alpha$(Troia)/Troy
特洛曾	$T\rho o\iota\rho\zeta\ \mathring{\eta}\nu$(Troizen)/Troezen
梯林斯	$T\ \acute{\iota}\rho\upsilon\nu s$(Tiryns)
提堤俄斯	$T\iota\tau\upsilon\ \acute{o}s$(Tityos)/Tityus
提俄斯(提厄翁)	$T\ \acute{\iota}os$(Tios)/Tius,Tieon,Tieum
提罗洛部斯	Tillorobus
提洛(得罗斯)	$\Delta\ \mathring{\eta}\lambda os$(Delos)
提摩克勒斯	$T\iota\mu o\kappa\lambda\ \mathring{\eta}s$(Timokles)/Timocles
提坦(狄坦)	$T\iota\tau\ \acute{\alpha}\nu$(Titan)
提托诺斯	$T\iota\theta\omega\nu\ \acute{o}s$(Tithonos)/Tithonus
提西福涅	$T\iota\sigma\iota\varphi\ \acute{o}\nu\eta$(Tisiphone)
提修斯(忒修斯)	$\Theta\eta\sigma\epsilon\ \acute{\upsilon}s$(Theseus)
帖撒利亚	$\Theta\ \acute{\epsilon}\sigma\sigma\alpha\lambda\ \acute{\iota}\alpha$(Thessalia)/Thessaly
托恩	$\Theta\ \widehat{\omega}\nu$(Thon)
托勒密	$\Pi\tau o\lambda\epsilon\mu\alpha\ \widehat{\iota}os$(Ptolemaios)/Ptolemy
托密里斯	$T\ \acute{o}\mu\upsilon\rho\iota s$(Tomyris)
透特	$\Theta\epsilon\ \acute{\upsilon}\theta$(Theuth)

W

翁法勒	$'O\mu\varphi\ \acute{\alpha}\lambda\eta$(Omphale)
乌剌诺斯	$O\ \acute{\upsilon}\rho\alpha\nu\ \acute{o}s$(Ouranos)/Uranus

X

西彼拉	$\Sigma\ \acute{\iota}\beta\upsilon\lambda\lambda\alpha$(Sibylla)/Sibyl
西顿	$\Sigma\iota\delta\ \acute{\omega}\nu$(Sidon)
西革昂	$\Sigma\ \acute{\iota}\gamma\epsilon\iota o\nu$(Sigeion)/Sigeum

西库翁	Σικυών(Sikyon)/Sicyon
西里西亚	Κιλικία(Kilikia)/Cilicia
西弥刻	Σιμύχη(Simykhe)/Simiche
西壬	Σειρήν(Seiren)/Siren
西徐亚(斯基亚、	
斯库提亚)	Σκυθία(Skythia)/Scythia
西绪福斯	Σίσυφος(Sisyphos)/Sisyphus
希庇阿斯	'Ιππίας(Hippias)
希波吕托斯	'Ιππόλυτος(Hippolytos)/Hippolytus
希罗德	Herodes
希罗多德	'Ηρόδοτος(Herodotos)/Herodotus
昔勒尼(居勒尼、克兰尼)	Κυρήνη(Kyrene)/Cyrene
昔尼克	Κυνικός(Kynikos)/Cynic
昔尼斯科斯	Κυνίσκος(Kyniskos)/Cyniscus
锡诺普(西诺卜)	Σινώπη(Sinope)
修昔底德(图居第德、	
修昔的底斯)	Θουκυδίδης(Thoukydides)/Thycydides
许阿铿托斯	'Υάκινθος(Hyakinthos)/Hyacinthus
许墨托斯	'Υμηττός(Hymettos)/Hymettus
许珀里翁	'Υπερίων(Hyperion)
叙拉古(锡拉库扎)	Συράκουσαι(Syrakousai)/Syracuse
叙利亚	Συρία(Syria)
叙利亚—腓尼基	Συροφοῖνιξ(Syrophoinis)/Syrophoenix
薛西斯	Ξέρξης(Xerxes)

Y

雅典娜	'Aθήνη(Athene)/Athena
亚得里亚	'Aδριάs(Adrias)/Adria,Hadria
亚尔哥利斯	'Aργολίs(Argolis)
亚尔哥斯(阿耳戈斯, 亚各斯)	''Aργos(Argos)
亚里士多德(亚理斯多德)	'Aριστοτέληs(Aristoteles)/Aristotle
亚历山大	'Aλέξανδροs(Alexandros)/Alexander
亚历山大里亚	'Aλεξάνδρεια(Alexandreia)/Alexandria
亚述	'Aσσυρία(Assyria)
伊阿珀托斯	'Iαπετόs(Iapetos)/Iapetus
伊阿西翁	'Iάσιον(Iasion)
伊壁鸠鲁	'Eπίκουροs(Epikouros)/Epicurus
伊达	''Iδη(Ide)/Ida
伊多墨纽斯	'Iδομενεύs(Idomeneus)
伊俄(爱奥)	'Iώ(Io)
伊菲革涅亚	'Iφιγένεια(Iphigeneia)/Iphigenia
伊卡里俄斯	'Iκάριοs(Ikarios)/Icarius
伊卡洛斯	''Iκαροs(Ikaros)/Icarus
伊洛斯	'Iροs(Iros)
伊克西翁	'Iξίων(Ixion)
伊里斯	'Iριs(Iris)
伊利翁	''Iλιον(Ilion)/Ilium
《伊利亚特》(《伊利亚德》、 《伊里亚特》)	'Iλιάs(Ilias)/Iliad

Z

图书在版编目(CIP)数据

琉善哲学文选/(古罗马)琉善著;罗念生等译. —北京:商务印书馆,2024

(中外哲学典籍大全. 外国哲学典籍卷)

ISBN 978 - 7 - 100 - 22962 - 3

Ⅰ. ①琉… Ⅱ. ①琉… ②罗… Ⅲ. ①古希腊罗马哲学—文集 Ⅳ. ①B502.49 - 53

中国国家版本馆 CIP 数据核字(2023)第 170311 号

中外哲学典籍大全·外国哲学典籍卷

琉善哲学文选

〔古罗马〕琉善 著

罗念生 陈洪文

王焕生 冯文华　译

商 务 印 书 馆 出 版

(北京王府井大街36号 邮政编码100710)

商 务 印 书 馆 发 行

北京通州皇家印刷厂印刷

ISBN 978 - 7 - 100 - 22962 - 3

2024 年 3 月第 1 版　　　　开本 710×1000　1/16

2024 年 3 月北京第 1 次印刷　　印张 21¼

定价:106.00 元